이방인의 한국사 인식과 서술

이방인의 한국사 인식과 서술

장재용 지음

景仁文化社

머리말

긴여정이었다. '이방인'이 서술한 한국의 역사는 어떠했을까라는 질문은 필자가 대학에서 한국사를 전공으로 선택한 이후 늘 마음 한 켠에 남아 있던, 묵직해서 섣불리 매달리기 두려운 주제였다. 대학을 겨우 졸업하고 공부를 핑계로 한국을 떠났고, 20여 년을 넘게 외국에서 '이방인'의 신분으로 생존하기에 바빴다. 그런 필자에게 이 주제는 운명처럼 다시 다가왔다. 지난 몇 해 동안 서양 언어로 쓰인 수 많은 한국 관련 고서적을 모으고 읽고 해석했다. 이것만으로도 버거운 작업이었다. 이 책은 그 과정을 정리한 결과물이다. 그러나 이 책이 끝은 아니다. 다음 연구 과제로서, 400여 종이 넘는 이 문헌들 하나하나에 대한 해제를 쓰고자 한다. 언제쯤이나 이 작업이 끝날지는 모르나 필자에게는 또 다른 시작이라는 점에서 즐겁고, 그래서 힘이 난다.

세상에 내놓기 부끄러운 책을 쓰면서도 많은 분들로부터 큰 도움을 받았다. 우선, 이미 오래 전에 고인이 되신 제임스 팔레(James B. Palais, 1934~2006) 선생님이 가장 먼저 떠오른다. 이방인의 시각으로 한국사 연구에 평생을 바치신 그의 학문적 열정과 한 인간으로서 그가 보여주었던 삶에 대한 성실함에 경의를 표한다. 그는 필자에게 '이방인'으로서 타국에서의 생존법을 가르쳐 주셨다. 또한 많이 부족한 제자에게 질타보다는 격려를 아끼지 않으신 강원대학교 손승철 선생님께 마음 속 깊이 감사의 마음을 전하고 싶다. 특히 출판을 주저하는 필자에게 이 책을 펴내도록 용기를 주셨다.

그리고 전체의 구성부터 세세한 사실 확인을 해 주신 한국학중앙연구원 옥영정 선생님, 초고를 성심성의껏 읽어주고 귀중한 충고와 지적을 아끼지 않으신 이화여자대학교 김동준 선생님, 울산대학교 이은섭 선생님, 한성대학교 정호섭 선생님, 전주대학교 홍성덕 선생님과 장순순 선생님, 광주과학기술원 장진호 선생님께도 감사드린다. 이들은 학문적 선배들이자, 늘 만나면 반갑고 헤어지면 그리운 벗들이다. 필요한 자료가 있을 때마다 매번 번거로운 일을 마다치 않으신 강원대학교 최형욱 선생님, 관리가 쉽지 않았던 도표와 읽기가 까다로운 서양어 참고문헌을 꼼꼼히 챙긴 이세희·황유라·김수환 군에게도 고맙다는 말을 전한다. 어려운 형편에서도 이 책을 기꺼이 출판해 주신 경인문화사 한정희 대표님, 편집하느라 고생하신 김환기 이사님과 편집부 여러분들에게도 진심으로 고마운 마음을 전하고 싶다.

마지막으로, 늘 부족한 나를 한결같이 믿어주는 아내, 나에게 미소 지어주는 지오, 나를 웃게 만들어주는 단우, 그리고 나에게 듬직한 정우가 있었기에 여기까지 올 수 있었다. 이들은 내 인생에 가장 큰 축복이다.

2019년 2월
석양이 고운 틸든동산에서
장재용

PREFACE

It has been a long journey. Since choosing Korean History for my undergraduate studies, I have always had a question weigh heavily inside me. "How have 'outsiders' written about Korean history?" The enormity of this subject made me reticent to hold onto it after graduation. But my studies were an excuse for me to leave Korea, and the next twenty five years was a period of surviving in foreign countries as an 'outsider' myself. It was in living this life that fate brought the same question back to me. For the past couple of years, I have collected, read and contemplated thousands of old Western language publications related to Korea. This alone was an arduous task, and it is a secret wish that readers can come to appreciate the merit of the book as the fruit of this labor. However, this book is not the end. For my next project, I hope to publish annotations for each of the 400+ publications listed in this book. There is no telling how long this will take, but it is with joy and vigor that I embark on this new beginning.

While writing this humble book, I have received support and encouragement from a countless number of generous people. In thanking them, I would be amiss to begin without remembering the late Professor. James B. Palais (1934~2006) first. I extend my deepest respect for his academic passion toward Korean history from the perspective of an 'outsider' and the diligence and faithfulness he reflected throughout his career. He was the mentor who taught me how to survive in foreign countries as an 'outsider'. And I must also express my sincere gratitude toward Professor Sŭng-ch'ŏl Son of Kangwŏn National University, who does not hold back heartfelt encouragement for his old student. He was the one who gave me the courage and momentum I needed to finally publish this book.

In addition, I offer special thanks to Prof. Yŏng-jŏng Ok (The Academy of Korean Studies), who reviewed and edited everything from the smallest detail to the structure of the whole work; Prof. Tong-jun Kim (Ewha Woman's University), who so generously shared his invaluable advice and critique of the many drafts I sent him; as well as Prof. Ŭn-sŏp Yi (University of Ulsan), Prof. Ho-sŏb Chŏng (Hansŏng University), Prof. Chin-ho Chang (Kwangju Institute of Science and Technology), Prof. Sŏng-dŏk Hong and Prof. Sun-Sun Chang (Chŏnju University) for their support and assistance throughout the whole process. They are both my seniors in the field and my closest confidants. I would like to express my appreciation for Mr. Hyŏng-wuk Ch'oe (Kangwŏn National University) for letting me pester him to no end for the mountain of materials and data included in this book, and to my research assistants, Se-hŭi Yi, Yu-ra Hwang and Su-hwan Kim, for their hard work helping me create charts with the data and combing through sometimes impossible to read foreign language references. And I want to deliver my gratitude to Chŏng-hŭi Han, CEO of Kyungin Munhwasa, for publishing this book even under strenuous circumstances, and director Hwan-gi Kim and the rest of the members in the editorial department for their relentless work cleaning up the manuscript.

Lastly, I could not have come this far without the selfless support and unshaking trust of my wife, Sinhae. She is my rock. I have also relied on my children Jio, Danwoo and Chongwoo, who have stood by me the whole time. They are the joy of my life, my greatest blessings.

Feb. 2019

Watching a lovely sunset at Tilden Park in Berkeley

Author

차 례

제1장

서 언

제1절 연구 목적과 필요성

국내외를 막론하고 지식의 생산·수용·유통의 세계화가 선택이 아닌 필연적 추세가 되어 가고 있다. 한국 사회에서 이러한 추세는 20세기 말, 특히 1990년대로 들어서면서 한러, 한중 수교를 기점으로 그동안 단절되었던 공산권과의 경계가 허물어진 이후 본격화 되었다. 또한 1990년대 중반 인터넷의 대중화로 인해 전 세계가 실시간으로 소통하는 시대를 맞이하며 이는 더욱 가속되었다. 한국 및 한국사에 대한 인식(認識)과 기술(記述)도 이런 흐름에서 예외일 수는 없다. 세계인이 국경을 넘어 빈번하게 왕래하고 다양한 매체를 통해 무한의 네트워크를 구축하는 시대상은 한국사에 대한 관점과 연구에도 강력한 영향을 미치는 요건이라고 할 수 있다.

그러나 21세기의 세계화·정보화의 단계에 진입하기 이전의 한국사 연구를 되돌아보면, 한국사에 대한 지식을 민족과 국가 내부에서 생산하고 수용하는 국내적 순환이 오래도록 지속되었다. 박은식(朴殷植)과 신채호(申采浩)에 의해 정립되고 정인보(鄭寅普), 안재홍(安在鴻), 문일평(文一平) 등에 의해 계승된 민족주의 사관이 그 대표적인 예다. 이러한 '민족사관'은 일본과 중국 즉 '식민사관'과 '동북공정'을 극복하는 차원에서 현재까지도 지속되고 있다. 민족사를 주체적으로 해석하며 민족 구성원에게 자신의 역사를 이해시키는 것은 언제나 중요한 과제이겠으나, 한편으로는 외부와의 소통과 교섭을 위하여 그들이 인식하여 기술했던 한국사를 이해하는 일 또한 매우 의미 깊은 학문적 과제가 아닐 수 없다.

이러한 문제의식 아래, 한국 및 한국사에 대한 기술이 우리 내부가 아닌 외부에서 수백 년 동안 축적되어 왔다는 사실에 특별히 주목해 볼 필요가 있다. 한국의 바깥에서 축적되어 국제적 영향력을 보유하게 된 한국 및 한국사에 대한 지식은, 그 내용이 긍정적이든 부정적이든 한국 및 한국사를 입체적으로 조명하는 소중한 자산이 될 수 있기 때문이다. 물론 제3자라고 할 수 있는 서양인의 저술만이 항상 객관적이고 타당하다는 인식이 반드시 옳다고 말할 수는 없다. 이에 필자는 그들의 저술을 원용하고 참고하면서도 가능한 편견을 버리고 가치중립적인 시각을 지향하고자 하였다.

이 책에서는 1945년 해방 이전까지 한국의 바깥, 특히 서구에서 이루어진 한국사 관련 저술을 최대한 수집하여 한국사에 대한 서구의 저술과 인식을 종합적으로 검토해 보고자 한다. 이는 1920년대의 국학 (National Studies)에서 시작하여 1945년 이후 국사(國史)가 성립되는 내부의 맥락과는 별개로, 외부의 시각에서 기술하고 그것을 바탕으로 해석된 한국사를 범주화하여 집중적으로 고찰하겠다는 뜻이다. 내부의 시각에서 성립된 국학이 민족주의적 관점에 충실했던 반면, 서양인의 시각에서 파악된 한국사는 지역학(Area Studies)의 한 지류로서 한국학(Korean Studies)을 중심에 두고 이루어졌을 가능성이 높다. 한국사라는 동일한 대상이라 하더라도 어떤 동기에서 어떤 각도로 바라보느냐에 따라 매우 다른 해석이 나올 수 있기 때문이다.

그렇다면 1945년 해방 이전까지 서양인에 의해 저술된 한국사의 규모와 그것의 연구 가치는 얼마나 될까? 16세기 말부터 시작하여 1945년 이전까지 서양인들에 의해 단행본으로 출간된 '한국' 관련 자료를 조사한 결과, 대략 400여 권의 저술이 존재함을 파악할 수 있었다. 이 중에서 '한국(통-)사'를 따로 분류하여 기술한 저술은 약 10여 권으로서 비교적 희귀한 편이다. 그러나 동시기 국내에서 저술된 한국사, 예컨대 조선 전기의 《동국통감(東國通鑑)》, 《동국사략(東國史略)》, 《동국여지승람(東國輿地勝覽)》, 조선 후기 안정복(安鼎福)의 《동사강목(東史綱目)》, 그리고 한치윤(韓致奫)의 《해동역사(海東繹史)》, 20세기 박은식의 《한국통사(韓國痛史)》와 신채호의 《조선상고사(朝鮮上古史)》 등과 대비해 보더라도 서양인의 한국사 저술이 그저 미미한 비중에 그친다고 볼 수는 없다. 오히려 우리가 인지하지 못했던 그 시대의 외부인들이 이만큼의 한국사 저술을 지속적으로 남겨 놓았다는 것 자체가 특이하고 의미심장한 현상이라 할 수 있다. 또한 이 저술들이 16세기 '대항해 시대' 이후 서양 주도의 서세동점(西勢東漸) 흐름에서 파생된 결과라 할지라도, 오랫동안 한국의 바깥에서 서구인들에게 한국을 알리고 한국에 대한 이미지를 심어주는 역할을 해왔다는 점도 간과할 수 없는 역사적 사실이다.

한편, 서양인의 한국사 저술이 대체로 '대항해 시대'의 식민지 개척과 기독교의 선교 활동, 그리고 그 뒤에 확산되는 제국주의의 흐름을 배경으로 삼았다는 점은, 이들의 한국사 저술이 자료의 불충분함으로 인하여 오해와 편견이라는 한계를 내포한 채 출발했음을 짐작하게 한다. 한국사에 대한 충분한 학습과 연구를 반영하지 못했을 가능성이 높은 것이다. 그럼에도 불구하고 서양인의 한국사 저술은 아래의 몇 가지 점에서 연구의 의의를 찾을 수 있다.

첫째, 한국사 연구에 있어서 소위 '세계사적 보편성'과 '일국중심적 특수성'을 상호 고려하게 만든다는 점이다. 사관, 사료, 사건, 인물 등 역사 기술의 주요 요인은 역사를 기술하는 이에 따라 달라질 수 있다. 서구의 시선에서 그려진 한국사와 한국인의 관점에서 기술된 한국사는 각각의 이해관계를 바탕으로 구성된 것이다. 그러므로 한쪽은 서세동점의 세계사적 확산 과정에서 발생한 서구의 욕구를 대변하고, 다른 한쪽은 세계사의 경쟁 내에서 주체적으로 성립되어 온 연면한 역사를 강조한다. 동일한 대상에 대한 시각 차이 때문에 기술된 내용도 서로 모순되고 충돌할 수 있다. 그러나 관점에 따른 해석의 차이야말로 역사를 입체적으로 조망하는 근거가 될 수 있는 것이며, 아울러 오랫동안 서구인들이 한국사에 대해 지녀 왔던 지식과 인식을 검토하는 근거가 될 수 있다.

둘째, 특히 이 책이 주목하는 한국사 저술은 여타의 한국 관련 기술과 대비할 때 역사 기술의 측면에서 보다 특수한 가치를 지닌다. 해방 이전까지 400권이 넘는 서양인의 한국 관련 저술에는 한국의 지리, 인종, 기후, 특산물, 정치, 언어, 풍속 등 다양한 분야의 지식이 백과사전식으로 망라되어 있는 경우가 많다. 아울러 비교적 후기에 해당하지만 이 중에는 종교, 언어, 문학, 서지 등에 대한 전문성을 갖춘 논저도 있다. 그러나 이러한 저술들은 대체로 한국의 이모저모에 대한 단편적 지식을 종합한 지지(地誌)적, 박물(博物)적 성격이 짙다. 반면, 한국사를 통사적 차원에서 기술한 저술은 '일국의 역사'에 집중하고 있기 때문에 상대적으로 한국에 대한 관심과 이해의 정도가 깊다. 오해와 편견의 여부를 떠나, 한 나라의 통사(通史)를 저술하기 위해서는 그 나라에 대한 각별한 관심이 전제되어야 하기 때문이다. 실제로 이 책에서 다루는 한국통사류는 초기의 단계에서 후기로 갈수록 연구의 수준이 심화되는 양상을 보인다. 그리고 이들의 한국사 저술은 초기부터 후기까지 서구 사회에 한국의 역사를 전달하는 핵심적 매개로 작용하였다.

셋째, 서양인의 한국사 저술은 현재와 미래의 역사를 진단하는 중요한 참고자료로서 가치를 지닌다. 가령 현재의 시점에서 보더라도 한국, 중국, 일본 사이에는 여전히 역사 문제에 대한 갈등이 진행 중이다. 국가 간의 역사 분쟁은 국제정치학적 측면에서 세계의 이목을 끈다. 어떤 경우에는 특정한 국가가 기존에 형성되고 유포된 역사 지식에 근거하여 국제 사회에서 자신의 입장을 강하게 호소하기도 한다. 그런데 이때, 국제적 관계에 파장을 주었던 몇몇 사건에 대해 서양인의 한국사 저술이 한국인에 의한 한국사 저술보다 관심이 깊었다는 사실에 유의할 필요가 있다. 일반적으로 서양인의 한국사 기술은 한국을 중국 및 일본과의 국제적 지정학 속에 위치시키고 이를 전제로 해당 사건에 주목하는 경향이 짙었다. 그러한 관점에서 서술한 한국사가 세계에 보급되어 지금까지 많은 부분에서 적지 않은 영향을 미치고 있다. 이러한 한국사에 대한 서구인들의 인식 추이를 살피다 보면 서양인의 한국사 저술을 고찰하지 않을 수 없는 까닭이 자연스럽게 설명된다.

역사를 완벽하게 객관적으로 기술하기란 애초부터 불가능하다. 한국인이 한국사를 기술할 때도 예외가 아니다. 그렇기에 서양인의 한국사 저술을 연구하기 위해서는 한국사에 대한 비판적 자세와 냉정한 판단이 동시에 요구된다. 해방 이전에 발간된 서양인의 한국사 저술은 한국사를 바라보는 두 개의 시선, 즉 바깥쪽과 안쪽의 시선을 견주어 보게 만든다. 그럼으로써 한국사 내부에서 간과하기 쉬웠던 시각과 해석을 새롭게 참조할 수 있도록 해준다. 하지만 서양인의 한국사 관련 저술을 별도로 범주화하여 이를 체계적이며 충분하게 논의한 연구 성과는 아직까지 보이지 않는다.

이 책은 해방 이전 서양인의 한국사 저술들을 검토하여 이 저술들 속

에 녹아있는 한국사 인식의 주요한 특징과 의의에 대한 탐구를 최종 목
표로 삼고자 하며, 이를 바탕으로 한국사에 대한 다면적이고 비판적인
해석에 일조하고자 한다.

제2절 연구사 검토

서양인의 한국사 기술을 총체적으로 다룬 연구는 거의 없다. 16세기 말부터 20세기(엄밀히 말해 임진왜란 이후부터 해방 전까지) 사이에 생산된 한국 관련 서양어 자료의 체계적이고 종합적인 분석은 이 책이 처음 시도하는 것이다. 한국사 관련 저술만을 추출하여 이를 세기별로 범주화하고, 한국사에 대한 서양인의 인식이 시기에 따라 어떻게 변화하고 있는지에 대한 전체적인 추이를 밝히고 있는 논문 역시 현재까지 보이지 않는다. 따라서 이 책의 주제와 관련된 연구사 검토는 기본적으로 각 장과 관련 있는 연구물을 중심으로 해당 장에서 보다 자세히 언급하는 것을 원칙으로 하겠다. 다만 이 책의 주제와 부분적으로 연관되는 연구 성과물들―예를 들면, 특정 시대, 국가, 주제, 혹은 인물 등으로 절목화한 부분―에 대해서는 몇 편의 논문과 단행본을 언급해야 할 필요가 있다.

박대헌은 1949년 이전까지의 한국 관련 서양 문헌 188종 261판본의 목록집을 국내 최초로 발간함으로써 학계에 서양 고문헌의 전체적인 윤곽을 알리는 계기를 만들었다.[1] 박대헌이 이 분야에 초석을 놓았다면, 정성화는 박대헌의 목록집을 바탕으로 이 분야에서 탁월한 연구 성과를 거두었다. 연구 성과들은 주로 1990년 후반부터 2010년 사이에 집중적으로 이루어졌다.[2] 그리고 연구의 대상은 시기적으로 볼 때, 16세기부터

---

1) 박대헌, 《서양인이 본 조선 : 조선 관련 서양 서지》 1-2, 호산방, 1996.
2) 정성화, 〈17세기 예수회 역사가 로드리게스의 《일본교회사》에 나타난 한국 인

17세기 사이에 유럽에서 발간되었던 서양 고문헌들에 집중되어 있다. 그러나 무엇보다도 그의 뚜렷한 업적은 《근세 동아세아 서양어 자료 총서》라는 제목으로 발간된 영인본 전집의 편집을 주관한 것이다.[3] 이 전집은 한국·중국·일본과 관련하여 16세기부터 19세기 후반까지 서양어로 발행된 서적들 가운데 중요한 저술(정간물 포함)을 선별하여 총 200권(261종)으로 집대성한 서양 고문헌집이다. 5년여 간에 걸쳐 영인 작업을 주도하였던 정성화는 전체 261종 각각에 대하여 해제를 달았다. 이 영인본은 그동안 서양 고문헌이라는 자료의 특성상 국내에서는 접근이 어려웠던 다양한 분야의 연구자들에게 큰 도움이 되었다. 이 외에도 3편의 해제집과 1편의 영문 목록집을 저술하기도 하였다.[4] 이러한 그의 20

식〉, 《인문과학 연구논총》 19, 명지대학교 인문과학연구소, 1999a, 273~290쪽. 정성화, 〈16세기 유럽 고서에 나타난 한국 : 이미지의 태동〉, 《역사학보》 162, 역사학회, 1999b, 161~189쪽. 정성화, 〈W. 그리피스 《은자의 나라 한국》 : 그리피스의 한국관을 중심으로〉, 《해외한국학평론》 창간호, 연세대학교 현대한국학연구소, 2000a, 11~42쪽. 정성화, 〈16세기 유럽의 한국〉, 《명지사론》 11 : 1, 명지사학회, 2000b, 541~596쪽. 정성화, 〈16세기 포르투갈 자료에 나타난 한국의 이미지〉, 《경희사학》 23, 경희사학회, 2001, 199~220쪽. 정성화, 〈한국 관련 지식의 유럽적 기반과 내용 : 17세기 전반기 예수회 중국 선교사들의 기록을 중심으로〉, 《대구사학》 97, 대구사학회, 2009, 109~142쪽.

3) 서양어 자료 총서 편찬 위원회 편, 《근세 동아세아 서양어 자료 총서》 1-200, 경인문화사, 2000~2004. 한편 필자는 정성화의 후속 작업으로 100여종의 서양 고문헌을 해제와 곁들여 50권 분량으로 같은 출판사에서 발간한 바 있다. 장재용 편, 《근세 동아세아 서양어 자료 총서》 201-250, 경인문화사, 2015.

4) 정성화, 《한국 관련 서양 고서》, 명지대학교 출판부, 2005a., 정성화, 《서양의 한국 : 이미지의 탄생과 변화》, 명지대학교 출판부, 2005b., 정성화, 《서양인이 쓴 민속문헌 해제집》, 국립문화재연구소, 2007., Sung-hwa Cheong·Alexander Ganse, *Bibliography of Western Language Publications on Korea, 1588~1950 : the Myong Ji-LG Korean Studies Library*, Myongji University Press, 2008.

여 년에 걸친 노력의 결정체는 2010년 '명지대학교 도서관 한국 관련 서
양 고서 DB 검색 시스템'의 구축으로서, 이는 총 638권의 서양 고문헌의
서지 정보, 번역된 목차, 해제 및 일부 원문을 무료로 제공함으로써 완성
되었다.5)

특정 국가의 문헌을 대상으로 한 시도는 노시훈의 논문이 대표적인
예라 할 수 있다.6) 노시훈은 1600년부터 1999년까지 프랑스에서 발간되
었던 한국 관련 저술들을 추출하여 시기별, 주제별, 공기어(共起語)별 등
으로 분류하여 '한국이 언제부터 어느 정도로 어떻게 알려져 왔는가를
조사 분석'하려고 하였다.7) 처음으로 시도한 그의 분석이 아직까지 비
슷한 시도조차도 없었다는 점에서 매우 큰 의의를 가진다고 볼 수 있다.
그러나 제목에서 시사하는 바와 같이, 시기적으로 광범위할지라도 공간
적으로 프랑스라는 한 국가에 한정되었다는 한계가 있다. 이 밖에도 박
노자는 17세기 초반부터 1980년대까지 러시아(구소련지역 포함)에서 생
산된 한국 관련 문헌들을 총망라하여 러시아에서의 한국학 연구를 정리
하는 과정에서 한국 관련 고문헌들을 많이 거론하였다.8) 러시아 문헌들
은 이후 장호종에 의해서 한층 더 보강되기도 하였다.9) 독일어로 쓰인
문헌의 경우 역시 독일에서의 한국학이 어떻게 시작되었는가를 언급하
는 과정에서 해방 이전 독일에서 생성된 문헌들이 정리되었다.10) 결론

---

5) http://www.e-coreana.or.kr (2018년10월5일 접속).
6) 노시훈, 〈프랑스 문헌에 나타난 한국(1600~1999)〉,《한국프랑스학논집》 27, 한국
   프랑스학회, 1999, 545~558쪽.
7) 노시훈이 제기한 공기어에 대한 개념은 그의 논문 551쪽을 참조.
8) 박노자, 〈러시아 한국학 연구의 과거와 현황〉,《정신문화연구》 22 : 3, 한국학중앙
   연구원, 1999, 29~51쪽.
9) 장호종, 〈러시아 한국학의 전개 및 발전 양상 : 인문학분야의 연구사를 중심으로〉,
   《한중인문학연구》 17, 한중인문학회, 2006, 337~392쪽.

적으로 서양어 고문헌 중에서 영어 다음으로 큰 비중을 차지하고 있는 프랑스어, 러시아어, 독일어 등으로 쓰인 문헌들은 해당 국가에서 이루어진 한국학(Korean Studies)의 기원 및 연구 발전 성과를 고찰하는 과정에서 논의되었음을 알 수 있다.

영어 자료의 경우 문헌 자체의 수가 많기 때문에 각 주제별 - 예컨대 민담, 소설, 성경 등의 번역물, 선교를 주제로 한 수필이나 소설류, 사전을 포함한 한글 학습교재 등과 같이 - 로 세분화 되었지만, 넓은 의미에서는 국문학계의 성과로 분류될 수 있는 연구물이나 한 개인의 저술들을 분석한 인물 중심의 연구 성과물들이 있다. 아울러 이 책에서 포괄하는 시기와 주제가 일정 부분 상응하는 문헌들을 종합적으로 분석한 연구물은 김상민과 김학준의 것만이 유효하다.[11] 이들에 대한 자세한 설명과 평가는 해당 장에서 집중적으로 논의하겠다.

---

10) 이은정, 〈독일 한국학의 현황과 전망에 관한 연구〉, 경상대학교 석사학위논문, 2008.

11) 김상민, 〈개화, 일제기 한국 관련 서양 문헌에 나타난 한국 인식 양태 연구〉, 명지대학교 박사학위논문, 2007. 김상민, 〈서양문헌에 나타난 한국 : 정형화된 이미지와 사실의 간극〉, 《동국사학》 49, 동국역사문화연구소, 2010, 177~212쪽. 김상민은 이 논문 각주(178쪽)에서 자신의 학위논문(2007) 일부를 수정 보완한 것이라고 밝히고 있다. 김학준, 《서양인들이 관찰한 후기 조선》, 서강대학교 출판부, 2010. 김학준은 이 책을 출판하기 한 해 앞서 같은 내용의 초고를 3편의 논문으로 나누어 발표하였다. 김학준, 〈서양인들이 관찰한 조선의 모습들(제1회) : 개항 이전의 시기〉, 《한국정치연구》 18 : 1, 서울대학교 한국정치연구소, 2009, 259~320쪽. 김학준, 〈서양인들이 관찰한 조선의 모습들(제2회) : 개항으로부터 청일전쟁 발발 직전까지〉, 《한국정치연구》 18 : 2, 서울대학교 한국정치연구소, 2009, 247~314쪽. 김학준, 〈서양인들이 관찰한 조선의 모습들(제3회) : 청일전쟁 발발 직전으로부터 조선의 망국까지의 시기〉, 《한국정치연구》 18 : 3, 서울대학교 한국정치연구소, 2009, 227~294쪽.

이상에서 살펴본 바와 같이, 서양 문헌들 중에서 '한국(통)사'만을 별도로 고찰한 연구가 희소한 것에 비하면 해방 이전 서양인의 저술을 매개로 삼아 진행된 국내 학술적 성과는 비교적 풍부한 편이다. 반면, 국외의 연구 성과물은 빈약한 것이 현실이다. 즉, 한국 및 한국사 관련 서양 고문헌에 대한 연구 성과는 유럽이나 미국 등 서구 현지에서 해당 국가의 언어로 발표되기보다는, 연구자들이 국내의 학술지에 한글로 직접 써서 투고하거나 원문을 한글로 번역하여 수록하는 것이 일반적인 현상이다. 특히 영어권의 경우에는 더욱 열악한 편인데, 현재 북미(北美)지역에서 이 주제와 관련하여 이 책에서 언급할 만한 연구 성과는 거의 전무한 실정이다. 중국과 일본 관련 서양 고문헌에 대한 연구가 활발하게 이루어지고 있는 것에 비하면 매우 아쉬운 부분이다.

제3절 본문의 구성과 연구 방법

이 책은 해방 이전까지 작성된 서양인의 저술들을 연구 대상으로 하는데, 우선 이 시기까지의 모든 저술들을 일람(一覽)하여 이 자료들을 포괄적으로 분석하고자 한다. 아울러 해당 자료들의 분석을 통해 특히 한국사 관련 저술과 그렇지 않은 저술을 구분하고, 한국사 관련 저술이 갖는 개괄적 특징을 추출함으로써 한국사 관련 서양인의 역사 서술 전모(全貌)를 구명(究明)하고자 한다. 논의 진행 과정에서 정성화가 규정한 권역(圈域) 개념을 참고하여,12) 동·서남 아시아 전역을 지칭할 때는 아시아로 칭하고, 그중 한국·중국·일본 경계에 포함된 권역에는 동아시아라는 용어를 사용하고자 한다. '한국'을 가리키는 명칭은 시대별 서양인의 한국 인식을 반영하기 위해 그들이 사용한 용어를 존중하되 필요한 경우 고려, 조선, 한국의 구분을 표기하여 시대 인식에 따른 한국의 호칭 변화를 알 수 있도록 하였다.

이를 근거로 본문의 구체적인 구성은 다음과 같다.

제2장은 한국 및 한국사 관련 서양어 고문헌의 총람(總覽)을 제시하고 이를 분석한다. 크게 16세기 말부터 1945년 이전에 서양인들에 의해 작성된 문헌들을 추출하여 그 성격을 밝힌 후, 한국통사 기술에 해당하는

---

12) 정성화(2005b), 앞의 책, 5쪽. "아시아는 인도, 동남 아시아, 극동을 포함하는 포괄적인 용어로 사용하며, 극동은 중국, 일본, 한국을 의미한다. 본고에서는 분석하는 서양 고서에서 원명이 '코리아'나 그 유형일 경우에는 '한국'으로 번역하고 조선이나 그 유형으로 나타날 경우에는 '조선'으로 역하고자 한다"고 개념을 규정했다.

주요 저술들의 목록을 확정하게 된다. 또한 위에서 언급한 고문헌들이 어떠한 배경 하에서 작성되었는가를 추적해 나가는 작업도 병행한다. 고문헌이 작성되기 위해서는 작성 당시의 사회적 분위기 및 참조된 다양한 자료 등 저술 작업의 직간접적인 원인이 존재해야 한다. 그러한 사항들을 추적함으로써 연구 대상이 되는 저술들의 성격이 보다 심층적으로 구명될 수 있기 때문이다.

우선 1절은 논의의 출발점으로, 한국 관련 서양어 고문헌의 전체적 현황을 밝힐 것이다. 현재까지 확보한 총 461권의 저술을 대상으로, 이들이 어떠한 성격의 저술인가를 조사하기 위하여 시기별, 저자별, 언어 및 출판지별로 자료를 분류한 다음, 이 중에서 다시 직접적으로 한국통사를 기술한 고문헌과 저자를 선정하여 그들을 핵심 논의 대상으로 확정할 것이다. 2절에서는 이 고문헌들 중에서 한국사 관련 저술을 추출하고 그 저술이 지니고 있는 역사적 의의와 서술 내용 및 방향을 개괄적으로 제시함으로써 후술될 내용의 방향성을 드러내고자 한다. 이는 세기별, 국가별로 한국 관련 서술이 실제 얼마나 어떻게 이루어졌는지 수적으로 구체적인 실상을 제시하고 이러한 통계가 지닌 의미를 서구인이 한국을 인식하는 과정 및 인식의 내용과 관련하여 고찰하는 작업이 될 것이다.

제3장은 서양인이 저술한 한국사의 주요 저술과 특징을 시대적으로 살펴볼 것이다. 해당 저술들의 배경적 성격을 분석하고 해당 문헌의 작성 의도 및 주요 내용 등을 대략적으로 밝힌 후, 그 결과를 토대로 하여 본격적인 한국통사 관련 저술들의 목록을 확정할 것이다. 확정된 목록을 다시 18세기를 기점으로 그 전과 후의 저작들로 구분하여 논의하고자 한다.

1절에서는 17세기 이전의 저술들을 정리하고 소개할 것이다. 이들은 대체로 한국사에 대한 부분적 인식이 엿보이는 저술들이 주를 이룬다. 이 저술들은 엄밀한 사적 고찰이 아닌 풍물, 지리, 문화 등의 극히 단편적인 내용들이 주를 이룬다. 2절에서는 18세기 이후의 저작 중 뒤 알드 (Jean Baptiste Du Halde, 1674~1743)가 1735년 저술한 《중국사》를 중심으로 본격적인 논의를 진행할 것이다.[13] 이 저술이야말로 최초로 한국통사 기술의 단초를 제공하는 중요한 업적이라 할 수 있다. 뒤에서 자세히 언급되겠지만, 이 책은 18세기 당시 중국에 파견되었던 27명의 예수회 선교사의 원고를 뒤 알드가 편집하여 출판한 것이다. 한국과 관련된 부분은 프랑스 출신 선교사 레지(Jean Baptiste Régis, 1664~1738)가 만주 지역을 탐사하는 과정에서 한국에 대한 정보를 획득하여 집필한 것이다.

　제4장은 한국통사에 대한 본격적인 저술들에 대한 고찰이다. 여기서는 영국 출신 개신교 선교사인 존 로스(John Ross, 1842~1915)의 1879년 저술인 History of Korea(이하 로스, 《한국사》)와 미국인 윌리엄 엘리엇 그리피스(William Elliot Griffis, 1843~1928)의 1882년 저술인 Corea, the Hermit Nation(이하 그리피스, 《한국, 은둔의 나라》)를 집중적으로 검토하고자 한다. 이들의 저서를 4장에서 함께 다루는 것은 한국 밖의 접경에서 주로 활동한 두 사람의 이력에 비추어 볼 때 상당 부분 공통점이 보이기 때문이다. 이 두 저서는 모두 한국의 국경 밖에서 집필된 저서들로서 이용된 자료나 사관의 측면에서 한국 측의 입장이 거의 반영되지 못했다는 공통점이 있다.

　1절에서는 로스의 《한국사》에 대하여 검토할 것이다. 우선 로스의 생

---

13) 프랑스어로 쓰여진 이 책의 원서지명은 Description Géographique, Historique, Chronologique, Politique, et Physique de l'empire de la Chine et de lat Tartarie Chinoise 이다. 제목이 긴 관계로 이 책에서는 한글 서지명을 《중국사》 그리고 영역본의 경우 History of China로 병기하겠다.

애를 개관하고 그가 이 저술을 집필한 동기와 개인사적 배경을 기술하려 한다. 그리고 이 저술이 취한 구성상의 특징과 핵심적 내용을 분석함으로써 여기에 나타난 로스의 한국사 인식의 특징을 차례로 고찰할 것이다. 2절에서는 그리피스의 《한국, 은둔의 나라》를 다룬다. 로스의 경우와 마찬가지로 그의 생애에 대한 개관으로부터 출발하여 저술 동기와 개인사적 배경을 살펴볼 것이다. 아울러 이 저술의 편제와 주요 내용을 검토한 후 그리피스의 한국 및 한국사에 대한 인식이 어떠했는지를 추적해 나가는 작업을 진행할 것이다.

   제5장은 19세기 중엽부터 20세기 초반까지 한국에 주로 거주하면서 활동했던 호머 베절릴 헐버트(Homer Bezaleel Hulbert, 1863~1949)의 1905년 저작인 *History of Korea*(이하 헐버트, 《한국사》)와 제임스 스카스 게일(James Scarth Gale, 1863~1937)이 1924년부터 1927년까지 집필한 *A History of the Korean People*(이하 게일, 《한국 민족사》)을 집중적으로 검토하고자 한다. 4장에서 논의된 로스나 그리피스와 달리, 5장에서 다뤄지는 두 인물인 헐버트와 게일은 비슷한 시기에 내한(來韓)하여 청년기 이후의 대부분을 조선에서 보냈다는 공통점을 지닌다. 그러므로 이들의 저술을 같은 장에서 조명하는 이유는 이들의 저술이 당시 자신들이 거주했던 한국의 현실과 국제 관계의 상황을 직접적으로 체험한 결과물이기 때문이다. 그럼에도 불구하고 후술되는 바와 같이 이 두 저작은 저자의 관심사에 따라 상당히 상이한 성격의 내용을 담고 있음 또한 주목할 만한 점이다.

   1절은 헐버트의 《한국사》를 집중적으로 조망할 것이다. 우선 헐버트의 생애를 필두로 하여 그가 이 저술을 집필한 동기와 그것에 영향을 끼친 배경이 논의될 것이다. 그리고 《한국사》의 편제 및 중심 내용을 전반적으로 고찰한 후 헐버트의 한국사에 대한 인식이 어떻게 드러나고 있는지를 살피기로 한다. 2절은 게일의 《한국 민족사》를 논의한다. 여기서 게일의 생애는 물론이요, 그가 이 저술을 집필하고자 했던 의도와 배경을 추적하는 작업이 이어질 것이다. 또한 《한국 민족사》가 지닌 구성상의 특징과 그 핵심적 내용을 심층적으로 분석하고 이를 통해 게일 자신의 한국민과 한국사에 대한 인식이 어떠했는지를 알아보겠다.

마지막으로 제6장에서는 지금까지 논의된 사항들의 주요 내용을 요약·정리하고 논의 대상이 된 저술과 저술가들의 한국통사 기술의 양상을 일목요연하게 제시할 것이다. 이를 통해 본문에서 다루었던 한국통사 기술의 의의와 한계가 통합적으로 드러나게 될 것이다. 아울러 본 연구가 지닌 한계 및 남은 문제점을 부가적으로 언급함으로써 후속 연구의 방향에 대한 전망을 제시하기로 하겠다.

이상과 같이 구성된 논의는 다음과 같은 연구 방법론에 근거하여 이루어질 것이다. 우선 연구 대상 자료는 세계에서 가장 방대한 서지 목록 데이터베이스인 '월드 캣'(WorldCat)을 이용하여 수집하였다.[14] 수집된 자료는 최종 선택에 앞서 실물 자체를 직접 확인하거나 전자화된 원문을 입수하여 확인 절차를 거쳤다. 시기별, 저자별, 언어별 분류 등을 포함한 자료의 구체적인 분석은 마이크로소프트사(Microsoft Co.)의 엑셀(Excel) 프로그램을 이용하여 여러 도표를 제공함으로써 독자들의 이해를 돕고자 하였다. 또한 '월드 캣'에 등록되어 있는 서명과 저자명, 출판

---

14) 이는 미국 오하이오(Ohio)주 더블린(Dublin)시에 본부를 둔 온라인 컴퓨터 도서관 센터 (Online Computer Library Center, OCLC)에서 운영하고 있다. 이 '월드 캣'은 세계에서 가장 방대한 서지 목록 데이터베이스로 자료의 서지 정보와 실제 자료를 소장하고 있는 기관의 위치 정보를 제공하고 있다. '월드 캣'의 홈페이지는 다음과 같다. https://www.worldcat.org (2018년10월8일 접속).

연도와 주제별 분류 등의 서지 사항을 기준으로 분석하였다. 이는 오래된 문헌의 성격상 대부분의 서지 사항들이 각종 연구 업적에 불분명하고 이질적으로 인용되어 왔으므로 일관된 기준을 상정하는 것은 불가피한 선택이었다.

이러한 수집 및 분석 틀을 이용하여 이 책이 추출한 문헌들은 초판본 기준 단행본만도 461종에 이른다. 따라서 출판년도가 다른 판본이거나 원본이 또 다른 서양 언어로 번역된 자료들은 모두 제외하였다. 이 461종 중에서 이 책은 한국통사와 관련하여 사료로서의 가치를 지닌 저술들을 연구의 대상으로 삼았다. 마지막으로 이 책이 주된 연구 대상으로 삼은 뒤 알드 이하 4종의 저술들 역시 이러한 과정을 거쳐 확정되었고 이를 다시 내용별로 분류하여 논의의 체제를 완성하였다.

제2장

한국 및 한국사 관련 서양어 고문헌의 현황과 등장 과정

제1절 한국 관련 서양어 고문헌의 현황

본 장에서는 한국사 관련 저술의 등장 배경을 살피기 위한 전제로 1945년 이전에 작성된 한국 관련 서양어 초판본을 우선적으로 검토해 보고자 한다. 서양어로써 한국을 소개한 시기가 대략 1592년 임진왜란을 기점으로 삼는 까닭에 해당 기간은 16세기 말에서 1945년까지를 포괄한다. 필자는 이를 위해 현재 세계에서 가장 방대한 서지 목록을 갖춘 데이터베이스 '월드 캣'을 이용하여 한국 관련 서양어 문헌 461종을 추출하였다[부록 참조].

여기에서는 461종 전체를 대상으로 삼아 시기별, 저자별, 언어 및 출판 도시별로 세부 기준을 설정하여 통계화하고 이를 토대로 서양어 고문헌에서 한국 관련 텍스트들이 어떠한 양상으로 분포하고 있는지를 파악하고자 한다. 누가(who), 언제(when), 어디서(where), 어떤 정보(what)를 어떤 목적으로(why) 얻었는가를 종합적으로 살피자면 관련 문헌 전체를 대상으로 삼지 않을 수 없고, 이 책에서 궁극적으로 지향하는 한국사 관련 저술의 등장 배경을 이해하는 데에도 이러한 통계적 분석이 필요한 과정이라 판단하였다.

한편, 한국 관련 '서양 고문헌' 그 자체에 대한 관심은 꾸준히 있었다. 이와 관련된 연구는 1장에서 잠시 언급된 박대헌의 목록집 발간(1996년) 전과 후로 양분된다고 해도 과언이 아니다.[1] 왜냐하면 이 책의 출간 전

---

1) 박대헌, 앞의 책 1-2. 한국 관련 서양인 문헌에 대한 관심은 박대헌의 목록집 발간

까지는 한국 관련 서양어 고문헌의 전체적인 윤곽을 알기가 매우 어려 웠을 뿐만 아니라 일개 문헌의 전체 혹은 일부분만이 번역되어 간단한 해제와 함께 소개되는 것이 일반적인 양상이었기 때문이다. 해방 직후 부터 나타나는 서양 고문헌의 초기 번역서들은 안응렬의 《조선 순교 복 자전》, 이응식·윤지선이 공역한 《조선 교회사 : 서설》, 이병도의 《하멜 표류기》, 한우근의 《조선 기행》, 김양선의 《빠실 - 홀의 한국 항해기》 등이 대표적이다.[2] 이후에도 서양 고문헌은 간헐적으로 국역되다가 1980년대부터는 몇몇 출판사에서 다양한 문헌들이 번역되어 기획 시리 즈물 형태로 연구자들은 물론 일반 독자들에게 소개되었다.[3] 그러나 이

이전에도 간혹 있었다. 안동림·황문수, 〈韓國關聯 重要歐美著書 : 17세기 이후 1945년까지〉, 《한국의 명저》, 현암사, 1970, 1287~1305쪽에 이들에 대한 간략한 소개가 실려있다.

2) 로네(Adrien Launay)의 책, *Martyrs, Français et Coréens*의 번역서인 안응렬 역, 《조 선 순교 복자전》, 을유문화사, 1946. 달레(Charles Dallet)의 책, *Histoire de L'église de Corée*의 번역서인 이응식·윤지선 공역, 《조선 교회사 : 서설》, 대성출판사, 1947. 하멜의 표류기는 이병도 역, 《하멜 표류기》, 일조각, 1954. 오페르트(Ernst Oppert)의 책, *Ein Verschlossenes Land, Reisen nach Korea*의 번역서인 한우근 역, 《조선 기행》, 문교부, 1956. 홀(Basil Hall)의 항해기중에서 한국 관련 부분만 번역 한 김양선 역, 〈빠실 - 홀의 한국 항해기〉, 《불기둥》 19, 신앙동지회, 1959, 3~14쪽. 참고로 김양선의 번역문은 실제 확인하지 못했고 박대헌의 앞의 책 권2의 915쪽 을 재인용하였다. 여기에서 박대헌은 1996년 이전까지 번역된 한국 관련 서양어 자료의 서지 사항에 대해서 충실히 열거하고 있다.

3) 평민사에서 1980년대 "한말외교인기록" 시리즈 형태로 5~7종 출판, 한국기독교역 사연구소에서 1990년 중반부터 주로 개신교 선교사들의 한국 활동과 관련된 서양 자료를 지속적으로 번역하여 현재 10종 미만 출판, 집문당에서 1999년부터 2005 년까지 "한말외국인기록총서" 30 여종 출판, 2008년부터 현재까지 살림출판사에 서 "그들이 본 우리" 시리즈물로 번역 출간중, 최근 동북아역사재단에서 한국 관 련 러시아 고문헌들을 "동북아역사재단번역총서"로 번역 출판중에 있다. 이 번역 물에 대한 보다 자세한 서지 정보는 국립민속박물관 편, 《코리아 스케치》, 국립민

러한 시도와 부분적 접근만으로는 전반적인 윤곽을 살피는 데 한계가
있었다.

그런 맥락에서 188종 287책을 소개한 박대헌의 목록집은 한국 관련
서양어 고문헌에 대한 집대성을 이루었다고 평가될 수 있다. 구체적으
로 보건대, 이 목록집은 서양어 문헌들을 크게 4단계의 시기로 나누어
분류하였다. 첫째, 1592년 임진왜란 이전까지를 '태동기'로, 둘째, 1592년
부터 1876년 한일수교조약 시기까지를 '초기 접속기'로, 셋째, 1876년부
터 1905년 한일협정조약까지를 '개화기'로, 마지막으로, 1905년부터 1949
년까지를 '최근기'로 구분하였다. 이와 더불어 이 목록집은 당시로서는
보기 드문 컬러판 표지와 간단한 서지 사항, 그리고 본문의 목차도 빼놓
지 않고 일일히 수록하였다. 총 2권 분량, 1,000여 쪽에 이르는 충실한
작업이었으며, 그 결과 한국 관련 서양어 고문헌의 전체적인 윤곽을 드
러나게 하는 데 결정적 기여를 하였다.

어느 분야에서든 일반적으로 초기 단계에서는 관련 문헌의 목록과 해
제가 이루어지고 그 이후에 번역과 관련 연구가 잇따르게 된다. 실제로
박대헌의 목록집이 발간된 이후, 서양어 고문헌에 대한 연구는 대략 두
갈래로 진행되었다. 첫 번째 갈래를 들자면, 목록집, 도록집, 그리고 해
제집처럼 문헌에 대한 기본적인 서지 정보를 담아 문헌학적 각도에서
접근한 결과물들이다. 대표적인 성과로는 정성화의 해제집을 들 수 있
다.[4] 박대헌이 이 분야의 초석을 다졌다면 정성화가 이를 기반으로 해
당 연구에 자신의 역량을 쏟아부어서 괄목할 만한 성과를 내었음은 1장
에서도 언급하였다. 박대헌과 정성화의 목록집 외에도 한국관계고서찾

속박물관, 2002, 228쪽 참조.
4) 정성화(2005a), 앞의 책과 정성화(2007), 앞의 책.

기운동본부의 전시 도록집, 한국문학번역원이 발간한 목록집, 한국기독
교역사박물관의 소장 도서 도록집, 그리고 규장각 한국학연구원 전시
도록집 등이 문헌학적 접근 경로에서 나온 책자들이다.[5] 아래 [표 1]은
이제까지 발간된 각종 목록집, 도록집, 해제집을 정리한 것이다.

[표 1] 각종 목록집, 도록집, 해제집 현황

연도	편저자	성격	분류 기준	수록 총수
1996	박대헌	목차 포함 목록집	시기별(임의적으로)	188종 261판 287책
2000	서양어자료총서편찬위원회, 정성화 주편집	해제 포함 영인본	없음	261종
2005	정성화	해제집	없음	253종
2006	한국관계고서찾기운동본부	도록집	저자명(알파벳순)	278종
2006	한국문학번역원, 고영일·박창윤 주편집	해제집	언어별(러시아어, 독일어, 프랑스어, 스페인어, 영어)	80종
2007	정성화	해제집	연도순	단행본 86종, 정간물 3종
2008	한국기독교역사박물관	도록집	언어별(영어, 프랑스어, 독일어 알파벳순)	150종
2011	명지대학교 도서관	서양고서 DB 시스템	8개 주제로 분류	492종 638책
2013	규장각 한국학연구원	도록집	시기별(임의적으로)	17종
2015	장재용	해제 포함 영인본	없음	98종

---

5) 한국관계고서찾기운동본부 편, 《코레아 견문록 : 명지대-LG연암문고 10주년 기념
   특별전》, 한국관계고서찾기운동본부, 2006. 고영일·박창윤 편, 《한국 관련 서양
   고서 해제집》, 한국문학번역원, 2006. 한국기독교역사박물관 편, 《푸른 눈에 비친
   백의 민족》, 한국기독교역사박물관, 2008. 규장각 한국학연구원 편, 《한국학, 밖에
   서 본 한국》, 서울대학교 규장각 한국학연구원, 2013.

서양 고문헌 목록을 활용한 두 번째 갈래로 논문과 저술을 통한 해당 자료들에 대한 본격적인 연구를 들 수 있다. 이 계통의 연구는 목록과 해제 등의 기초적인 참고자료를 바탕으로 특정 주제 또는 언어군에 따라 다양한 분야에서 진행되었다. 예를 들면, 천주교 및 개신교와 같은 기독교 관련 연구, 프랑스어·스페인어·러시아어·독일어 등 언어별 문헌을 초점으로 삼은 연구, 탐사와 항해기 및 여행기들을 조명한 연구, 국어와 문학을 대상으로 한 연구물 등이 이에 속한다.6) 현재 이러한 경향

6) 천주교 예수회 관련 대표적인 연구물로는 박철,《세스뻬데스 : 한국방문 최초 서구인》, 서강대학교 출판부, 1987. 박철,〈일본 및 한국과 관련된 예수회 자료의 성격〉,《부산교회사보》12, 부산교회사연구소, 2002, 29~55쪽. 정성화, 앞의 논문, 1999a. 정성화, 앞의 논문, 2001. 정성화, 앞의 논문, 2009. 피에르 엠마뉘엘 후,〈조선 가교의 재발견 : 16~19세기 천주교 선교사의 조선 진출 전략에 대한 기초 연구〉,《연민학지》16, 연민학회, 2011, 189~233쪽 등이 있다. 그 외에 기독교 관련 연구물들은 4장과 5장을 참조. 언어별 문헌 분석물들은 1장에서 언급된 노시훈 (1999), 앞의 논문, 박노자(1999), 앞의 논문, 장호종(2006), 앞의 논문, 이은정 (2008), 앞의 논문 외에도 최창희,〈소련의《韓國學研究 文獻目錄(Bibliografiia Korei, 1917~1970)》〉,《아시아문화》6, 한림대학교 아시아문화연구소, 1990, 239~310쪽. 이은숙,〈구한말에 나타난 한국 관련 프랑스 문헌과 오리엔탈리즘〉,《한국 프랑스학논집》45, 한국프랑스학회, 2004, 357~376쪽을 참조할 수 있다. 그리고 탐사와 항해기 및 여행기에 대한 연구물들은 김재승,〈조선 왕국을 찾아 온 서양 선들의 탐사 항해기〉,《동서사학》3 : 1, 한국동서사학회, 1997, 23~55쪽. 한경수, 〈개화기 서구인의 조선 여행〉,《관광학연구》26 : 3, 한국관광학회, 2002, 233~253쪽. 제임스 그레이슨(James H. Grayson),〈영국 해군 장교 바질 홀의 1816년 동아시아 항해기〉,《대동문화연구》56, 성균관대학교 대동문화연구원, 2006, 109~132쪽. 박천홍,《악령이 출몰하던 조선의 바다》, 현실문화연구, 2008 등이 있다. 한편, 한글과 문학 관련 대표적인 논문들로는 박대헌,〈개화기 조선어 사전의 출판 구조에 관한 연구〉, 동국대학교 석사학위논문, 1997. 이병근,〈서양인 편찬의 개화기 한국어 대역 사전과 근대화 : 한국 근대 사회와 문화의 형성 과정에 관련하여〉, 《한국문화》28, 서울대학교 한국문화연구소, 2001, 1~31쪽. 이남윤,〈개화기 서양인에 의한 한국어 연구 검토〉,《한국어문교육》16, 한국언어문학교육학회, 2006,

의 연구들은 좀 더 세분화되어 도시·여성·의복·출판·예술 등 문화사의 전 분야와 지지학 및 동식물학 등 이학계까지 확장되어 가는 추세이다.

서양 문헌을 종합적으로 활용한 연구사의 흐름에서 단연 눈에 띄는 성과는 김학준(2010)의 저술이다.[7] 이 책은 정치학자의 시각에서 기존의 연구사와 해당 텍스트를 시기별로 분류하여 서양인들이 한국의 역대 왕조 및 정부 그리고 한국인에 대해서 어떻게 인식해 왔는지 그 과정을 면밀히 검토하였다. 또한 조선 왕조의 멸망 과정 및 한반도의 분단 원인에 대한 탐구까지를 연구 시야에 포함시킨 성과를 이루었다. 그는 애초 남북한 분단의 기원을 추적하는 과정에서 조선 왕조의 멸망 원인을 규명하고자 하였다. 이를 위해 한국 내에서 익히 알려진 자료들보다는 우리가 미처 생각하지 못했던 다른 시각으로 작성한 서양인들의 한국 관련 문헌들 속에서 그 근거를 찾고자 했다.

결론부에서 김학준은 당시의 서양인들이 서양 문명 우월주의와 사회진화론에 따른 인종주의적 편향성이 강했으며, 조선에 대해서도 자연을 개발하지 못하고 상업과 과학 기술이 낙후한 미개 사회로 간주하였다고 정리하였다.[8] 그러면서 미개한 사회의 근거로서 서양인들이 제기한 원인들, 곧 계급에 의한 수탈과 착취, 남성 우월주의, 고종을 비롯한 국왕

37~60쪽. 전성희, 〈러시아에서의 한국 설화 번역 현황〉,《비교한국학》16 : 2, 국제비교한국학회, 2008, 471~500쪽. 진상범, 〈독일 속의 한국 문화 수용 : 독일어로 한국 민담 번역, 이미륵과 윤이상의 창작 작품, 에카르트의 한국 문학사 저술과 관련하여〉,《세계문학비교학회 학술대회》5, 세계문학비교학회, 2012, 80~97쪽. 고예선, 〈19세기 서양인의 한국어 교재 연구〉, 부산대학교 박사학위논문, 2013. 오윤선, 〈19세기말 20세기초 영문(英文) 한국 설화의 자료적 가치 연구〉,《우리문학연구》41, 우리문학회, 2014, 145~179쪽 등 다양한 연구들이 있다.

7) 김학준, 앞의 책.
8) 김학준, 앞의 책, 566~574쪽.

의 무능을 빠뜨리지 않았다. 서양인들의 시각과 자료를 전반적으로 검토하면서 김학준이 정리한 바는 현재로서도 유효한 내용이 적지 않다. 다만 그의 연구는 자신이 서론에서 밝힌 것처럼, 1차 원전 자료에 근거한 것이 아니라 2차 연구 자료들, 그중에서도 특히 조선을 부정적으로 취급했던 연구 결과에 집중적으로 의존하였다.[9] 따라서 1차 원전 자료에 포괄되어 있는 다양한 내용들을 균형 있게 검토하지 못한 한계를 피할 수 없었다.

이상에서 한국 관련 서양 고문헌의 활용 방식에 따른 두 갈래의 방향을 간략하게 짚어 보았다. 그러나 큰 틀에서 이 책의 주제와 관련된 논문은 김상민의 박사학위 논문 한 편만이 눈에 띈다. 그는 서양어 문헌 중에서 '19세기 말부터 20세기 초까지 영어로 출판된 문헌들'을 대상으로 하여 문화·사회학적 관점에서 연구를 수행하였다.[10] 이 논문은 한국과 한국 사회에 대한 서양인들의 인식이 어떻게 왜곡되고 변화하였는지에 대해서 '오리엔탈리즘 분석'을 사용하여 규명하고자 하였다. 따라서 그의 연구 역시 김학준의 논점과 유사하게 서양인들의 문헌들 속에서 한국에 대한 부정적인 시각 혹은 견해만을 중시한 경향이 있다. 이러한 시도에 대해 한국 밖에서 생성된 외국어 자료를 포괄적으로 분석한 공로는 인정받아야 마땅하다. 그러나 아쉽게도 한국사 저술 및 한국사 인식의 문제까지를 충분히 연구한 업적으로는 보기 어렵다.

이 책은 서양인의 한국사 저술에 나타난 한국사 인식을 최종적 탐구 대상으로 삼는다. 그러나 앞서 말한 바와 같이, 한국사 관련 저술이 주로 한국 관련 저술과 긴밀한 역학 관계 내에서 이루어지고 있는 까닭에

---

9) 김학준, 앞의 책, 23쪽.
10) 김상민, 앞의 논문, 2쪽.

이제부터 한국 관련 문헌 461종 전체를 통계적 방식에 따라 조망해 보고
자 한다. 이 정도 규모에서 한국 관련 서양어 고문헌을 망라하여 출판
시기, 출판지, 저자의 국적 및 직업, 언어별로 분석한 연구 보고는 아직
까지 확인되지 않는다. 이는 이 책에서 처음으로 시도하는 것이다.

통계를 위해 기준으로 삼았던 461종의 추출 기준은 다음과 같다. 첫
째, 문헌의 서명은 주(主) 서명만을 기입하는 것을 원칙으로 하고 주 서
명만으로는 다른 문헌과 혼동될 가능성이 있는 경우 부(附) 서명도 병기
하였다. 또한 서명이 로마어(예를 들면 영어, 프랑스어, 독일어, 스페인
어, 포르투갈어, 네덜란드어, 이탈리아어, 라틴어 등)가 아닌 러시아어,
헝가리어, 폴란드어 등 현재 키릴 문자를 사용하는 계통의 언어인 경우
는 미국도서관협회(American Library Association)와 미국의회도서관
(Library of Congress)이 공동 제정하고 북미권의 모든 도서관과 박물관에
서 채용하고 있는 로마자표기원칙(Romanization)에 따라 변환하여 기입
하였다.[11]

둘째, 문헌을 생산한 저자의 이름은 최대한 완전한 이름(Full Name) 사
용을 원칙으로 하였다. 중간 이름(Middle Name), 약자(Initial), 관직명
(Title), 필명(Pen Name) 등을 사용하여 여러 이름이 존재하는 경우 역시
미국의회도서관의 전거(典據) 파일(Authority File)에 등록된 저자명을 사
용하였다.[12] 또한 공동 저자의 경우는 주요 저자 한 명만을 기입하였다.

셋째, 문헌은 초판본만을 기입하는 것을 원칙으로 하였다. 가령《하멜
표류기》의 경우, 1668년 네덜란드 암스테르담에서 네덜란드어로 발간된
것이 초간본이지만 그 후 여러 국가에서 여러 언어로 여러 차례 출판되

---

11) http://www.loc.gov/catdir/cpso/roman.html (2018년 10월11일 접속)
12) http://authorities.loc.gov (2018년 10월11일 접속)

었기 때문에 이들을 모두 목록에 넣을 수는 없었다. 이 원칙에 따라 번역본도 이 목록에서 제외하였다.

넷째, 한국 내에서 서양인이 서양어로 출판한 문헌과 일본인이 일본에서 영어로 출판한 자료는 이 목록에 포함했다.13) 이는 서양어 문헌의 범위를 가능한 확장함과 동시에 이들이 서양에서 한국을 인식하는 자료가 될 수 있음을 고려한 결과이다. 참고로 중국에서 중국인에 의해 서양어로 발간된 자료는 없으나, 중국 내 서양인에 의해 영어, 프랑스어, 러시아어로 발간된 문헌 역시 목록에 포함시켰다.

1) 시기별 자료 현황

총 461종의 문헌을 시기별로 분류한 결과는 [표 2]와 같다. 16세기에서 18세기까지의 문헌 수량은 매우 적으나 19세기에 들어서면서 한국 관련 문헌들이 폭발적으로 증가하는 모습이 확연하게 드러난다. 좀 더 자세히 살펴보면, 16세기에 생성된 문헌은 루이스 프로이스(Luís Frôis, 1532~1597)의 《일본사(Historia de Japam)》만이 포착된다. 프로이스가 이 문헌을 작성한 연대는 정확하게 밝혀지지 않았다. 그러나 이 문헌의 내용에 1594년까지의 일본 상황이 서술되어 있고 저자가 1597년에 일본 나가사키(長崎)에서 사망했기 때문에 이것이 16세기 말, 즉 1594년부터 1597년

---

13) 5장에서 다루어지는 게일의 《한국 민족사》는 한국 내에서 서양인이 영어로 출판한 문헌 중에 하나이다. 또한 일본은 한국에 통감부 설치(1905) 직후, 한국의 민속, 유물, 지질, 동물, 식물 등 다양한 분야에 대해서 학술적인 연구를 시행하고 이에 대한 보고서를 영어로 발간하였다. 1909년 당시 동경대학 교수였던 다케노신 나카이의 한국 야생화에 대한 연구물도 이 중 하나이다. Takenoshin Nakai, *Flora Koreana* 1-2, Imperial University of Tokyo, 1909~1911.

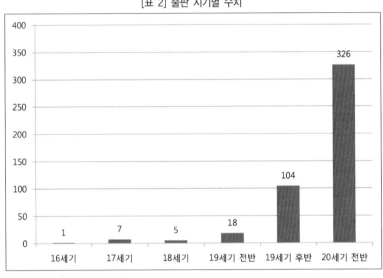

[표 2] 출판 시기별 수치

사이에 작성된 것은 확실시된다. 하지만 유감스럽게도 이 문헌은 작성 당시에 출판된 것이 아니라 1926년에 가서야 독일에서, 그것도 원어인 포르투갈어가 아닌 독일어로 출판되었다. 포르투갈 원문은 1976년에 이르러 간행되었으나, 본 서에서는 최초로 작성된 시점을 표에 반영하는 것이 더 적절하다고 판단하였다.

17세기에 생성된 문헌은 총 7종이다. 널리 알려진 《하멜 표류기》가 이 시기에 해당되는 자료이다. 이를 제외한 나머지 문헌들은 예수회 선교사가 중국 혹은 일본을 소개하는 것으로, 한국에 대한 언급은 극히 제한적이다. 한정된 분량으로 다소 부차적인 위상만을 부여하였으므로 한국에 대한 관심이 중국과 일본을 중심으로 한 동아시아 세계관에 부속된 듯 보인다. 그러나 이러한 저서들도 부분적이나마 동아시아 내에서 한국을 인식하는 계기를 마련하게 되었다는 점에서 검토의 여지가 충분하다고 본다.

18세기의 문헌 중에서 한국을 기술한 자료는 5건에 불과하다. 1735년
에 출간된 예수회 선교사 뒤 알드의 《중국사》를 제외한 나머지 4건의
문헌은 지극히 간략한 서술에 그치고 있다. 동아시아 해안을 따라 항해
한 경험을 기록한 항해 탐사 보고서 수준에서 한국이 잠시 언급되고 있
는 정도이다. 다만 이 중에서 주목할 만한 문헌은 1797년 프랑스 해군
라 페루스(Jean-François de Galaup La Pérouse, 1741~1788?)가 쓴 항해기이
다.[14] 이 저서는 총 4권 분량 중에서 한국에 대한 언급이 5쪽에 불과하
지만, 울릉도와 제주도가 서양 문헌에서 처음으로 등장하였다는 사실로
인해 한국에도 널리 알려진 문헌이다.

19세기로 접어든 이후에도 한국을 언급한 문헌들 대부분이 여전히 항
해기 수준을 벗어나지 못하고 있다. 항해기는 군인의 입장에서 한국의
해안선을 탐사하면서 기록한 글이거나 좀 더 나아간다고 하더라도 해안
에 거주하는 현지인들 혹은 정부 관원들과의 아주 제한된 접촉 경험에
서 얻어진 결과물들이다. 19세기 전반기에 생성된 총 18종의 문헌 중에
서 10개의 문헌이 모두 항해기이다. 이러한 항해기는 주로 영국 해군과
선박에 동승했던 군의관 혹은 외교관 등에 의해서 작성된 것들이다. 그
런데 이들 기록만으로 볼 때 흥미로운 사실은 선교사에 의한 종교적 관
점의 저술이 군인들의 저술보다 시기적으로 앞서고 있다는 점이다. 이
는 당시 식민지를 선점하기 위한 여정에서 종교인들이 선봉의 역할을
했음을 나타내는 지표라고 해석될 수도 있다.

한국에 대한 다양한 주제의 문헌이 집중적으로 나타나는 시기는 19세

---

14) Jean-François de Galaup La Pérouse, *Voyage de la Pérouse Autour du Monde*, De
l'imprimerie de la République, 1797. 이 책은 최근 한글로 번역 출판되었다. 김성준
역, 《라페루즈의 세계 일주 항해기》 1-2, 국립해양박물관, 2016.

기 후반이다. 앞 [표 2]에서 보는 바와 같이, 19세기 전반기에 18종에 불
과했던 자료가 19세기 후반 (1851년 이후)에 들어서면서 104종으로 증가
하였고, 20세기 전반기 (1945년 이전)에는 무려 326종으로 급격히 증가하
였다. 따라서 이 시기를 보다 미시적으로 살펴볼 필요가 있다고 판단하
여 세분화된 통계를 작성하여 [표 3]으로 정리하였다.

[표 3] 19세기 후반부터 20세기 전반까지의 출판 시기별 수치

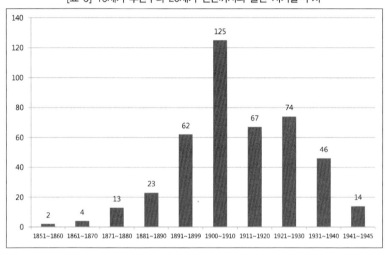

[표 3]에서 보듯이, 관련 문헌의 수량이 서서히 증가하다가 1891년에
서 1899년까지 한차례 급증하고, 1900년부터 1910년 사이에는 그 정점에
다다른 것을 볼 수 있다. 이 시기에 생성된 문헌의 제재를 살펴보았더니
1894~1895년 사이의 청일전쟁과 1904~1905년 사이의 러일전쟁이 밀접한
관련이 있는 것으로 파악되었다. 말하자면 이 두 건의 국제 전쟁은 동아
시아의 식민지 쟁탈전과 관련하여 한국이 국제 사회의 이목을 끌도록
한 사건인 것이다. 또한 이 시기 중 1866년에 발생했던 병인박해는 프랑
스 파리외방선교회 소속 선교사 중심의 한국 선교에 대한 한국 정부의

저항을 뜻하는 것으로서, 서양인들에게는 종교적 관심을 환기하는 중대한 사건이었다. 병인박해 당시에 순교한 신부들의 일대기와 한국 정부의 박해와 관련된 저술이 이 시기에 집중적으로 나타났다.

한국 관련 서양 문헌은 이후 제1차 및 제2차 세계대전을 거치면서 현저히 줄어들게 된다. 전쟁을 겪는 과정에서 제대로 된 출판이 이루어질 수 없었음을 알 수 있다. 특히 한국은 1910년 일제에 의한 강제 병합 이후 서양인들에게는 더 이상 존재하지 않는 국가, 즉 일본의 식민지로 인식되었기 때문에 이들의 관심 또한 크게 감소했던 듯하다.

2) 저자별 자료 현황

총 461권의 문헌 중에서 2종 이상의 문헌을 저술한 저자들을 중복으로 처리하여 1종으로 셈한 결과, 총 352명의 저자가 기술한 문헌이 분석 대상이 된다. 이를 바탕으로 저자들의 국적을 분석한 결과는 아래 [표 4] 및 [표 5]와 같다.

[표 4] 저자 국적별 수치

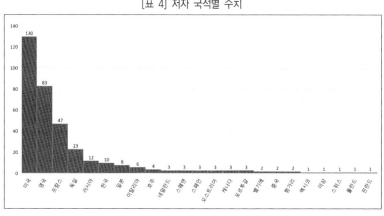

[표 5] 저자 국적별 비율

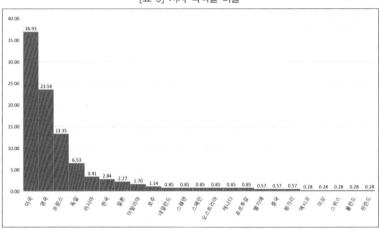

우선, [표 4]와 [표 5]에서 보는 바와 같이, 저자들의 출신 국가는 총 22개 국가(1명 미상)로 나타났다. 이 중에서 무려 37%에 육박하는 130명이 미국 출신이었다. 이는 다양한 국가에서 출생하였으나 후에 미국 국적을 취득한 11명까지를 합한 숫자이다.[15] 다음으로 많은 국가는 영국 83명(23.58%), 프랑스 47명(13.35%)이 차지하였다. 그 뒤로 독일(23명), 러시아(12명), 한국(10명), 일본(8명), 이탈리아(6명) 순이며 마지막 기타 33명에는 14개 국가 출신들이 속해 있다. 이러한 양상은 후에 설명하게 될 출판지(국가 및 도시)의 비율과 거의 같은 양상을 보여주고 있다.

제국주의 시대, 여러 국가가 할거하고 식민지 쟁탈이 치열했던 시대에 왜 미국과 영국 출신의 저자가 전체의 절반 이상을 넘기게 되었을까? 단순히 인구 수로 따졌을 때 미국인이 여느 유럽 국가의 인구보다 많기 때문에 문헌의 저술자가 많은 것은 자연스러울 수 있으나 그보다

---

15) 다양한 국가의 출신지는 한국(5명), 영국(3명), 일본(2명), 독일(1명) 등이다.

는 여타의 직접적인 요인이 개입되어 있다. 예컨대 미국인의 저술 중 가장 이른 시기의 자료가 1848년에 작성된 것인데 이 시기는 본격적으로 한국에 대한 문헌이 쏟아져 나오기 시작하는 때와 맞물려 있다. 또한 한국이 일본에 의해 강제 개항(1876년)을 당한 이후 시기에서 주목되는 현상은 미국으로부터 개신교 선교사들이 물밀듯이 밀려들었다는 사실이다. 미국은 다른 서양 국가에 비해 해외로의 기독교 전파 행렬에 뒤늦게 참여하였지만 늦은 만큼 한층 더 열정적인 선교 활동을 펼쳤다. 저자군에 속한 총 130명(단체 포함) 중에서 45명이 개신교와 관련이 있는 인물들이다. 이들은 후에 자세히 서술하겠지만, 본국에 자신들의 선교 활동과 현지의 열악한 사정을 가능한 한 많이 설명함으로써 본국의 지지자들로부터 안정적인 선교 자금을 받아낼 필요가 있었다. 결국 이와 같은 사정으로 인해 선교와 출판이 긴밀하게 호응한 결과 출판물의 수량이 폭증했던 셈이다.

　두 번째로 많은 문헌을 생산했던 영국인들 역시 다양한 직업군을 이루고 있으나 특별히 군인 출신 저자가 많다는 것이 특징이다. 항해기를 작성했던 군인 출신 저자 18명 가운데 10명이 영국 군인 출신이다. 이는 영국이 다른 유럽 국가들과는 달리 섬나라라는 특성상 군인들의 항해 비중이 높았던 데서 기인한 결과라 분석된다. 반면에 프랑스의 경우는 천주교 선교사들이 작성한 천주교 선교 관련 문헌과 전문적 지식을 갖춘 학자들에 의한 특정 주제, 예를 들면 한국의 언어나 서지 등에 대한 문헌 저술이 상대적으로 많았다.

　저자별 분석에서 빼놓을 수 없는 대목은 한국인이 9명(영국인이 당시 서울에 세운 언론사 '서울프레스' 제외)이나 포함되어 있다는 사실이다. 각각을 따로 제시하면 다음의 [표 6]과 같다.

[표 6] 한국 출신 저자 목록

연도	서명	저자	저자 한국명	언어	주제
1895	Le Bois sec Refleuri : Roman Coréen	Hong, Tjyong-Ou	홍종우	프랑스어	소설 문학
1920	The Rebirth of Korea	Cynn, Hugh Heung-wo	신흥우	영어	조선 독립
1927	The History of Protestant Missions in Korea, 1832~1910	Paek, Nak-chun	백낙준	영어	조선 개신교
1928	When I was a Boy in Korea	New, Il Han	유일한	영어	조선 민속
1929	Autour d'une vie Coréenne	Seu, Ring Hai	서영해	프랑스어	소설 문학
1934	Die Koreanische Music	Keh, Chung Sik	계정식	독일어	조선 음악
1936	Land Utilization and Rural Economy in Korea	Lee, Hoon Koo	이훈구	영어	조선 경제
1939	Le Confucianisme en Corée	Yun, Ul-su	윤을수	프랑스어	조선 유교
1941	Japan inside out	Rhee, Syngman	이승만	영어	조일 관계

위 [표 6]에서 언급된 문헌들은 한반도 내에서 태어난 저자들이 미국, 프랑스, 그리고 독일로 유학을 떠나 현지에서 거주하는 동안 현지어로 작성하여 현지 출판사에서 발간한 것들이다. 상기 문헌 대부분은 이미 한국에 알려진 것들이다.16) 이 중 계정식의 《한국 음악》은 독일에서, 윤

16) 이들 중에서 홍종우와 계정식은 다른 인물들에 비해 연구가 늦게 시작되었고 성과물도 적은 편이다. 홍종우과 그의 프랑스어 번역 작품에 대한 연구는 유석호, 〈홍종우의 《춘향전》 불역의 문제점〉, 《문학과번역》 1 : 1, 연세대학교 번역문학연구소, 1996, 74~95쪽. 전상옥, 〈프랑스판 춘향전 Printemps parfumé의 개작양상과 후대적 변모〉, 《열상고전연구》 32, 열상고전연구회, 2010, 307~336쪽. 장정아, 〈'민족지'로서의 고소설 번역본과 시선의 문제 : 홍종우의 불역본 《심청전 Le Bois sec Refleuri》를 중심으로〉, 《불어불문학연구》 109, 한국불어불문학회, 2017, 167~193쪽. 송태헌 〈《춘향전》의 프랑스 역본 《향기로운 봄》의 문화적 의의〉, 《세계문학비교연구》 64, 세계문학비교학회, 2018, 5~30쪽. 계정식에 대한 연구는 오유진, 〈계정식의 생애와 음악활동〉, 《음악과민족》 45, 민족음악학회, 2013,

을수의《한국 유교사론》은 프랑스에서 유학 당시 쓴 박사학위 논문을
정식으로 출판한 것이다. 특히 계정식은 박사학위를 취득한 이후 스위
스로 건너가 또다시 미학 박사학위를 받았을 정도로 학문 능력이 우수
했지만, 귀국 후의 친일 행적 때문에 한국의 학계에서는 잘 알려지지 않
다가 최근에서야 그에 대한 연구 성과가 나오기 시작했다.

한편으로 총 352명의 대상자를 직업별로 나누어 분포도를 살펴보면,
저자 및 단체의 직업은 25개의 직업으로 분류할 수 있었다. 원칙적으로
저자를 대표할 수 있는 직업 하나를 선택하였다. 한 사람이 두 가지 이
상의 직업을 가질 수 있으나 통계에서는 불가피하게 저자의 일생에 가
장 대표할 만한 직업 하나를 선택하여 기준으로 삼았다.

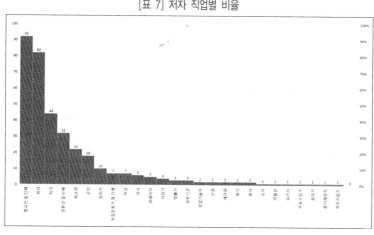

[표 7] 저자 직업별 비율

145~174쪽. 김은영, 〈청년 계정식의 근대적 욕망과 조선음악 연구 : 계정식의《한
국음악》을 중심으로〉,《음악과민족》52, 민족음악학회, 2016, 43~71쪽. 이경분,
〈베를린의 한국 음악 유학생 연구〉,《음악논단》39, 한양대학교 음악연구소,
2018, 41~77쪽. 윤을수의 책은 한글 번역본이 있다. 이순희 역,《한국 유교사론》,
인보성체수도회, 2002.

직업별 분포도에서 가장 높은 비중을 얻은 직업군은 종교인(92명)이었다. 종교인(단체)을 좀 더 세분화하면 천주교 선교사 및 단체가 31명, 개신교 관련 종사자가 58명, 그리고 영국계 성공회가 3명으로 나타난다. 이들의 문헌은 내용적인 측면에서 몇 가지로 나눌 수 있는데, 현지인과 소통하기 위한 현지 언어와 관련된 저술, 현지의 문화나 사회에 대한 저술, 그리고 현지의 종교적 현황에 대한 저술 등이다. 당시 종교계는 국가만큼이나 식민지에 진출하려는 욕망이 강했다. 종교 전파에 대한 강력한 사명은 그 목적이 어떤 것이든 가장 열성적으로 미개발 국가들에 대한 탐구와 분석을 수행하게 했다. 그 다음으로 높은 비중을 차지한 직업은 학자(82명)와 작가(44명)이다. 학자들은 자신들의 전공 분야에 대한 보다 깊이 있는 분석을 통해 한국의 정치·언어·문화·종교 등을 기술하였으며, 작가의 경우 한국이라는 소재를 포교와 관련해서 사용하거나 새로운 나라에서 마주친 새로운 소재를 서사화하는 장으로 활용하였다.

3) 언어 및 출판지별 자료 현황

언어별 분석은 특정 언어의 영향력을 중심으로 삼아 통계를 작성하였다. 문헌의 개별적 수치보다는 언어별 비율을 고려하는 것이 효과적이라고 보았다. 그 결과 아래와 같은 언어별 비율 분포도를 얻을 수 있었다.

[표 8] 문헌 언어별 수치 및 비율

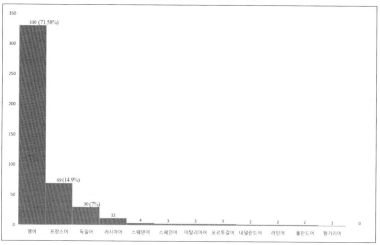

위의 [표 8]에서 보듯, 총 461종 가운데 무려 71.58%(330종)가 영어로 출판되었다. 영국과 미국에서 출판된 양이 전체의 61%를 차지하고 있을 뿐만 아니라 영국과 미국 이외에도 중국, 일본, 한국에서 다수의 자료가 영어로 출판되었기 때문에 이러한 수치가 나온 것이다. 그 다음으로는 프랑스어가 14.9%(69종), 독일어가 7%(30종) 순으로 그 뒤를 따르고 있다. 이 밖의 언어들은 사실 그 존재감이 상대적으로 미미한 편인데 이는 유럽 출판 시장의 규모를 고려하면 이해가 가능한 일이다. 저자들의 측면에서 볼 때 모국어로써 출판하는 것보다는 출판 시장이 큰 영어로 출판하는 것이 더 유리했을 것이라고 판단된다.

언어별 분포도와 긴밀하게 대응될 수 있는 것이 국가별 통계일 것이다. 그러나 위에서 보듯, 특정 저자가 모국어로 출판하지만은 않았기 때문에 국가별 통계와 언어별 통계에는 얼마간 불일치가 존재한다. 필자가 출판 국가별로 파악한 통계는 아래의 [표 9]와 같다.

[표 9] 출판 국가별 비율

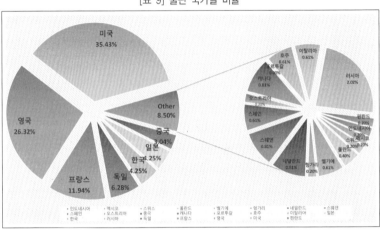

[표 9]에서 보듯 문헌의 전체 수량은 총 461종이지만 국가가 다른 곳, 예컨대 영국의 런던과 미국의 뉴욕에서 동시 출판한 경우가 33종이나 되기 때문에 목록에 수록된 461종보다 많은 494라는 수치를 가지고 분석하였다. 그 결과 관련 문헌이 총 23개국에서 출판된 것으로 파악되었다. 미국이 전체의 35%가 넘는 비율을 차지하고 있으며 그 다음으로 영국이 26%, 프랑스가 12%, 독일이 6% 순으로 나타났다. 동아시아 국가인 한국, 중국, 일본에서도 합하여 10%에 이를 만큼 한국에 관한 서양어 출판물이 상당수 존재했음을 발견할 수 있다. 한국과 일본에서는 각각 4.25%(21종), 중국에서는 3.24%(16종)가 발간되었다. 기타 국가 중에서 각 1종씩 발간된 국가는 인도네시아, 멕시코, 스위스, 헝가리, 핀란드, 오스트리아 등이다. 포르투갈의 경우, 포르투갈어로 출판된 문헌 3종이 있지만, 실제 출판은 다른 국가에서 이루어졌기 때문에 국가별 비율로 보자면 0%에 해당한다. 언어별 비율과 출판 국가별 비율을 대응시켜 살펴보면, 그래도 상호 간에 유사한 경향이 존재하고 있음을 알 수 있다.

한편 출판 국가나 출판 언어별 분포도 못지않게 출판 도시를 기준으로 하여 한국 관련 서양어 고문헌을 파악할 필요도 있다. 어느 국가의, 특히 어느 도시에서의 출판이 왕성하게 진행되었는가 하는 문제는 한국을 포함하는 동아시아에 대한 관련 지식이 어느 도시를 거점으로 삼아 파급되었는가를 짐작하게 한다는 점에서 그 나름의 의의가 있다. 필자는 이런 관점에서 출판 도시별 비율 분포도 통계를 작성해 보았다. 그 결과는 아래와 같다.

[표 10] 출판 도시별 비율

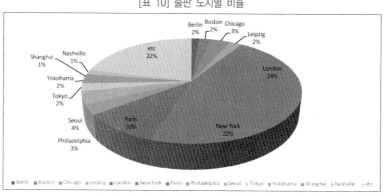

[표 10]을 통해 확인할 수 있듯이 한국 관련 출판물이 집중되었던 도시는 영국의 런던과 미국의 뉴욕이다. 영어권의 영어 저술 비율이 높았던 사정과 정비례하는 결과이다. 어쨌든 유럽에서는 런던을, 북아메리카 대륙에서는 뉴욕을 중심으로 한국 관련 출판이 진행되었음을 알 수 있다. 반면에 독일은 분권화된 지방 자치제가 늦게까지 유지되었기 때문인지 각 지방의 주도(州都)에서 골고루 출판이 활발하게 이루어진 것으로 나타난다. 중국은 다소 특별한 경우인데, 출판된 문헌 16종 중에서 7

종이 상하이(上海)에서 출판되었다. 특별히 상하이에 집중된 까닭은 1844년에 이 곳에 설립된 미국 장로교 선교 출판사(American Presbyterian Mission Press)나 캘리 앤 월쉬(Kelly & Walsh) 출판사 중국지부 등이 존재했기 때문으로 판단된다. 이는 선교 단체가 자신들의 포교 활동을 위해서 출판사를 직접 운영하거나 유럽의 유명 출판사가 상하이에 지부를 두고 동아시아와 관련된 문헌을 지속해서 생산한 결과가 반영된 것이다.

이러한 수량적 추이는 두 가지 측면에서 우리의 이해를 돕는다. 첫째는 수치 측면에서 19세기 이후 영어권의 한국 관련 서술이 압도적으로 많다는 것이다. 이는 20세기 서구에 한국에 대한 이미지를 확대하는 데 크게 기여하였다. 그러나 여기서 간과해서는 안 될 부분이 있다. 영어권에서 출간된 한국 관련 기술들은 이전 시대의 기록에 크게 빚지고 있다는 점이다. 한국을 서구에 알리는 데 가장 크게 기여한 그리피스의 경우, 뒷장에서 자세히 논하겠지만 실제로는 그의 서적이 출판되기 전에 한국을 방문한 적이 없다. 그는 이전에 출간된 자료들을 수집하고 그것을 바탕으로 한국사 서술을 완성한 것이다. 따라서 그의 한국사 기술은 이전 한국 관련 기록이 전하는 한국의 이미지를 다분히 계승한 것으로 이해할 수 있다. 이런 점에서 수량적 추이나 계량적 통계만을 평면적으로 해석해서는 안 될 것이다.

위의 자료를 통해 알 수 있는 두 번째는 16세기와 17세기 유럽에서부터 한국에 대한 서구인의 기본 인식 토대가 형성되었다는 점이다. 수적인 면에서는 그리 많지 않은 자료지만, 이들이 초기 한국에 대한 인식, 즉 이미지를 형성하는 데 지대한 영향을 미친 것은 분명하다. 16세기에 가장 먼저 한국에 대한 관심을 보인 것은 대항해 시기를 주도한 포르투갈과 스페인 등이었다. 그들은 자신들을 중심으로 하는 유럽 중심적 사

고와 기독교 중심적 포교관을 바탕으로 한국을 바라보았다. 특히 이들
은 일본에 거류하며 포교 대상으로 동아시아와 한국을 바라보았기에,
그들이 파악하는 한국은 일본에서 중국으로 포교 대상을 넓히는 데 필
수적인 교량이었다. 그들의 한국 관련 기록이 문자상의 한계로 인해 보
편화하는 데 시간이 걸렸지만, 한국에 대한 '상(像, 이미지)'을 제공하는
데는 충분하였다.

　근대 한국에 관한 서양어 서술은 17세기 이후 프랑스어권으로 이어지
는데, 이때부터는 프랑스가 주도하는 유럽 사관이 한국의 이미지 형성
과 고착에 기여했다. 특히 17세기는 중국에서의 본격적 포교가 이루어
지는 시대이므로, 유럽 선교사들은 중국을 중심으로 동아시아를 이해하
기 시작하였다. 16세기와 마찬가지로 17세기 이후의 기록들도 유럽 중심
적 사유와 기독교 중심의 사고가 한국을 바라보는 시각의 기본을 형성
하고 있지만, 포르투갈에서 프랑스로 유럽의 중심이 이동하고, 일본에서
중국으로 동아시아의 핵심 대상이 변화하였다는 점에서, 이 시기 기록
에 나타나는 한국을 바라보는 서양의 시각 또한 약간의 변화가 존재할 것
이다. 이 부분에 대해서는 다음 장에서 더욱 구체적으로 논의할 것이다.

　17~18세기의 유럽 중심주의 서술은 19세기 이후 서구의 헤게모니를
새롭게 재편하며 등장하는 제국주의적 관점으로 이동한다. 물론 제국주
의적 시각이 19세기에 처음 등장한 것은 아니다. 이미 16세기 중반부터
서양의 동양 진출은 종교개혁과 포교를 중시하던 것에서 직물 수출을
위한 해외 시장의 개척으로 방점이 이동하고 있었다. 시장의 확대는 식
민지 개척에 대한 필요성을 더욱 부각시키기 때문에, 기독교 중심주의
적 시각과는 다른 헤게모니의 형성을 준비한다. 이러한 움직임이 19세
기에 극대화되고, 선교사 중에도 이러한 역학관계에 참여하는 이들이

존재했다. 그 결과 이 시기 아시아에 진출한 영어권 선교사들은 이전과 달리 권력 확대적 관점을 통해 한국을 바라보았다. 그리고 이전 시기에 형성되고 확립된 한국의 이미지를 자신들의 시각으로 재조명하여 서구 세계에 확산시켰다. 여기에는 16, 17세기 이후로 형성된 일본 중심과 중국 중심의 시각도 혼용되어 있다.

　여기서 강조하고 싶은 것은 한국 관련 기술들이 보여주는 계량적 추이가 인식의 심화와 맺는 상관성이다. 수량의 다소가 한국에 대한 서양인의 인식 형성에 기여하는 질량과 바로 연결되지는 않는다. 서구인이 지니는 '한국 인식'은 기록의 수량이 아니라 해당 기록이 한국의 이미지 형성 과정에서 어떠한 역할을 했는가에 달려 있기 때문이다. 그리고 그들이 한국의 이미지를 만들고 확대시키는 과정에서 어떠한 사유가 관여했는지도 살펴야 할 것이다. 그것이 한국을 올바로 이해하는 데 기여하는지, 혹은 왜곡시키는 데 참여하는지에 대한 판단이 요구되기 때문이다. 이런 의미에서 다음 3장부터 5장까지에서 이루어질 분석들은 16세기부터 만들어지기 시작된 '한국 인식'에 얽힌 진실을 규명하는 작업의 성격도 지닐 것이다.

제2절 한국사 관련 서양어 고문헌의 등장 과정

앞에서 서양어 문헌 461종을 저자별, 언어별, 출판지별로 간략하게나마 분석함으로써 서양어 문헌들의 전체적인 현황을 살펴보았다. 이제부터는 좀 더 초점을 좁혀서 이 461종의 서양어 문헌들 중에서 한반도의 역사와 관련된 문헌들이 어떤 방식으로 생성되었는가를 구체적으로 검토해 보고자 한다.

1) 동아시아의 역사에 대한 종합적 접근

전체 저술 461종 중에서 16세기부터 17세기까지 시기적으로 매우 앞선 시기에 작성된 문헌은 1583년에 필사된 프로이스의 《일본사》와 1668년의 《하멜 표류기》를 포함해서 모두 8종이다. 물론 이보다 좀 더 앞선 시기, 즉 13세기부터 프로이스의 일본사가 집필된 16세기말 사이에도 한반도 혹은 한국에 대한 기록들은 간혹 존재하고 있는 것이 사실이다. 가령 이탈리아 상인 마르코 폴로의 《동방 견문록》은 익히 알려져 있고 이외에도 몇몇 유럽의 천주교 성직자들이 기록을 남긴 바 있다.[17] 그러나

---

17) 이 문헌들에 대한 보다 자세한 설명은 프레데릭 불레스텍스(Frédéric Boulesteix), 이향·김정연 공역, 《착한 미개인 동양의 현자》, 청년사, 2001, 25~30쪽. 이 책은 원 저자의 박사 학위 논문, D'un Orient Autrement Extreme Images Francaises de la Coree (xiiie-xxe siecle)을 요약, 번역한 것이다. 오인동, 《꼬레아, 코리아》, 책과 함께, 2008, 31~56쪽. 김학준, 앞의 책, 33~57쪽 등을 참조.

이러한 서양 문헌들은 중국에서 몽골족 왕조인 원(元)나라가 건국되는 시기를 전후로 하여 몽골제국과 원나라 등을 경험한 것들에 관해서 서술한 것이다. 따라서 한반도에 존재하는 국가 혹은 민족에 대한 설명은 1쪽 미만의 지극히 한정된 언급만이 있을 뿐이다.

이 시기, 즉 13세기부터 16세기 항해의 시대가 열리기 전까지는 동양과 서양의 교류 방식, 즉 베네치아나 제노바 같은 이탈리아의 도시국가들 중심의 '유럽 - 중동 - 인도 및 중국'으로 이어지는 육상 무역만을 고려하면 양과 질적인 면에서 극히 제한적이고 불확실한 정보의 교류가 이루어져 왔다. 특히 학계 일부에서는 마르코 폴로가 동양을 여행한 사실은 일정 부분 인정하지만, 《동방 견문록》의 내용과 관련해서는 그것이 실제 여행을 통해서 생산된 기행문이 아닌 소설에 가까운 것이라고 주장하는 것도 사실이다.[18]

이렇듯 13세기부터 전통적인 동서양 교류의 부산물에 불과한 것으로서, 그것도 극히 제한적으로 생성되던 한국과 한반도에 대한 문헌들은 이슬람 계열의 오스만 제국의 성장과 그로 인한 기독교 계통 비잔틴 제국(동로마 제국)의 멸망(1452년)으로 이어지면서 거대한 지각변동을 맞이했다. 16세기에 들어서게 되면 유럽의 서쪽 끝자락에 위치한 탓에 오랫동안 주변 세력으로 머물렀던 포르투갈과 스페인이 일찍이 이슬람으로부터 항해술을 받아들여 바다로 나섰고, 이러한 추이는 유럽 전역으로 퍼져 네덜란드와 영국, 프랑스, 독일, 오스트리아, 러시아 등이 그 뒤를 이었다. 그 결과 동양으로 떠난 서양인들은 급속히 증가하였고 그들이 보내오거나 동양을 경험하고 돌아와 작성한 문헌들은 과거 《동방 견문록》이 생성되던 시기와 비교할 수 없을 만큼 급속도로 증가하게 된

---

18) 김태성, 《중국사 뒷 이야기》, 실천문학사, 1998, 289~292쪽.

다. 이러한 문헌들에서 한국이 과거에 비해 좀 더 구체적으로 언급되기 시작하는 것이다.

해상 무역 시기로 접어드는 16세기부터 제국주의적 식민지 개척이 본 격적으로 시작되는 18세기 말~19세기 초 이전까지 동아시아의 해안을 탐사하는 과정에서 서양인들은 중국과 일본을 본격적으로 경험하게 된 다. 이러한 흐름에서 서양인들이 언급하는 한국사는 동아시아, 특히 몽 골의 유럽 원정 이후 '타타르'로 명성을 알린 중국의 역사 속에서, 혹은 규슈 지방을 중심으로 한 지방 번주들이 적극적으로 서양 문물을 받아 들였던 일본의 역사 속에서 그 인식의 싹이 서서히 발아하게 되는 것이 다.19)

3장에서 자세히 언급하겠지만 프로이스의 《일본사》, 구즈만(Luis de Guzman)의 《선교의 역사(Historia de las Missions)》, 리치(Matteo Ricci)와 트리고(Nicolas Trigault)가 함께 저술한 《그리스도교 중국 원정(De Christiana Expeditione apud Sinas Suscepta ab Societate Iesu)》, 로드리게스(João Rodrigues)의 《일본 교회사(História da Igreja do Japão)》, 마르티니(Martino Martini)의 《만주족의 전쟁사(De Bello Tartarico Historia)》, 멘도사(Juan de Palafox y Mendoza)의 《만주족의 중국 정복사(Historia de la Conqvista de la China por el Tartaro)》 등이 모두 중국사 혹은 일본사를 포함하여 중국 과 일본을 포괄적으로 소개하는 저술이다.20) 대부분이 천주교 선교사들

19) 원래 '타타르인(Tatarlar)'은 중앙 유라시아지역에 살던 투르크계 민족이다. 그러나 서양인은 20세기 후반까지도 몽고족, 만주족, 여진족 등 만주 지역에 사는 모두 민족도 '타타르인(Tatarlar)'으로 통칭하였다.

20) Luis de Guzman, *Historia de las Missions*, Biuda de I. Gracian, 1601. João Rodrigues, *História da Igreja do Japão*, 출판사 미상, 출판 연도 미상. Matteo Ricci & Nicolas Trigault, *De Christiana Expeditione apud Sinas Suscepta ab Societate Iesu*,

이 작성한 탓에 천주교로의 개종 가능성을 타진하는 관점에서 중국사와 일본사가 서술되고, 한 컷에서 미미하게 한국사가 나타나고 있을 뿐이다. 이들은 중국 황제나 일본의 쇼군 등 최고 권력층을 개종시킨다면 중국의 변방국, 예컨대 한반도를 포함한 만주 지역은 힘들이지 않고 기독교화가 가능하다고 믿었던 듯하다.

이상의 맥락에서 이 시기에 멘도사(1670) 이외에 앞에서 언급한 일련의 저술 이후 한국에 관한 본격적인 기록이 출현하는데, 그것이 유명한 《하멜 표류기》이다. 이 저술은 네덜란드 동인도회사 소속의 선원 하멜이 당시의 해상 무역 경로를 따라 이동하다가 난파되어 한반도에 표류한 이후, 그가 겪었던 한반도에서의 행적 및 탈출 과정을 기술한 기록이다. 이 저술에는 한국의 지리, 풍물 등이 포함되어 있다. 그러나 의도하지 않게 한반도에 오게 된 사실을 감안할 때, 그가 경험한 한국에서의 생활이 자신에게 있어서 매우 끔찍한 것이었음을 어렵지 않게 납득할 수 있을 뿐더러 한국에 대하여 대단히 부정적인 인상을 가질 수밖에 없었음도 아울러 수긍할 수 있다. 여기서 중요한 사실은 초창기 문헌이자 한국과 관련하여 필독서가 된 《하멜 표류기》가 한국에 대한 부정적인 인식을 담고 있어서, 추후 한국을 방문하거나 한국에 관심을 지닌 서양인들에게 한국에 대한 부정적인 인식을 심어주는 역할을 했다는 점이다.

결론적으로 16세기부터 17세기 사이에 이들 서양인이 서술한 한국사는 중국과 일본의 문헌들과 현지인들에게서 들은 간접적 경험을 바탕으로 구성된 것이며, 이러한 서술이 한국사의 초기 기술 양상의 주종을 이

Apud Christoph. Mangium, 1615. Martino Martini, *De Bello Tartarico Historia*, Apud Iohannem Ianssonium juniorem, 1654. Juan de Palafox Mendoza, *Historia de la Conqvista de la China por el Tartaro*, A. Bertier, 1670.

룬다. 중국과 일본의 문헌들에 등장하는 한반도의 역사는 매우 미미한 것이었으며, 더욱이 자료가 불충분하고 왜곡된 상황에서 서양인들이 처음으로 접한 문헌들이 부정적 시각을 담고 있었으므로 이 시기의 한국사 기술은 지극히 불완전할 수밖에 없었다. 이러한 사항에서 형성된 한국에 대한 단편적인 인식은 필연적으로 왜곡될 수밖에 없고 비중 있게 다루어질 수 없었다. 서양인들이 동아시아에 대한 관심을 가지기 시작하는 과정에서, 한국사는 중국의 한 지역에 국한된 지역사의 지위로, 혹은 일본의 역사를 이해하기 위한 한 주변적인 보조자료로서만 간략하게 언급되었을 뿐이다.

2) 한국 문화에 대한 관심과 역사의 절목화(節目化)

이렇듯 중국과 일본이라는 다른 나라의 관점을 통해서 혹은 동아시아 전체를 언급하는 과정에서 아주 미미하게 서술되던 한국의 역사는 18세기에 들어서야 비로소 일정 부분 하나의 독자적인 주제로 절목화되기 시작한다. 18세기 전반 프랑스 천주교 선교사 뒤 알드의《중국사》출판을 시작으로 총 461종 중에서 57종 정도의 문헌들이 이에 해당된다. 사실 앞서 언급한 1670년 멘도사의《만주족의 중국 정복사》이후 한국과 관련된 서양어 저술은 세기를 바꾸어 1735년도에 출간된 뒤 알드의《중국사》가 처음이다.

그러나 한국의 역사가 독자적인 주제로서 본격적으로 절목화되기 이전에 우선적으로 거치게 된 과정이 있었다. 항해기 혹은 항해 탐사 보고서들의 작성이 그것이다. 18세기 전반기 뒤 알드의《중국사》이후 18세기 후반기에 아시아 전체를 포괄하는 항해기 4종, 그리고 19세기 전반기에 들어서면서 동아시아 지역을 본격적으로 탐험을 하는 항해의 시기에

출간된 11종의 문헌들이 존재한다. 이러한 서양인들의 항해기는 그들이
행한 탐험의 궤적을 그대로 보여주는데, 우선 1700년대 후반에는 인도에
서 남중국해 연안까지의 항해에 대한 정보가 수록된 지도를 포함하
여 각종 문헌들이 나오기 시작하였다.[21] 이때까지 서양인들은 '동방
(Oriental)'이란 말을 인도, 인도차이나반도, 중국 남중국해까지를 일컫는
것으로 인식했던 것이다. 그러던 도중에 19세기를 전후로 하여 동아시
아에 대한 본격적인 항해가 시작된다. 특이한 점은 이 시기의 항해기는
한 권을 제외하고는 모든 문헌을 영국인들이 작성했다는 점이다.

한국이 처음 언급되는 항해기는 1797년 프랑스 해군 소속 부솔호(La
Boussole) 선장이 2척의 배를 이끌고 행한 동아시아 탐사에 대한 보고서
이다.[22] 이 책에서 보이는 한국에 대한 언급은 총 4권의 분량 중에서 겨
우 5쪽에 불과하다. 이들은 제주도에 접근하여 좌표를 측정하고 남해를
거쳐 부산을 돌아 북해도 근처까지 북상하였다. 이 배에 동승했던 프랑
스 천문학자 다줄레(Joseph Lepaute Dagelet, 1751~1788)가 울릉도를 발견
하고 자신의 이름을 따서 다줄레 섬으로 명명 – 표기한 것이 시초가 되
어 지금까지도 세계지도에서 울릉도를 다줄레 섬이라고 부르는 것은 익
히 알려진 사실이다. 그러나 아쉽게도 이 문헌에는 독도에 대한 언급이
없으며 한국인과의 직접적인 접촉도 이루어지지 않았다.

이러한 항해기는 19세기에 들어서면서 한국에 상륙하고 한국인들을
접촉한 결과를 기술할 정도로 상세하고 진일보한 형태로 나타나기 시작

---

21) Joseph Huddart, *The Original Navigator : or New Directions for Sailing to and from
the East Indies*, Robert Laurie & James Whittle, 1794. Dunn Samuel, *The
Navigator's Guide to the Oriental or Indian Seas*, Dunne Samuel, 1775. 후자는 저자
자신이 출판과 판매를 직접 하였다 ("printed for the author and sold by him").
22) La Pérouse의 항해기. 김성준 역, 앞의 책 1-2.

하였다. 1804년 영국 해군 브로턴(William Robert Broughton, 1762~1821)의
조선 해안의 탐험기에서는 최초로 조선의 해안에 상륙하여 조선의 관리
와 접촉했다는 기록이 총 400여 쪽 중에서 20여 쪽(326~345쪽)에 걸쳐서
언급되고 있다.23) 이후로도 1817년 멕레오드(John McLeod, 1777?~1820)의
항해기,24) 1818년 멕레오드와 함께 항해했던 홀(Basil Hall, 1788~1844)의
항해기,25) 암허스트호(Amherst)를 타고 충남 보령에 위치한 고대도에 상
륙해서 성경을 전했다고 알려져 있는, 1833년에 출판된 귀츨라프(Karl
Friedrich August Gützlaff, 1803~1851)의 항해기26)와, 역시 같은 배에 동승
했던 린제이(Hugh Hamilton Lindsay, 1802~1881)가 1834년에 쓴 항해기27) 등
이 있다. 이 항해기에 대한 보다 자세한 검토는 4장에서 하도록 하겠다.
　항해기와 함께 이 시기에 나타나는 문헌에 대해서 간과할 수 없는 사
실은 기존의 중국과 일본의 문헌 중에서 한국에 대한 부분을 서양어로
번역하는 작업이 이루어졌다는 점이다. 항해기가 주로 영국인들에 의해

---

23) William Robert Broughton, *A Voyage of Discovery to the North Pacific Ocean*, T. Cadell and W. Davies, 1804.

24) John McLeod, *Narrative of a Voyage, in His Majesty's late ship Alceste to the Yellow Sea, along with the Coast of Corea*, John Murray, 1817. 이 책은 한국 관련 부분만 한글로 번역되었다. 김석중 역, 《10일간의 조선 항해기》, 삶과 꿈, 2003, 130~144쪽.

25) Basil Hall, *Account of a Voyage of Discovery to the West Coast of Corea and the Great Loo-Choo Island*, Abraham Small, 1818. 이 책은 한국 관련 부분만 3차례 한글로 번역되었다. 김양선, 앞의 논문. 신복룡·정성자 공역, 《조선 서해 탐사기》, 집문당, 1999. 김석중 역, 앞의 책, 17~129쪽.

26) Karl Friedrich August Gützlaff, *The Journal of Two Voyages along the Coast of China, in 1831, & 1832*, J.P. Haven, 1833. 이 책의 번역본은 오현기 역, 《굿 모닝, 귀츨라프》, 북코리아, 2014.

27) Hugh Hamilton Lindsay, *Report of Proceedings on a Voyage to the Northern Ports of China, in the Ship Lord Amherst*, B. Fellowes, 1834.

서 영어로 서술되었다면, 이 번역은 모두 프랑스어로 이루어졌다. 예컨대 1832년 독일인 언어학자 클라포르트(Julius von Klaproth, 1783~1835)는 1785년 일본인 하야시 시헤이(林子平, 1738~1793)가 일본의 규슈와 호카이도 그리고 조선을 여행하고 쓴《삼국통람도설(三國通覽図説)》을 독일어가 아닌 프랑스어로 번역하여 출간하였다. 1877년에는 조선의 고종 혼례식에 참석하기 위해서 왔던 중국 사신 계령(Koei-Ling)이 쓴 기행문이 프랑스어로 번역 출간되기도 하였다. 이밖에도 1886년 중국 문헌인《조선지》를 번역한 *Tchao-sien-tche : Mémoire sur la Corée*와《동국통감》의 일부를 번역한 1895년의 *Les Origines de la Corée, Extrait du tong-kouo-thong-kienn* 등이 있다.[28] 이러한 문헌들은 중국어를 전문적으로 배워서 통역이나 번역에 종사하고 있던 이들에 의해서 이루어졌다. 이는 프랑스가 다른 유럽 국가와는 달리 일찍이 동아시아 언어를 배우는 학교인 국립동양언어문화학교(Institut National des Langues et Civilisations Orientales)를 설립하여 동아시아 언어 전문가를 양성하였기 때문에 가능했다.

이러한 문헌들이 출간된 이후 19세기 후반에 가서야 비로소 한국을 개괄적으로 소개하는 문헌들이 나타나기 시작하였다. 여기서 '개괄적'이라 함은 한국이라는 국가의 지리적 위치와 국가의 기원을 소개하기 위해서 필수적으로 언급될 수밖에 없는 한국의 '통사(通史)'를 시작으로 정치 및 행정 조직, 경제와 산업, 언어와 민속 등을 포함하는 문화적 항목들이 나뉘면서 서술되었음을 의미한다. 참고로《하멜 표류기》이후

---

28) Julius von Klaproth 역, *San kokf tsou ran to sets, ou, Aperçu général des trois royaumes*, P. Renouard, 1832. Fernand Scherzer 역, *Journal d'une Mission en Corée*, E. Leroux, 1877. Fernand Scherzer 역, *Tchao-sien-tche : Mémoire sur la Corée*, E. Leroux, 1886. Camille Auguste Jean Sainson 역, *Les Origines de la Corée*, Typographie du Pé-t'ang, 1895.

한국 자체만을 주제로 한 단행본이 출판되는 것은 200여 년이 지난 1874
년 프랑스 파리에서 발간된 샤를르 달레(Charles Dallet, 1829~1878)의《한
국 천주교사》가 처음이다.[29] 이 책은 한국에서의 천주교의 전래 과정,
특히 천주교 박해 현장을 생생하게 담고 있다. 또한 역사와 지리를 포함
하여 한국을 유럽에 정식으로 소개한 '한국 개설서'의 데뷔작이라고 할
수 있다.

결론적으로 이러한 자료들의 일람 결과, 이 책의 분석 대상 461종 중
에서 한국사가 한 꼭지라도 포함되어 있는 문헌들은 총 58종이었다. 영
어로 쓰인 문헌들이 35종으로 주를 이루고 있지만 프랑스어 10종, 독일
어 5종, 러시아어 4종, 스웨덴어·폴란드어·헝가리어·이탈리아어 저서가
각각 1종씩 있다. 기존의 여러 저술이 과거 동아시아 전체 혹은 중국이
나 일본 등을 언급하는 과정에서 한국을 언급했던 것에 반해, 이 시기에
들어서면 한국 전반에 대한 관심이 점차 증가함에 따라 한국에 대한 다
양한 주제들이 소개되고 있다. 이러한 과정을 통해 한국 역사의 다양한
부분이 각각 하나의 소주제로 절목화되어 나타나기 시작한 것이다. 이
58종은 아래 [표 11]과 같다.

---

29) Charles Dallet, *Histoire de l'Eglise de Corée*, V. Palmé, 1874. 이 책은 최근까지 여
러 차례에 걸쳐 일부 혹은 전부 번역되었다. 이능식·윤지선 공역, 《朝鮮敎會史 :
序說》, 대성출판사, 1947. 정기수 역, 《朝鮮敎會史序說》, 탐구당, 1966. 안응렬·
최석우 공역, 《韓國天主敎會史》 1-3, 분도출판사, 1979~1981. 안응렬·최석우 공
역, 《韓國天主敎會史》 1-3, 한국교회사연구소, 2000.

[표 11] 전체 문헌 중 한국사 관련 서양 문헌 목록(58종)

연도	서명	저자	언어
1874	Histoire de l'Eglise de Corée	Dallet, Charles	프랑스어
1879	History of Corea	Ross, John	영어
1880	Ein verschlossenes land	Oppert, Ernst	독일어
1882	Corea, the hermit nation	Griffis, William Elliot	영어
1885	Corea, without and within	Griffis, William Elliot	영어
1885	Chosön, the land of the morning calm	Lowell, Percival	영어
1885	La Corée	Tournafond, Paul	프랑스어
1886	Les Coréens	Rosny, Léon de	프랑스어
1888	Life in Corea	Carles, William Richard	영어
1892	Ocherki Korei	Podzhio, Mikhail Aleksandrovich	러시아어
1892	Korea from its capital	Gilmore, George W.	영어
1894	Corea of today	Gilmore, George W.	영어
1894	La Corée ou Tchosen	Chaillé-Long, Charles	프랑스어
1895	Korea	Hesse-Wartegg, Ernst von	독일어
1895	Corea or Cho-sen, the land of the morning calm	Landor, Arnold Henry Savage	영어
1895	Corea	Gardner, C. T.	영어
1895	Quaint Korea	Miln, Louise Jordan	영어
1895	Les origines de la Corée, extrait du tong-kouo-thong-kienn	Sainson, Camille Auguste Jean	프랑스어
1896	Im Osten Asiens	Ehlers, Otto Ehrenfried	독일어
1897	Korea and her neighbors	Bird, Isabella Lucy	영어
1898	Korean sketches	Gale, James Scarth	영어
1898	La Corée : independante, russe, oujaponaise	Villetard de Laguérie, R.	프랑스어
1900	Opisanie Korei	Russia. MinisterstvoFinansov	러시아어
1901	A chronological index	Allen, Horace Newton	영어
1904	Arzt in Ostasien	Wunsch, Richard	독일어
1904	Koreans at home	Tayler, Constance J. D.	영어
1904	Fifteen years among the top-knots or Life in Korea	Underwood, Lillias Horton	영어
1904	Corea e Coreani	Rossetti, Carlo	이탈리아어

연도	서명	저자	언어
1904	*En Corée*	Bourdaret, Emile	프랑스어
1904	*En Corée*	Vautier, Claire	프랑스어
1904	*En Corée*	Pange, Jean de	프랑스어
1905	*Japan och Korea*	Hesse-Wartegg, Ernst von	스웨덴어
1905	*The history of Korea*	Hulbert, Homer Bezaleel	영어
1905	*With Tommy Tompkins in Korea*	Underwood, Lillias Horton	영어
1905	*Korea : klucz Dalekiego Wschodu*	Sieroszewski, Wacław	폴란드어
1906	*Natsional'noe samosoznanie koreĭtsev*	Rossov, P	러시아어
1906	*The passing of Korea*	Hulbert, Homer Bezaleel	영어
1907	*Korea : the land, people, and customs*	Jones, George Heber	영어
1908	*The nearer and farther East*	Zwemer, Samuel Marinus	영어
1908	*Things Korean*	Allen, Horace Newton	영어
1908	*The call of Korea*	Underwood, Horace Grant	영어
1909	*Wie ich an den Koreanischen Kaiserhof kam*	Kroebel, Emma	독일어
1909	*Korea in transition*	Gale, James Scarth	영어
1910	*Oriental life*	Clough, Ethlyn T. (ed.)	영어
1910	*Korea (Peeps at many lands series)*	Coulson, Constance J. D.	영어
1911	*The story of Korea*	Longford, Joseph Henry	영어
1912	*Ocherk Korei*	Kiuner, N. V.	러시아어
1918	*My voyage in Korea*	Eissler, M.	영어
1921	*La Corée contemporaine*	Smith, Frank Herron (ed.)	프랑스어
1923	*Glimpses of Korea*	Urquhart, E. J.	영어
1924	*Korea (Peeps at many lands series)*	Herbert, Agnes	영어
1927	*A history of the Korean people*	Gale, James Scarth	영어
1929	*Korea, a hajnalpir országa*	Baráthosi-Balogh, Benedek	헝가리어
1930	*Korea of the Japanese*	Drake, Henry Burgess	영어
1931	*Korea : the old and the new*	Wagner, Ellasue Canter	영어
1943	*Condensed reference : Korea and the Pacific war*	United Korean Committee	영어
1944	*Modern Korea : her economic and social development under the Japanese*	Grad, Andrew Jonah	영어
1945	*The culture of Korea*	Kim, Changsoon (ed.)	영어

3) 한국사 이해의 심화와 통사적 저술의 출현

앞서 언급된 총 58종의 문헌들은 한국을 소개하는 개관서 수준의 문헌들이다. 이러한 문헌들이 점차 증가함에 따라 한국에 대한 전체적인 이해가 과거에 비해 심화되었다. 이에 따라 한국의 역사가 통사로서 자리매김을 한 저술들이 나타나기 시작했다. 19세기에 저술된 로스의 《한국사》와 그리피스의 《한국, 은둔의 나라》, 그리고 20세기에 나온 헐버트의 《한국사》, 마지막으로 게일의 《한국 민족사》 등 총 4종이 이에 해당된다.

한편 이 네 권과 함께 우리가 꼭 언급해야 할 문헌 한 권이 있는데, 로스의 《한국사》보다 거의 150여 년 전에 저술된 뒤 알드의 《중국사》가 그것이다. 왜냐하면 앞서 몇 차례 언급되었듯이, 뒤 알드의 책은 18세기 초반에 서술된 중국 개괄서임에도 불구하고 당시 한국에 대한 서양인들의 인식 수준을 월등히 능가하는 내용을 포함하고 있기 때문이다. 즉 이전의 문헌들에서 한국 역사에 대해 서술한 부분들은 분량이나 내용 면에서 극히 미미한 수준의 것들이라고 할 수 있다. 그러나 뒤 알드의 저서, 정확히 말해서 천주교 신부 레지에 의해 두 개의 소단원으로 서술된 한국에 대한 언급은 기존의 것과는 확연히 다른 측면이 있는 것이다. 이 부분은 한국의 고대사, 고려사, 그리고 조선사 등을 중국의 다른 문헌들을 참조하면서 구체적이고 상세하게 기술하고 있기 때문이다. 뒤 알드의 책은 당시 유럽에서는 중국사의 저본 혹은 교과서라고 불릴 정도로 그 파급력이 컸다. 그 결과 그의 저술은 여러 차례 출판되었으며 다양한 서양의 언어로 번역되었다. 따라서 이 저서에 포함된 한국사 관련 내용 역시 독자들에게 널리 알려져 있었을 것이다.

뒤 알드에 이어서 우리가 앞으로 본격적으로 언급할 로스, 그리피스, 헐버트, 게일의 저서는 본격적으로 한국통사를 중심으로 기술한 역사 저술들이다. 이 네 권의 저서들은 문헌의 저술 배경과 특성을 고려하면 그 성격이 크게 두 부류로 나뉠 수 있다.

우선 로스의 《한국사》와 그리피스의 《한국, 은둔의 나라》의 경우, 저자들이 한국에 거주한 경험이 없었다는 공통적인 배경 하에 집필된 저서들이다. 로스가 중국 만주에 머문 기간이 40여 년이라고는 하지만 실제 만주에 온 지 7년만에 한국통사를 저술하였다. 그리고 그리피스는 5년이 채 안 되는 일본의 경험 후 본국에 돌아간 지 8년만에 이 책을 저술하였다.[30] 더욱이 이들은 중국과 일본에 머무는 동안 한국인과의 접촉, 그리고 당시 한국에 머물던 서양인들과의 서신 교환 등과 같은 극히 제한적인 경험을 통해서만 한국을 접할 수 있었다. 외국인으로서 당연히 존재하는 언어의 장벽과 지리적 여건 상, 한국 문헌에 대한 접근성도 현격히 낮을 수밖에 없었을 것이다. 따라서 이들은 한국통사를 집필하기 위해 각각 중국과 일본에서 생산된 자료를 근간으로 한국통사를 저술하였다는 근원적인 한계를 지니고 있다.

그럼에도 불구하고 이 두 문헌이 저술된 시기를 고려한다면 두 권의 저서가 갖는 의미가 얼마나 큰지 수긍할 수 있을 것이다. 이들이 한국통사를 저술하던 19세기 후반, 정확히 말해서 1879년과 1882년은 한국이 막 개항을 했던 시기이다. 당시 서양인들에게 한국의 개항은 이전까지 쇄국 정책으로 일관하면서 외부 특히 서양과의 접촉을 극히 꺼리던 한국 정부의 입장이 극적으로 전환되었음을 의미했다. 이 시기는 당시 시대가 요구하는 변화의 흐름 속에서 한국의 근대화가 성공할 수 있었는

---

30) 로스는 1887년 9월 잠시 한국을 방문한 적이 있는데 이때 새문안교회의 창립 예배에 참석하였다. 반면 그리피스는 사망 1년 전인 1926년에 이르러서야 한국에 잠시 들른 적이 있다.

지의 여부를 가늠할 수 있는 전환점이었던 셈이다. 따라서 서양인들은 그 가능성을 염두에 두고 한국의 뿌리에 본격적인 관심을 가지게 되었다. 그러한 차원에서 기술된 로스와 그리피스의 저술은 비록 개항 이후의 세부적 사항에 대해서는 다루고 있지 못하나 한국에 대한 서양 세계의 관심이 투영되어 한국 역사를 전면적으로 고찰한 최초의 시도로 평가되어야 한다. 그러나 전술한 바와 같이 이 두 문헌은 '한국의 외부'에서 기술되어 비교적 한국 내부의 입장이 배제된 한국통사라고 볼 수 있다.

이상의 두 전작들과는 달리 헐버트의 《한국사》와 게일의 《한국 민족사》는 내부의 시선이 투영된 저작이라는 점에서 또 다른 의의를 지닌다. 헐버트와 게일은 공통적으로 실제 한국에서 거주하고 활동하면서 직접 취득한 사료와 직접적인 체험을 바탕으로 한국통사를 전면적으로 기술하였다. 당연히 앞의 두 저서에 비해 한국 측 입장이 두드러지게 드러나고 있다. 그런데 이 두 권의 저서 역시 전자는 정치사적 측면에 집중되어 있고 후자는 문화사적 내용이 주를 이룬다는 차이점을 지니고 있다. 그럼에도 불구하고 본격적인 한국통사가 한국 내부의 시선을 근저에 깔고 여기에 저자들의 실체험 및 현지의 사료를 바탕으로 기술되었다는 점에서 두 문헌은 특히 그 의의가 심대하다고 볼 수 있다.

시기적으로 볼 때에도 두 문헌은 한국의 일제에 의한 강제 병합을 전후하여 저술된 것인데, 개항 이후 한국에 대한 지적 호기심을 해소하는 차원을 이미 넘어서 한국이라는 개별 국가의 독자적인 정체성과 전망을 다룬 것이라 할 수 있다. 이들은 각 시기별로 한국통사에 대한 당시 서양인의 인식을 보여주는 전형적이고 대표적인 자료들이다. 이 책들은 필자가 한국사 인식과 관련해서 가장 주목하는 저술들이므로 다음 장에서 각각의 문헌들을 보다 구체적으로 살펴 보기로 하겠다.

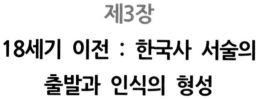

제3장

18세기 이전 : 한국사 서술의
출발과 인식의 형성

제1절 16~17세기 : 한국 관련 서술의 등장과 초기 인식

1) 시대적 배경

16세기는 진정한 의미에서의 동서 교류가 시작된 시기이다. 그 이전까지의 동서양 교류는 사실상 중국에서 인식한 '서역', 곧 중동과 중앙아시아 일부 지역을 통해 유럽으로 이어지는 간접적 형태였다. 그때까지는 한(漢) 제국 시기에 개통된 실크로드가 주요한 육상 교통로로서 거의 1,500년 동안 서양과 동양을 이어주는 통로로 기능하여 왔다. 그러다가 16세기가 시작되기 직전인 1498년에 포르투갈인의 주도로 아프리카를 돌아 인도로 가는 새로운 해상 항로가 발견됨으로써 인도와 중국을 포함한 동양과 포르투갈·스페인을 비롯한 유럽 간의 직접적 교류가 가능하게 되었다. 이 시기에 이르러서야 비로소 동양과 서양이 직접 접촉하는 인도양의 시대가 열리게 된 것이다.

당시 유럽 국가들, 특히 포르투갈과 스페인은 대서양을 두고 치열하게 경쟁하는 관계였다. 스페인은 오스만 투르크와 8세기 동안의 긴 전쟁 끝에 1492년 그라나다 왕국(Kingdom of Granada)을 점령함으로써 통일을 완수하였다. 또한 같은 해, 포르투갈 왕실의 후원 대신 스페인 국왕과 계약을 맺었던 이탈리아 출신 콜럼버스(Christopher Columbus, 145?~1506)가 아메리카 신대륙을 발견하게 되자, 이 신대륙의 점유권을 놓고 두 나라 사이의 경쟁은 더욱 가속화되었다. 1494년 6월, 해상권 쟁탈전을 해결하기 위한 조치로서 로마 교황의 중재로 두 국가는 '또르데실리야스 협약(Treaty of Tordesillas)'을 체결하게 된다. 그 결과 대서양의 특정 지점을 기준으로 하여 동쪽으로는 포르투갈이, 서쪽으로는 스페인이 독점적 해상권을 갖는 합의가 이루어졌다. 지구에 선을 긋듯 정한 이 협약에 의해 세계가 임의적으로 양분된 것이다. 포르투갈이 독점권을 갖는 동쪽의 동인도 및 아시아 지역과 스페인이 독점권을 갖는 서쪽의 아메리카로 분할된 것이다.[1] 이 계약이 체결될 당시에는 미지의 대륙이 얼마나 큰지에 대한 정보가 부족했기 때문에 정확한 계산조차 별 의미가 없었다. 그러나 이를 계기로 삼아 강대국 간의 식민지 분할 계약의 시초가 마련되었고 식민지 경영을 향한 개략적인 규칙이 정해졌다. 이후의 경쟁은 어느 나라가 더 빠르게 움직이며 영토를 확장하느냐가 관건이 되었다.

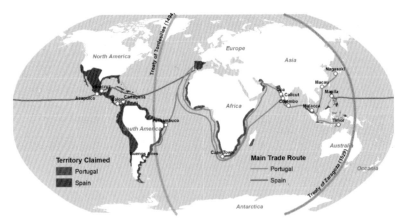

[그림 1] 또르데실리야스 협약과 당시 동아시아로의 항해 경로

---

1) 원정식, 〈17세기 지역과 세계의 만남 : 천주교의 복건과 전래〉, 《역사문화연구》 35, 역사문화연구소, 2010, 232~233쪽.

이 두 나라는 새롭게 해양 항로를 개척하였다. 포르투갈의 경우, 리스본을 출발하여 희망봉을 돌아 아프리카의 동부 해안선을 타고 올라온다. 그리고 인도양을 건너 인도 서부의 고아(Goa)와 코치(Kochi)[2]에 도착하는 경로로 구성된다. 이후로도 이 항로는 동쪽으로 계속 확장되었다. 그 결과 중국과의 최단거리 이동을 가능하게 했던 말레이시아의 말라카(Malacca), 네덜란드 동인도회사가 동양의 전진기지로 삼아 번영을 누렸던 바타비아(Batavia, 현 자카르타)를 거점지역으로 삼은 다음, 중국 마카오(Macao)와 광동성의 광저우(广州), 포르투갈어로 '아름다운 섬'이란 뜻의 포르모사(Formosa, 현 타이완), 그리고 일본의 나가사키로 이어지는 해상 루트가 완성되었다. 스페인의 경우 대서양을 건너 멕시코와 남미를 경유하여 다시 태평양을 건너 필리핀의 마닐라(Manila)로 향하는 서쪽 항로를 이용하였다.[3] 이들 두 나라의 차이점은 두 가지로 파악된다. 첫째, 서로 반대 방향으로 전진하여 동아시아에 이르는 항로를 개척했다는 점을 들 수 있다. 둘째, 포르투갈은 각 지역에 자신들의 무역 거점 도시를 건설하여 그 지점으로 하여금 항해에 필요한 보급품을 조달하는 기능을 수행하게 한 반면, 스페인은 강력한 무력을 동반하여 그 지역을 아예 식민지로 삼았다는 점이다. 이들의 형태는 서양인의 시각에서 '무역상' 혹은 '모험가'로 포장되어 대항해의 시대로 미화되어 있지만 동양인의 입장에서 보자면 실제 '해적'이라 해도 과언이 아니었다.

막대한 자금과 무수한 인명의 희생을 요구하면서까지 항해가 지속되고 해상권을 쟁취하기 위해 각축했던 이유는 경제적, 정치·종교적[4] 요

---

2) 인도 남부 항구 도시로 코친(Cochin)이라는 이름으로도 알려져 있다.

3) 이석재, 〈인도의 고아 교구 창설(1533년) 이후의 아시아 복음화 초기 역사 소고〉, 《가톨릭신학》 4, 한국가톨릭신학학회, 2004, 226쪽.

4) 현대의 정치는 경제와 함께 묶어 이해하는 것이 일반적이나, 중세 유럽 정치는 로

인이 두루 작용하였다. 우선 경제적 맥락에서 보자면, 당시 포르투갈인은 동양에 속해 있던 중동인들과 서양의 베네치아인들이 독점하고 있던 동양의 생산물, 특히 인도의 후추를 서양에 직접 수입하고자 하는 강한 열망을 지니고 있었고, 그 때문에 생명을 걸고 바다로 나아갔다. 유럽인들에게 후추는 고기와 생선의 비린내를 없애 주고 변질을 방지하며 소금의 짠맛을 보완해 주는, 그야말로 식생활에 절대적인 필수품이었다. 과거 유럽으로의 후추 유입은 동양의 바그다드(Baghdad, 현 이라크 수도)와 흑해의 남부 해안을 경유해 콘스탄티노플(Constantinople, 현 터키 이스탄불)을 지나 베네치아로 운반되는 경로를 통해 진행되었다. 이로 인해 베네치아의 상인은 인도양을 거치는 신항로가 개척되기 전까지 막대한 이윤을 남길 수 있었다. 익히 알고 있는 마르코 폴로의 동방으로의 여행 역시 이러한 배경 속에 조성된 경제적 풍요 속에서 가능했던 것이다.

경제적인 요인과 더불어 정치·종교적인 동기 또한 16세기 동서양의 만남을 촉진한 중요한 변수였다. 당시 로마 가톨릭 교회의 부패와 무능으로 촉발된 종교개혁(1517년)의 열풍이 유럽 전지역으로 번져 나갔다. 그러나 유럽의 주변부에 속했던 포르투갈과 스페인은 로마 가톨릭을 국교로 지정할 정도로 계속해서 천주교를 지지하였다. 1520년 스페인 귀족 출신인 로욜라(Saint Ignatius of Loyola, 1491~1556) 신부의 주도로 설립된 예수회(The Society of Jesus)는 천주교 내부의 자성 노력에 중점을 두고 포르투갈과 스페인이 개척한 식민지에 예수회 선교사를 파견함으로써 교세의 확장과 유지를 기획하였다. 그리하여 군인과 상인 그리고 예수회 선교사들이 동양을 향해 함께 떠났으며, 이 과정에서 예수회는 선교와 교육은 물론 식민지를 둘러싼 정치·군사·외교 문제에도 깊숙이 관여

마 가톨릭 교회와 분리하여 논의하기는 불가능하다.

하였다. 인도, 동남아시아, 중국, 일본에서의 포교 활동은 순수한 종교적 동기를 넘어 경제, 정치·종교적 요인과 복합된 채로 그 닻을 내린 것이다.

동서 교류의 거대한 장에서 대항해 시대가 시작되었음에도 불구하고 한국은 아직까지도 미지의 나라에 불과하였다. 인도와 중국을 비롯하여 말레이시아, 인도네시아, 필리핀 등을 포함하는 동남아시아, 타이완 그리고 일본이 차례차례로 서양인들의 시야에 들어왔다. 그러나 점진적인 이동과 동아시아로의 시야가 확대되는 추세에서 한국 또한 포교를 위해, 혹은 경제적 이익을 위한 지정학적 공간으로 떠오를 수밖에 없음은 필연적인 귀결이었다. 특히, 이 절에서 다루고자 하는 한국사 관련 초기 저술들이 대부분 예수회 선교사들의 포교 활동과 관련되어 있으므로 16세기 동아시아에서의 예수회 활동에 관하여 얼마간의 이해가 필요하다.

앞서 간략하게 언급했던 것처럼, 당시 전 유럽에 퍼진 종교개혁의 열풍으로 위기에 빠진 로마 가톨릭 교회는 때마침 포르투갈과 스페인 왕조가 주도하는 신항로 개척에 맞추어 자신들의 영향력을 동양으로 넓히고자 유능한 선교사를 파견하였다. 그중 예수회의 선교사들은 천주교의 여러 단체 가운데 이 대열의 최선봉에 서 있었으며, 설립 20년만에 예수회보다 역사가 깊은 프란치스코회(The Franciscans, 1209년 설립)와 도미니코 수도회(The Order of Preachers, 1216년 설립)를 제치고 로마 교황이 공식적으로 인정한(1540년) 유일한 해외 선교 단체로 성장하였다. 로마 교황청의 적극적인 후원 하에 1533년 아시아에서는 처음으로 인도의 고아에 천주교 교구가 설립되었고 연이어 코친과 말라카에도 소교구가 생기면서(1558년) 고아는 대교구로 승격되었다. 그리고 1576년 마침내 중국과 일본을 관장하는 마카오 교구가 정식으로 설립되기에 이르렀다.[5]

---

5) 이석재, 앞의 논문, 226쪽 각주3.

예수회 중심의 동아시아에서의 세력 확장은 기존의 선교 단체인 프란치스코회와 도미니코 수도회와의 충돌을 유발하기도 하였다.

주목할 점은 같은 로마 교황청에 소속되었더라도 선교 단체의 성격에 따라 포교의 방식이 매우 달랐다는 사실이다. 우선 예수회에서는 선교사 자신들의 검소한 생활과 타문화권에 대한 존중을 바탕으로 '위에서 아래로의 전도' 방식을 취함으로써 상위 계급이나 지식인들에게 먼저 전도하는 방식을 취하였다. 현지의 삶과 문화를 이해하려는 현지 친화적 경향을 보인 것도 이들 예수회 쪽이었다. 반면 선교에 필요한 재정을 확보한다는 명분으로 본국에서 파견된 상인들과 함께 부분적 중계 무역을 수행하던 프란치스코회와 도미니코 수도회는 현지의 사정은 등한시한 채 '아래로부터 위로의 전도 방법'을 선택하였다. 따라서 포교와 관련한 경제적인 여건 등을 확충하기 위해 세속적이고 불필요한 갈등을 빈번하게 야기하였다. 그 결과 일본의 경우에는 현지의 위정자들에게 배척되어 포교 활동 자체는 위축되고 오로지 경제 활동만이 허용되는 지경에 이른다.6)

선교 방식의 차이는 결과적으로 현지에 대한 이해와 기술의 방식에도 영향을 미쳤다. 그렇다면 문화나 역사를 저술함에 있어서 한국의 사정을 감안한 선교 단체는 어디일까? 물론 이에 답하는 것은 어렵지는 않다. 예수회가 바로 그 주인공이었다. 왜냐하면 그들이야말로 포교 현장의 사회와 문화를 이해하고자 노력하는 과정에서 현지와 관련한 저술을 생산했기 때문이다. 예수회는 인재의 선발부터 여타 포교 단체와 다소

---

6) Jennes, Joseph, *History of the Catholic Church in Japan*, Oriens Institute for Religions Research, 1973. 홍성언 역, 《일본의 천주교 수용사》, 경희대학교 출판문화원, 2013, 103~106쪽.

다른 점이 있었다. 그들은 유럽의 대학에서 신학은 물론 철학과 과학 등을 공부한 젊고 우수한 인재들을 가려뽑았다. 그뿐 아니라 본격적인 선교 활동에 앞서 일정 기간 해당 지역의 언어, 역사, 종교, 문화를 미리 학습하도록 하였다. 명말(明末) 중국에 파견되었던 예수회 선교사들이 유교의 고전을 라틴어로 번역한 것이나 천주교 교리서 및 유럽의 과학 기술서를 중국어로 번역한 사실은 그러한 과정의 부산물이다. 주지하듯이, 마테오 리치(Matteo Ricci, 1552~1610)는 그 무렵의 대표적인 예수회 선교사 중 한 사람이었다. 그는 인도의 고아에서 만 4년을 지냈고, 중국의 마카오에서 5년여 동안을 거주하면서 미리 중국 현지에 대한 공부를 마친 바 있다. 이런 양상은 초기 선교 활동이 성공적으로 이루어졌던 일본에서도 마찬가지였다. 예수회 선교사들은 세심한 부분까지 관심을 가지고 일본의 문화와 언어에 대해 조망하였으며 그 결과 주목할 만한 연구 성과를 이루어내기도 하였다.[7]

당시 생산되던 동아시아 관련 저술과 관련하여 예수회 선교사들이 로마 교황청에 현지의 사정을 상시적으로 보고했다는 사실도 유의할 만하다. 그들은 각 지역 교구의 지시에 호응하여 현지의 상황에 대한 각종 보고서와 서간문을 작성하여 각 교구의 책임자 및 교황청으로 보내야 했다. 동아시아 전 교구의 범위 내에서 이 자료의 대부분은 중국과 일본으로 집중되어 있으나, 점차 한국에 대한 관심이 증가하고 직간접적으로 접촉이 이루어지면서 한국 또한 그들 저술의 한 부분을 이루게 되었다. 그리하여 마침내 서양인 특히 예수회 선교사에 의한 최초의 한국사 관련 저술이 세계 지식사에 등장하게 되었다.

이에 다음 절에서는 이들 초기 자료를 검토하여 한국 및 한국사에 대

---

7) 홍성언 역, 앞의 책, 109쪽.

한 서술의 과정, 관점, 특징 등을 살펴보고자 한다.

2) 주요 자료의 특징

16세기와 17세기는 한국 및 한국사에 대한 서양의 저술이 생성되는 초기 시대라 할 수 있다. 필자가 현재까지 조사한 바로는 대략 일곱 권의 자료가 확인된다.[8] 이 자료는 아래 [표 12]로 정리될 수 있다.

[표 12] 16세기부터 18세기 전까지의 한국 및 한국사 관련 서양 문헌(7종)

연도	서명	저자	원저 언어	한글 서지명 및 비고
1593~ 1597?	História de Japão	Fróis, Luís	포르투갈어	《일본사》 Die Geschichte Japans (1549~1578)의 제목으로 1926년 독일 라이프치히에서 출판
1601	Historia de las missiones qve han hecho los religiosos de la Compania de Iesvs	Guzman, Luis de	스페인어	《선교의 역사》
1615	De Christiana expeditione apud Sinas suscepta ab Societate Iesu	Ricci, Matteo & Trigault, Nicolas	라틴어	《중국 선교사》
1620?	História da Igreja do Japão	Rodrigues, Joao	포르투갈어	《일본 교회사》 This Island of Japon 의 제목으로 1973년 미국 뉴욕과 일본 동경에서 동시 출판

8) 이 일곱 권은 앞서 언급되어진 정성화의 연구물(1999a, 1999b, 2000b, 2001, 2005a, 2009)을 참조하였다. 이외에도 한국에 대하여 매우 단편적이고 간략한 언급이 되어있는 저술들이 있으나 이는 본고의 논의 대상에서 제외하였다. 주의할 것은 각 저술의 한글 서지명이 다양한 이름으로 번역되어 있어서 연구자들의 혼돈이 우려된다는 점이다.

연도	서명	저자	원저 언어	한글 서지명 및 비고
1641?	*Relação da propagação da fe no reyno da China e outros adjacentes*	Semedo, Alvaro	포르투갈어	《대중국지》 1641년 수기(手記)한 것으로 추정되는 원고를 1642년 *Imperio de la China, Madrid*의 제목으로 스페인어로 출판
1654	*De bello Tartarico historia*	Martini, Martino	라틴어	《만주족의 전쟁사》 17세기 당시 네덜란드 영토인 안트베르펜에서 출판
1670	*Historia de la conquista de la China por el Tartaro*	Mendoza, Juan de Palafox	스페인어	《만주족의 중국 정복사》

앞서 언급한 것처럼, 동아시아 지역에 대한 초기 정보들은 주로 로마 교황청 혹은 소속 단체에 제출된 현지 선교사들의 보고서 혹은 서간문 등을 통해 유럽으로 유입되었다. [표 12]에 수록된 일곱 권의 한국사 관련 초기 저술 역시 대부분이 예수회 선교사들에 의해서 작성된 결과물이다. 참고로 이 일곱 권 중에서 후안 데 팔라폭스 멘도사(Juan de Palafox y Mendoza, 1600~1659)의 《만주족의 중국 정복사》를 제외한 여섯 권은 1668년에 발간된 《하멜 표류기》보다 앞선 시기에 발간되었다.

가장 이른 시기의 저작은 포르투갈 출신의 루이스 프로이스가 저술한 《일본사》이다.[9] 수록 내용으로 보아 이 문헌은 그가 선교 활동을 펼쳤

---

9) 프로이스의 《일본사》는 한국과 관련된 부분(70장에서 79장까지)만 발췌되어 한국어로 세 차례 번역 출간되었다. 강병구·왕선애 공역, 《포르투갈 신부가 본 임진왜란 초기의 한국 : 《일본사》내 16세기 한국에 관한 최초의 세부적인 기술》, 까몽이스재단·주한 포르투갈문화원, 1999. 오만·장원철 공역, 《프로이스의 "일본사"를 통해 다시 보는 임진왜란과 도요토미 히데요시》, 부키, 2005. 정성화·양윤석 공역, 《임진난의 기록 : 루이스 프로이스가 본 임진왜란》, 살림출판사, 2008. 프로이스

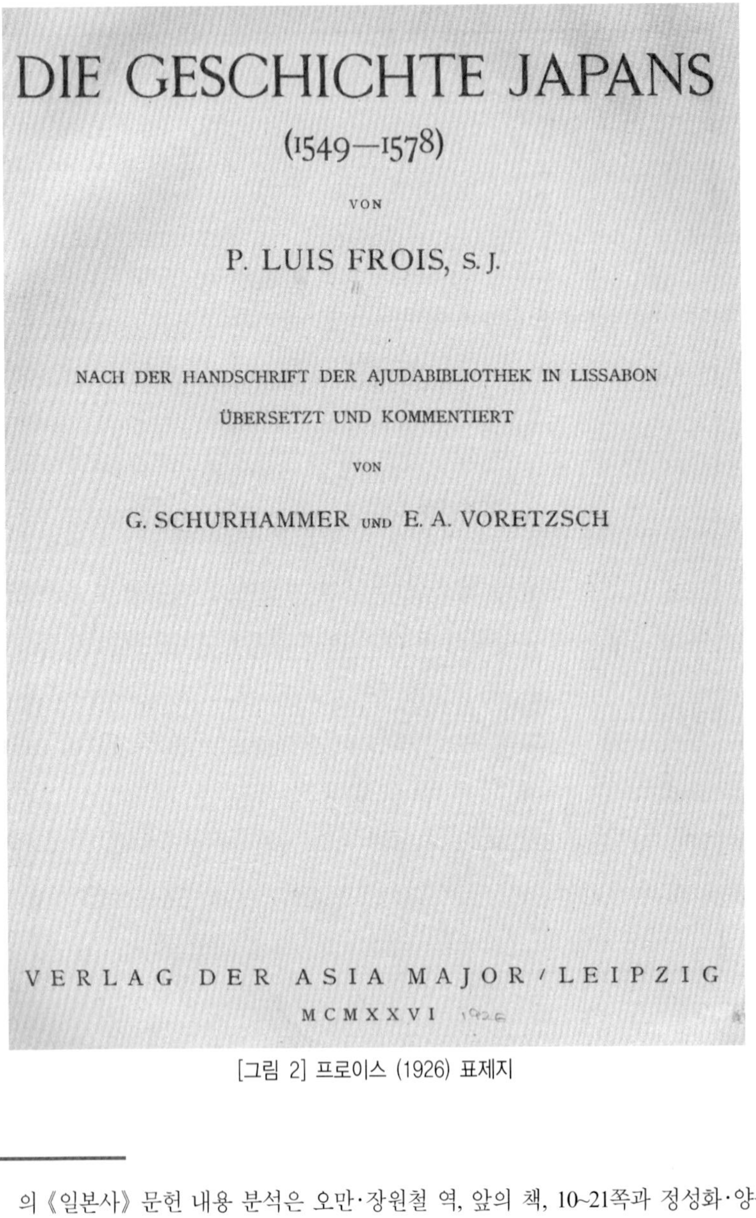

DIE GESCHICHTE JAPANS
(1549—1578)

VON

P. LUIS FROIS, s. j.

NACH DER HANDSCHRIFT DER AJUDABIBLIOTHEK IN LISSABON
ÜBERSETZT UND KOMMENTIERT

VON

G. SCHURHAMMER UND E. A. VORETZSCH

VERLAG DER ASIA MAJOR / LEIPZIG
MCMXXVI 1926

[그림 2] 프로이스 (1926) 표제지

의《일본사》문헌 내용 분석은 오만·장원철 역, 앞의 책, 10~21쪽과 정성화·양윤
석 공역, 앞의 책, 184~202쪽을 참조.

던 16세기 말(1593년부터 1597년 사이)에 집필되었을 것으로 추정되지만,[10] 1926년 독일 라이프치히에서 처음으로 활자화될 때까지는 필사본 형태로 남아 있었다. 주앙 로드리게스(João Rodrigues, 1561?~1633?)[11]의 《일본 교회사》 또한 1620년에 집필되어 포르투갈의 여러 기관에 소장되어 있던 것을 1954년 중국 마카오(당시 포르투갈령)에서 포르투갈어로 정식 출판하였고 이후 1973년에 미국인 학자 쿠퍼(Michael Cooper, 1930~2018)가 편집, 영역하여 미국 뉴욕과 일본 동경에서 동시에 출판하였다.[12] 두 저술은 단지 필사본으로만 존재하다가 20세기에 들어와서야 간행되었다는 공통점이 있다. 따라서 한국에 대한 저술이 성행한 19세기의 저작에는 직접적으로 영향을 미쳤다고 보기 어렵다. 그렇다 하더라도 로마 가톨릭, 예수회 본부, 혹은 본국 정부 등이 소장한 자료를 이용할 수 있었던 성직자, 귀족, 정치가 등은 접근이 가능했으리라 짐작된다.

한편, 《선교의 역사》는 스페인 출신 예수회 신부인 루이스 데 구즈만(Luis de Guzman, 1544~1605)이 1601년에 스페인의 알카라(현 Alcalá de Henares)에서 정식으로 출판한 것이다.[13] 그는 앞의 프로이스나 로드리

---

10) 정성화·양윤석 공역, 앞의 책, 201쪽.
11) 로드리게스는 1631년 중국 산동성 덩조우(登州, 현 烟台, 당시 서양인에게는 Chefoo로 불리웠다)에서 조선의 사신으로 갔던 정두원(鄭斗源, 1581~?)과 만났다고 전혀지는 인물이다.
12) 로드리게스의 《일본 교회사》는 아직 한국어로 번역 되지 않았다. 영어 번역본은 Michael Cooper 역, *This Island of Japon*, Kodansha International, 1973이 있으며, 일본어로는 여러 차례 번역되었는데 그 중 가장 이른 시기의 번역본은 高市慶雄 역, 《日本史》, 日本評論社, 1932이다. 참고로 로드리게스는 1604년 일본 나가사키에서 《日本大文典(*Arte da Língua do Iapam*)》을, 그리고 1609년에는 프랑스 리용에서 《일본에서 온 서신(*Lettres Annales du Japon*)》을 프랑스어로 출간한 바 있다.
13) 구즈만의 책은 일본어 번역본만이 존재한다. 新井トシ 역, 《グスマン東方傳道史》 1-2, 天理時報社, 昭和 19~20(1944~1945).

[그림 3] 구즈만 (1601) 표제지

게스와는 달리 일본 혹은 중국에서 체류한 경험이 없으며, 그 대신 일본에서 활동한 선교사들이 보내 온 보고서와 서간물 등을 참고하여 이 책을 집필하였다. 이 저술은 1540년에서 1600년까지 동인도, 중국, 그리고 일본에서의 예수회 선교 활동을 중심으로 그 내용이 구성되어 있는데 많은 부분에서 프로이스의 보고서를 거의 채용하였다.[14)

마테오 리치의 《중국 선교사》는 저술 과정이 다소 특이한 사례이다. 이 책은 이탈리아 출신 리치가 이탈리아어로 초고를 작성했으나(1608~1610년) 완간을 하지 못하고 사망하자, 벨기에 출신 예수회 선교사 니콜라스 트리고(Nicolas Trigault, 1577~1628)[15)가 라틴어로 정리해서 완성한 것이다.[16) 1615년에 독일 아우구스부르크에서 라틴어로 처음 출간된 이후,[17) 프랑스어판(리옹, 1615년과 1671년), 독일어판(쾰른, 1617년), 스페인어판(세비야, 1621년), 이탈리아어판(나폴리, 1622년)까지 지속적으로

---

14) 구즈만에 대한 국내의 본격적인 연구는 아직까지 이루어진 바 없다. 다만 정성화 (2005a), 앞의 책, 102쪽에 이 저술에 대한 간략한 해제가 실려 있을 뿐이다.

15) 트리고는 조선시대 소현세자가 중국 선양(瀋陽)에서 만났다고 알려진 아담 샬 (Adam Schall, 1591~1666)과 함께 1618년 중국 마카오로 파송되었던 인물이다.

16) 리치·트리고의 저술의 한국어 번역본은 신진호·전미경 공역, 《마테오 리치의 중국 선교사》 1-2, 지식을 만드는 지식, 2013. 이 책 원본이 출판되었던 당시 유럽의 다양한 언어로 번역되었음에도 불구하고 영역본은 1942년 갤러거에 의해서 처음으로 일부 번역되었다. Louis J. Gallagher 역, *The China that was : China as Discovered by the Jesuits at the Close of the Sixteenth Century*, Random House, 1942. 완역본이 출판한 것은 1953년의 일이다. Louis J. Gallagher 역, *China in the Sixteenth Century : The Journals of Matthew Ricci, 1583~1610*, Random House, 1953. 중국어 번역본은 대만에서 출판된, 王玉川合 역, 《利瑪竇中國傳敎史》, 輔仁大學出版社, 民國75(1986)과 중국에서 발간된 何高濟·王遵仲·李申 공역, 《利瑪竇中國札記》, 廣西師範大學出版社, 2001이 있다.

17) 정성화는 이 책이 네덜란드에서 처음 출판되었다고 언급한 바가 있다. 정성화 (2009), 앞의 논문, 114쪽.

DE
CHRISTIANA
EXPEDITIONE APVD
SINAS SVSCEPTA AB
SOCIETATE IESV.

EX P. MATTHÆI RICCII
eiufdem Societatis Commentarijs,

Libri V.

AD S. D. N. PAVLVM V.

IN QVIBVS SINENSIS REGNI
mores, leges, atque inftituta, & nouæ illius Eccle-
fiæ difficillima primordia accurate & fum-
ma fide defcribuntur,

AVCTORE
P. NICOLAO TRIGAVTIO BEL-
ga ex eadem Societate.

Editio recens ab eodem Auctore multis in locis aucta
& recognita.

Permiflu Superiorum, & Confenfu Authoris.

COLONIÆ,
Sumptibus BERNARDI GVALTERI.

ANNO M. DC. XVII.

[그림 4] 리치 (1615) 표제지

출판된 점으로 보아 그 파급력이 매우 높았던 저술이라 평가할 수 있다. 동아시아, 특히 중국에서의 선교 활동 역사상 가장 큰 성과를 보였던 리치의 저술이었던 만큼 출판 이후의 영향력도 심대했으리라 추측된다.

다음으로 역시 포르투갈 출신 예수회 신부 알바로 데 세메도(Álvaro de Semedo, 1585?~1658)의《대중국지》가 있다. 이 책은 원래 1641년에 포르투갈어로 쓰여졌으나 실제 출판은 그 이듬해인 1642년 스페인 마드리드에서 이루어졌다.[18] 이 책도 역시 출판되자마자 프랑스어, 이탈리아어, 영어 등 유럽의 다양한 언어로 번역되었다. 세메도는 1610년 마카오에 도착한 이후 1658년 중국 광저우에서 사망할 때까지 대부분의 인생을 중국에서 보낸 중국 전문가이다.

이어, 이탈리아계 예수회 신부인 마르티노 마르티니(Martino Martini, 1614~1661)가 1654년에 라틴어로 쓴《만주족의 전쟁사》가 있다.[19] 마르티니의 중국 관련 저술은 여러 권이 있으나 후에 출판된 책들은 그의 첫 저술인《만주족의 전쟁사》의 개정판과 같은 역할을 하고 있기 때문에 여기에서는 제외하였다. 이 책의 저술 동기는 1644년 청나라가 명나라를 멸하고 청 제국을 수립한 사실과 무관치 않다. 당시 예수회 선교사들

---

18) 세메도의 저술의 출판 당시 영어로 번역된 것은 번역자 미상, *The History of the Great and Renowed Monarchy of China*, E. Tyler for John Crook, 1655. 중국어 번역본은 何高濟 역,《大中國志》, 上海古籍出版社, 1998이 있다.

19) 라틴어로 발간된 마르티니의 책은 리치-트리고 그리고 세메도의 책보다도 더 다양한 유럽어로 번역되어 출간되었다. 영어 번역본은 세메도 책(1655)의 후반부에 같이 실려있다. 번역자 미상, *Bellum Tartaricum, or The Conquest of the Great and Most Renowned Empire of China, by the Invasion of the Tartars*, E. Tyler for Iohn Crook, 1655. 중국어 번역본은 何高濟 역,《韃靼戰紀》, 中華書局, 2008이 있다. 이 책에 대한 소개는 지명숙·B.C.A. 왈라벤 공저,《보물섬은 어디에 : 네덜란드 공문서를 통해 본 한국과의 교류사》, 연세대학교 출판부, 2003, 97~108쪽을 참조.

IMPERIO
DE LA CHINA,
I CVLTVRA EVAN
Gelica en èl, por los Religios de la Compañia de IESVS.

Compuesto por el Padre Alvaro Semmedo de la propia Compañia, natural de la Villa de Nisa en Portugal, Procurador General de la Prouincia de la China, de donde fue embiado a Roma el Año de 1640.

Publicado por Manuel de Faria i Sousa Cavallero de la Orden de Christo, *m.* i de la Casa Real. *m.*

DEDICADO
Al Glorioso Padre S. Francisco Xavier, Religioso de la Compañia de IESVS, i segundo Apostol de la Assia.

Impresso por Iuan Sanchez en Madrid. Año de 1642.

A costa de Pedro Coello Mercader de libros.

[그림 5] 세메도 (1642) 표제지

DE BELLO
TARTARICO
HISTORIA;

In quâ , quo pacto Tartari hac
noftrâ ætate Sinicum Impe-
rium inuaferint, ac ferè totum
occuparint,narratur;eorumque
mores breuiter defcribuntur.

Auctore R. P. MARTINO MARTI-
NIO , TRIDENTINO, ex Prouin-
ciâ Sinenfi Societatis IESV in Vr-
bem miffo Procuratore.

Editio altera , recognita & aucta.

IHS

ANTVERPIÆ,
EX OFFICINA PLANTINIANA
BALTHASARIS MORETI.
M. DC. LIV.

[그림 6] 마르티니 (1654) 표제지

은 명말 청초의 역사적 전환기를 직접 경험하면서 새롭게 패자가 된 청
제국에 깊은 관심을 가지고 있었다.20)

20) 참고로 명나라 말기부터 청나라 초기까지 예수회 선교사들은 황제 및 상층 문인
들을 상대로 한 포교에 집중하는 경향이 있었다. 상층을 중심으로 포교의 거점을
확보하면 자연스레 아래 계급으로까지 선교가 용이할 것이라는 판단에서였다. 이

마지막으로 스페인 귀족 출신 멘도사가 1670년에 쓴 《만주족의 중국 정복사》를 들 수 있다.[21] 멘도사는 천주교 성직자로서 당시 스페인 식민지인 멕시코의 대주교를 지낼 정도로 명망이 있었던 인물이다. 그는 예수회에 가입하지 않았으며 오히려 포르투갈 선교사들이 주도하는 예수회의 선교 방침에 대해서 끊임없이 반대의 입장을 취했던 인물이다. 이 책은 중국 - 마카오/필리핀 - 뉴멕시코 - 유럽의 경로를 따라 유입된 자료를 토대로 삼았으며, 동아시아의 정치적 변화, 곧 만주족(청나라)의 중국 정복사를 핵심 내용으로 삼았다. 선교에 초점을 맞추지 않고 청 왕조의 성립 과정을 중심으로 하여 저술되었으나 그 이면에는 새롭게 동아시아 포교의 중심지가 된 중국을 관찰하려는 의도가 은연중에 개입되어 있다.

이상 일곱 권의 초기(16~17세기) 저술은 한결같이 선교사, 그것도 대다수가 지적 수준이 높은 예수회 선교사에 의해 집필되었음을 알 수 있다. 따라서 선교 지역 - 일본 혹은 중국 - 에 따라 서술의 차이도 발생했을 것임을 짐작할 수 있다. 멘도사를 제외한 6명은 모두 고등 교육을 받은 예수회 출신이다. 프로이스와 로드리게스는 오랜 기간 일본에 머물면서 일본어를 배웠고 당시 일본 최고의 집권층과도 직접 교류했다. 이들은 일본이 임진왜란을 준비하는 과정과 전쟁의 전말을 직접 목격한 이들이기도 하다. 따라서 비교적 일본에 대한 충분한 지식을 바탕으로

러한 예수회의 초기 선교 활동은 1630년대부터 스페인 출신 신부들이 주도한 프란치스코회와 도미니코 수도회의 중국 포교 활동의 시작 이후, 1684년의 파리외방선교회의 중국 진출, 1706년 강희제에 의한 천주교 선교사들에 대한 추방 명령이 이어지면서 점차 쇠락의 길로 들어선다.

21) 멘도사 책의 영어 번역본은 번역자 미상, *The History of the Conquest of China by the Tartars*, W. Godbid, 1671. 중국어 번역본은 각주19에서 언급한 마르티니의 번역본과 함께 실려있다. 何高濟 역, 《韃靼征服中國史》, 中華書局, 2008.

HISTORIA

DE LA CONQVISTA

DE LA CHINA

POR EL TARTARO.

ESCRITA

Por el Illuſtriſſimo Señor, Don JUAN DE PALAFOX
Y MENDOÇA, *ſiendo Obiſpo de la Puebla de los
Angeles, y Virrey de la NueVa-Eſpaña
y a ſu muerte Obiſpo de Oſma.*

EN PARIS,

Acoſta de ANTONIO BERTIER, Librero de
la Reyna, vive en la Calle de Santiago,
a la inſinia de la Fortuna.

M. DC. LXX.

[그림 7] 멘도사 (1670) 표제지

삼아 해당 저술을 완성하였다. 구즈만은 아시아 지역에서의 직접적 선교 경험은 없었으나 이 지역에서 받은 각종 보고서를 참조하였다. 리치와 트리고, 세메도 역시 학식을 갖춘 선교사로서 중국 현지에서의 선교 경험이 매우 풍부하였다. 이는 중국에서 선교 활동을 펼친 이탈리아 출신 마르티니도 마찬가지였다. 교육 수준이 높은, 그러면서도 현지의 문화에 대한 이해를 추구했던 예수회 선교사가 주류가 됨으로써 이들에 의해 동아시아 역사가 폭넓게 저술된 것이다. 비슷한 시기에 아메리카 지역을 점유했던 스페인의 프란치스코회가 폭력을 불사하며 현지인을 무조건 개종하려 했던 것과는 대비되는 양상이라 하겠다. 이는 18세기까지 중국과 동아시아 문명을 존중하고 선망했던 서구의 문화적 태도가 혼합된 결과라 이해될 수 있을 것이다.

　선교와 역사 서술이 긴밀하게 연관된 만큼 선교 현지의 정치적 상황이 저술에도 밀접한 영향을 미쳤음은 두말할 여지가 없다. 실제로 1596년 도요토미 히데요시(豊臣秀吉, 1537~1598)의 두 번째 선교사 추방령 이후 일본에서의 포교가 불가능해지자 선교사들의 주무대는 중국 쪽으로 이동할 수밖에 없었다. 중국도 1702년(옹정제 2년)에 포교 금지령을 내리게 되지만 그 사이에 주 관심 지역과 저술 지역이 일본에서 중국 쪽으로 옮겨간 것은 부정할 수 없는 사실이다. 그리고 동아시아 정세에 대한 전체적 조망과 더불어 한국에 대한 기술을 빠뜨릴 수 없게 되었다. 왜냐하면 임진왜란과 병자호란 등을 거치면서 조선 지역이 당시의 국제적 관심 대상으로 부각되었기 때문이다. 그런데 한국에 체류해보지 못한 선교사들에게, 일본과 중국에서의 경험과 자료에 기대어, 그리고 선교를 추구하는 관점에서 한국사가 기술된다는 점은 역사 기술에 있어서 시작부터 한계를 지니는 것이었다. 그럼에도 불구하고 이들이 한국을 처음

으로 유럽에 소개하고 초기 한국에 대한 인상을 형성하는 장을 열었다
는 점은 적지 않은 의의를 지닌다.

그렇다면 초기 일곱 권의 저술은 한국에 대해서 어떤 내용을 어느 정
도의 규모로 담고 있었을까? 이들은 대부분 중국사와 일본사를 기술하
는 가운데 한국과 한국사에 대하여 부분적이고 피상적으로만 언급하고
있다. 대부분 장 또는 절에 한국과 한국사 부분을 배당하고 그 안에서
단편적으로 한국을 소개하는 식이다. 예컨대 프로이스의《일본사》는 70
장에서 79장까지 일본의 전쟁(임진왜란) 준비 과정과 한국에 대한 간략
한 소개, 그리고 임진왜란의 전개 과정 순으로 서술하고 있다.22) 또한
로드리게스의《일본 교회사》는 따로 한국에 대한 장/절을 두지 않았으
나 일본의 역사, 지리, 문화 등을 소개하는 과정에서 중국과 한국을 비
교의 대상으로 언급하고 있는 수준이다.23)

But it is most probable that the first inhabitants of Japan, which at the
time was without form of nationhood or kings, settled in that part of
Chugoku facing Korea, for the kingdom of Korea is about as old as China
and is so close to those parts that the crossing may be made on one tide.
For this reason the rough tone and the manner of speaking of the Japanese
people of that area of Chugoku is different from that of others areas of
Japan and is very similar to the tone of the Koreans. The current native
language of Japan has many similarities with the Korean tongue as regards
its grammatical construction and parts of speech.

하지만 국가나 왕조와 같은 형태가 없었을 당시 한국의 왕국은 중국의
왕국만큼 오래되었고 [일본과 한국은] 조류를 타고 건너올 수 있을 정도로

---

22) 프로이스《일본사》의 내용은 이미 세 차례나 번역되었기 때문에 생략하기로 한다.
23) 로드리게스《일본 교회사》의 영역본, Michael Cooper 역, 앞의 책, 45, 82쪽.

매우 가깝기 때문에 일본의 첫 거주자들은 한국과 마주하고 있는 [일본의] 中國(Chugoku) 지방에 정착했다고 보는 것이 가장 가능성이 있다. 그렇기 때문에 [일본의] 中國 지방에 사는 일본 사람들이 말하는 거친 말투나 태도는 [일본인보다는] 한국인들에 가깝다. 현재 일본 언어는 문법 구조와 품사들이 한국의 언어와 상당한 유사점을 갖는다.

Among the Chinese, Koreans and Japanese (for they all follow the Chinese method), the south is the front part, while the rear or back is to the north; the east is on the left hand, the west is on the right; the left-hand side or part is more honourable than the right.

그들은 모두 중국의 건축 방법을 따랐기 때문에, 한중일 모두 남쪽은 집의 앞부분, 북쪽은 뒷부분, 동쪽은 왼쪽에, 서쪽은 오른편에 두었으며 왼편은 오른편보다 더 귀히 여겨졌다.

리치-트리고, 세메도, 마르티니, 멘도사 등 중국 관련 저술에서도 이 같은 양상이 나타난다. 예를 들면, 리치-트리고의 저술에서는 중국어를 설명하는 과정에서 한국어가 잠시 언급되거나,24) 임진왜란 당시 자신의 선교 지역인 중국 현지에서 체감하였던 전쟁의 여파를 설명하는 과정에서 한국이 간략하게 언급되고 있다.25) 마르티니의 《만주족의 전쟁사》 그리고 멘도사의 《만주족의 중국 정복사》 등은 제목에서 시사하는 것처럼, 병자호란에 대한 전황을 설명하는 과정에서 한국이 서술되고 있다. 이렇듯 한국에 대한 단편적·개괄적 성격의 서술에 그친 저술임에도 불구하고 이들 저술에는 적지 않은 공통점이 보인다. 그 내용을 요약하자면 아래 몇 가지로 정리할 수 있겠다.

---

24) 리치·트리고 《중국 선교사》의 영역본, Louis J. Gallagher 역(1953), 앞의 책, 28쪽.
25) 리치·트리고 《중국 선교사》의 영역본, Louis J. Gallagher 역(1953), 앞의 책, 299, 320쪽.

첫째, 한국을 소개하는 데 있어서 당시 조선의 지리적 좌표를 일본이나 중국을 기준으로 삼아 어느 곳에 어떤 형태로(섬인가 혹은 반도인가) 위치해 있다고 기술한다. 다만 이 저술들에서는 중국의 지도를 작성하는 과정에서 한국의 지형까지가 추가되어 있으며 8도의 명칭을 중국식으로 표기하기도 한다. 이는 해당 저술들이 이전까지 섬으로 인식했던 한반도를 섬이 아니라 반도라고 수정함으로써 이전에 비해 진일보한 인식을 보여준다.

둘째, 한국의 기후, 인종과 기질, 그 지역에서 생산된 물산(物産), 그리고 종교 등을 간략하게 소개하였다. 인종과 기질에 관한 대표적 사례를 들면, 마르티니의 《만주족의 전쟁사》에서는 "조선(Corea)인은 만주족보다 용감하다. 중국보다 일본이 가까워서 조선인들이 더욱 호전적(warlike spirit)이고 용감하다"[26]는 언급이 보인다. 또한 물산에 대해서, 세메도의 《대중국지》에서는 인삼에 대한 각별한 관심이 표출되고 있다. 하지만 세메도는 인삼의 주된 원산지가 요동 지방(Leaotum the Northern bound of the Kingdome)이라고 서술하였다.[27]

셋째, 한 국가로서의 한국의 기원을 설명하면서 '기자조선설'과 '임나일본부설'을 언급하고 있다. 이는 저자들이 아직 한국에 가본 적이 없을 뿐만 아니라 당시의 조선 자료를 직접 접할 수 없는 상태였으므로 중국 혹은 일본 측 자료만을 참조했기 때문에 나타난 현상으로 보인다. '기자조선설'(마르티니)과 '임나일본부설'(로드리게스)의 수용은 저자들이 각각 중국과 일본에서 선교 활동을 한 결과로서, 선교 지역에 따라 한국사 서술의 차이가 발생함을 보여주는 대표적 사례이기도 하다. 사실 로드

---

26) 마르티니《만주족의 전쟁사》의 영역본, 번역자 미상, 앞의 책, 261쪽.
27) 세메도《대중국지》의 영역본, 번역자 미상, 앞의 책, 21쪽.

리게스의 《일본사》는 임나일본부설뿐 아니라 기자조선설 또한 최초로 언급하였다.[28] 그러나 이 책이 20세기 초에 들어서야 유럽에 널리 알려졌기 때문에, 결과적으로 로드리게스보다는 마르티니에 의해서 기자조선설이 17세기 중엽의 유럽에 영향을 끼쳤을 것으로 추정된다.

넷째, 한국을 독립된 국가로 인식하기보다는 중국의 조공국으로 파악하고 있다. 독자적인 전통과 언어 사용에 대해 부분적으로 진술을 남기고 있으나 주로 중국의 영향을 받아 한자를 사용한다고 파악하였다. 일본을 중국과 별개의 독립 국가로 인식한 반면, 한국은 중국의 종속적인 지위에 있다고 인식하였던 셈이다. 예컨대 리치-트리고의 저술에서는 일본이 유럽어와 비슷한 알파벳 문자 체계를 독자적으로 갖고 있기 때문에 한자를 사용하지 않고도 자국어로 의사소통을 할 수 있으나 한국은 엘리트인 관료가 쓰는 문자와 일반 백성이 쓰는 글과 용어가 다르다고 하였다. 아울러 한국의 법이 중국의 법 체계를 채택하였다는 점, 중국과의 교역이 가장 빈번한 나라라는 점을 들어 일본보다 중국 문화에 깊게 종속되어 있다고 서술하였다.[29]

마지막으로, 이들은 임진왜란이나 병자호란 같은 전란에 큰 비중을 두고 서술했다. 실제로 프로이스의 저술은 대부분 도요토미 히데요시를 비롯한 당시 일본 최고 권력자들의 상황과 그들이 준비한 임진왜란에 대해 기술하고 있다. 중국과 관련된 영역에서도 책의 제목(《만주족의 전쟁사》, 《만주족의 중국 정복사》)에서 드러나는 것처럼, 명나라가 망하고 청나라가 성립되는 과정을 상세히 다루고 있다. 마르티니가 만주족의 전쟁 중에 병자호란을 특기하고 있는 사례가 대표적이라 할 수 있다. 그

---

28) 로드리게스 《일본 교회사》의 영역본, Michael Cooper 역, 앞의 책, 45쪽.
29) 리치·트리고 《중국 선교사》의 영역본, Louis J. Gallagher 역(1953), 앞의 책, 28~29쪽.

는 1619년 3월에 조선의 강홍립(姜弘立, 1560~1627)이 이끄는 1만 2천명의 군사가 후금을 공략하기 위해서 명나라를 지원한 사실 및 만주족의 한반도 침략 과정을 비교적 소상하게 기술하였다.30)

주목되는 것은 이들이 모두 임진왜란을 조선과 일본의 전쟁으로 보기보다는 중국과 일본의 전쟁으로 파악하고 있으며, 임진왜란에서 왜군을 '패배'시킨 것 또한 중국이라 인식하였다는 점이다. 결과적으로 이 전쟁에 대한 기술은 일본군의 패배와 중국의 승리로 요약된다. 외부인의 시각에서 국제적 관계를 중심으로 역사적 사건을 기술하다 보니 나타난 현상이라' 할 수 있으나 조선의 항전 능력에 대해서 무지했던 것은 그 나름의 한계라 할 수 있을 듯하다. 더불어 병자호란에 대해서도, 마르티니의 저술에는 '삼전도의 굴욕'이나 북경에 볼모로 잡혀 간 소현세자에 대해 일체의 언급이 없는 반면, 멘도사의 저술에 처음으로 "삼전도의 굴욕이 조선인에게 치욕적인 사건이었다"고 소개하면서 인질로 붙들려 간 소현세자에 대해 구체적으로 언급하고 있는 점은 이채롭다.31) 다만 멘도사 역시 "조선이 오래 전부터 중국의 속국이었는데 병자호란으로 인해 완전한 속국이 되었다"고 하여 중국의 관점으로 편향된 서술을 하였다. 이는 멘도사의 역사 서술이 태생적으로 지닐 수밖에 없는 한계를 드러낸 것이라 할 수 있다. 아래의 인용문은 멘도사의 《만주족의 중국 정복사》에서 언급된 것으로, 당시의 중국과 한국의 관계를 가장 잘 나타내고 있는 부분이라고 할 수 있다.32)

Corea is on separated from China by a great river, and was a tributary

---

30) 마르티니《만주족의 전쟁사》의 영역본, 번역자 미상, 앞의 책, 260쪽.
31) 멘도사《만주족의 중국 정복사》의 영역본, 번역자 미상, 앞의 책, 75쪽.
32) 멘도사《만주족의 중국 정복사》의 영역본, 번역자 미상, 앞의 책, 72, 75쪽.

thereto, heretofore, when China was in subjection to the Tartars but since
Coreans have refused to submit themselves to the domination of the Chinese
and have chosen to themselves a king of their own the Tartars herefore now
laid claim to it by right of their former possession and upon this presence
they marched towards those parts with their whole army.

한국은 중국과 강 하나를 두고 나뉜 나라이며 이전까지는 종속국이었
다. 그러나 중국[만주족]이 다스릴 때부터 한국은 중국에게 종속국이기를
거부하며 그들 자신의 왕을 선택하였다. 이에 만주족은 한국에 군사를 보
내어 과거부터 현재에 이르기까지 [한국에 대한] 중국의 모든 권리를 주장
하였다.

The King of Corea sent therefore to lay his crown at the feet of the
Cham of Tartary, assuring himself that it would be returned back to him,
conditionally that he would acknowledge himself a tributary to the Tartar,
who accordingly accepted of his offers, and assented to treat upon those
terms.

조선의 왕은 [조선이] 만주의 속국임을 인정한다면 만주족의 황제가
[자신이 바친 왕관을] 다시 돌려줄 것이라 믿었다. 그리하여 [조선의 왕은]
왕관을 황제에게 바쳤으며 황제는 이에 동의하였다.

3) 태동기 한국 관련 서술의 의의와 한계

이제까지 16~17세기의 한국 관련 저술이 등장하게 된 시대적 배경으
로 예수회가 동아시아에서 주도적으로 활동했던 사항들과, 그들이 남긴
저술의 내용들을 간략하게 살펴보았다. 이 저술들은 서양인에게 한국이
라는 나라에 대한 인식을 싹틔우는 역할을 하였다. 즉 16~17세기는 한국
인식의 태동기라 할 것이다. 태동기 저술들은 각각의 의의를 지니는 동
시에 한계 또한 뚜렷하다. 우선 해당 저술들이 지니는 역사적 의의를 몇
가지로 나누어 간단히 종합해 본다.

첫째, 초보적이고 단편적인 수준의 정보이기는 하나 한국의 역사를 유럽에 알리는 계기를 마련했다는 점에서 지금까지 언급된 문헌들은 결과적으로 큰 의의를 지닌다. 이들 문헌은 애초에 일본과 중국에 대한 소개가 주목적이었음에도 불구하고 한국의 지정학적 위치, 지리와 인종, 역사와 물산에 대한 다양한 정보를 담고 있었다. 한반도의 형태, 인종적 특징 등에 관한 보고가 대표적인 사례라고 할 수 있겠다. 이러한 정보들이 당시의 유럽인들, 그리고 이후의 저술에도 적지 않은 영향을 미쳤던 것은 당연하다.

둘째, 이 문헌들은 활발한 출판 활동을 통해 널리 보급되고 확대 재생산되면서 서양인들의 한국에 대한 인식 형성과 확산에 일정 부분 중대한 영향을 미치게 되었다. 한국을 직접 경험하지 않았다는 한계에도 불구하고 당시에 해당 저자들이 서술한 내용들은 사실과의 부합 여부를 떠나 대부분 그대로 수용되는 분위기였다. 예컨대 1601년에 출판된 구즈만의 《선교의 역사》는 프로이스의 《일본사》를 대폭 인용하였을 뿐만 아니라 그 내용도 크게 다르지 않았다. 세메도 또한 리치·트리고의 내용을 상당 부분 반복하였다. 그리하여 진술 내용이 긍정적이든 부정적이든 한국에 대한 인상이 백지에 잉크가 스며들 듯 그대로 착색되었던 것이다. 어찌 되었든, 이들의 저술들은 출판이 되는 즉시 혹은 여러 곳에서 동시에 유럽의 다양한 언어로 출판됨으로써 광범위한 파급력을 보였다.

셋째, 해당 문헌을 통해 서양인의 관점에서 중요하게 여겼던 한국사의 부면(部面)이 무엇이었는지가 그대로 반영되었다는 점 역시 간과할 수 없는 사실이다. 그들은 특히 국제적 파장을 불러일으킬 수 있는 특수한 사건, 이를테면 전쟁과 국경 문제들에 주목하였다. 임진왜란, 병자호란에 관한 상세한 기술이 그러하며, 고구려와 수·당의 쟁투, 삼국 통일

전쟁에서 중국의 역할 등을 서술한 부분이 이를 뒷받침한다.

물론 이들의 한국사 기술 방식은 한국 내부, 또는 동아시아 내부에서 기록한 역사와는 매우 다르다. 내부에서 자국사를 기록하는 주체(대체로 史官)는 중국이든 일본이든 한국이든 기본적으로 자국 역사를 중심으로 하여 그 면면한 흐름과 역사적 전개 과정을 기록한다. 단절되지 않는 역사의 면면함을 기술하기 위해서 어떠한 인물과 사건이 역사를 움직였는가를 설명하고자 하였기 때문이다. 반면에 이 무렵 서양 선교사의 시각에서는 한국사의 역사적 흐름을 면밀하게 서술할 필요도 없었고 그럴 수 있는 역량도 부족했다. 그들에게 보다 중요한 것은 포교였으며 부수적으로 경제적 투자 가치를 환기하려는 의도가 함께 포함되기도 했다. 포교의 맥락에서 보자면 한국의 주체적 입장과 역량보다는 동아시아 포교 지역 내에서의 공간적 위치, 선교의 물적·정치적 가능성에 서술의 초점을 맞추어야 했고, 때때로 선교사 자신들의 생존을 위협하는 요소들을 적어 두어야 했던 것이다. 전쟁, 포교 금지, 종교 탄압, 현지의 주요 이념과 종교 등에 대한 관심이 자주 나타나는 것은 일정 부분 이런 이유에서 비롯된다.

또한 경제적 투자 가치를 기술한 내용도 그 이면에는 포교 활동이 관련되어 있었다. 즉 당시 동아시아의 선교사들은 포교 활동을 원활하게 수행하기 위해서라도 유럽으로부터의 관심과 그에 따른 안정적 지원이 필요했다. 이를 위해서는 일본과 중국이 투자 가치가 높은 지역임을 알리고, 일본과 중국에서의 포교가 성공한다면 한국의 포교가 훨씬 쉽게 이루어질 수 있음을 인지시키고자 했던 것이다. 세메도가 조선 인삼의 가치를 특필하고 마르티니 역시 인삼을 비롯하여 조선의 금과 은을 소개한 장면이 이와 부합된다.

넷째, 철저하게 외부의 시각에서 저술되었다는 한계에도 불구하고 이 문헌들에 포함된 내용들은 어떤 부분이나 사실, 혹은 역사적 해석에 있어서 참조하고 되새겨 볼 만한 가치가 있다. 해당 저술의 저자들이 비록 동양의 사관 및 역사 기술 방식과 다르게 실용적 관점을 중시한 것은 분명한 사실이라 할 것이다. 그들은 역사를 반성적 귀감으로 삼자는 카아 (E. H. Carr) 식의 사관을 투영하거나 역사를 움직인 힘과 요인을 찾기 위한 목적에서 동아시아사를 기술하지는 않았다. 그러나 오히려 충효와 같은 명분론에 입각한 동아시아 역사관과 대비되는 실용적 관점에 충실함으로써, 국제 관계에서의 한국, 전란에 대한 국제적 분석, 주변 국가와의 관계 속에서 드러나는 문화적 종속성, 국내 신분제도에 입각한 상하 계급의 완고함 등에 대해 내부의 사가들보다 더 냉철한 해석을 내놓을 수 있었다. 이러한 사항들은 19세기 이전 한국인의 한국사 기술에서 간과했던 중요한 사실들을 언급한 것이라 할 수 있을 것이다.

이제 해당 저술들이 갖는 한계에 대하여 언급하고자 한다. 첫째, 앞에서 소개한 저술들은 처음으로 동양에 발을 디딘 서양인의 관점에서 자신들의 주요 관심사와 동기에 따라 상당 부분 자의적으로 서술 대상을 취사 선택하고, 효율성만을 추구하는 태도를 취할 수밖에 없었다. 그러한 결과, 당시 저자들의 활동에 직접적으로 관련된 사항 위주의 기술이 이루어지게 된다. 즉, 포교 중심의 관점에서 인종, 지리, 풍물, 종교, 민속 등과 같은 기초적인 사항들이 기술 내용의 중심이 될 수밖에 없었으므로 대체로 해당 문헌들은 초보적인 풍물 지리지적 성격을 탈피하지 못했다. 아울러 타국의 역사를 서술하는 데 있어서 자신들에게 필요한 부분만을 기술함으로써 자신들의 이익을 극대화하는 것이 주목적이다 보니 객관적이고 균형 잡힌 역사 서술의 원칙이 지켜질 여지가 전혀 없었음은 명약관화한 사실이다.

둘째, 해당 문헌에서는 자료적 제한에 기인한 부정확한 기술이 여러 곳에서 발견된다. 세메도의 《대중국지》에서 인삼의 주산지가 중국의 요동 지방이라고 서술한 것이나, 마르티니의 《만주족의 전쟁사》의 경우 조선의 수도를 한양이 아닌 평양으로 잘못 기술한 점, 그리고 한반도의 지형을 타원형의 섬으로 묘사하는 등의 오류가 그 대표적인 예라 할 수 있을 것이다. 부정확한 내용의 해당 저술이 광범위하게 확산되었던 현상과 관련하여 한국의 입장에서 보면 서양의 한국에 대한 인식 확대라는 긍정적 측면과 더불어 한국 역사에 대한 잘못된 시각이 이러한 문헌들로부터 출발하고 있었다는 점에 주목할 필요가 있다. 아쉽게도 우리가 언급한 문헌들에 묘사된 한국은 긍정적인 면보다는 부정적인 면이 상대적으로 부각되어 있었다. 이러한 왜곡된 정보는 학문적인 엄밀성의 결여에 그치는 것이 아니라, 당시 격동의 세계사 흐름 속에서 한국이라는 국가가 갖는 정체성과 중요도의 미미함을 드러내는 것이라고도 할 수 있을 것이다.

셋째, 이 문헌들은 중국과 일본 중심의 사관을 기저에 두고 부수적인 차원에서 한국사를 기술할 수밖에 없었다. 중국이나 일본에 대한 역사의 일부로 한국사가 예속되었음은 물론이거니와, 한국에서 생산된 사료가 전혀 참조되지 않아 한국 내부의 관점이나 입장이 반영될 소지가 전혀 없었다는 사실 역시 이 문헌들이 갖는 결정적인 한계라고 할 수 있다. 이는 앞의 두 한계와도 관련이 있는 것으로, 부정확한 역사 기술과 직결되는 사항이기도 하다.

이상과 같이 우리는 해당 저술들이 한국사 기술에 있어서 다양한 측면의 의의를 지니고 있으며, 그 이면에는 여러 가지 한계 역시 공존하고 있음을 알 수 있다. 개괄적이기는 하나 엄밀성을 갖추지 못한 단편적인 한국사 저술의 시대가 그렇게 지나갔지만, 서양인들의 관점에서 기술된 한국사의 흐름은 이 시기의 문헌들을 기점으로 하여 오랜 시간 동안 다양한 주제와 서술 태도를 수립해 나가게 된다. 이를 바탕으로 그들의 한국사 저술은 점차 진일보하는 방향으로 진행되고 있었던 것이다. 실제로 기존의 문헌들이 출간된 이후에 나온 뒤 알드의 저술 《중국사》에서부터는 그 체제나 내용이 이전 시기의 한계를 상당 부분 보완하면서 한국사 저술의 영역이 본격화된다.

제2절 18세기 : 한국사 서술의 출발과 인식의 형성 – 뒤 알드의 《중국사》(1735)

1) 서술의 동기와 배경

16세기 유럽인들의 세계 항해와 함께 시작된 예수회 선교사들의 동아시아에서의 포교 활동이나 그 지역에 대한 학술 활동은 1773년 로마 교황의 명령으로 예수회가 해산될 때까지 적극적으로 지속되었다.[33] 그런데 이런 활동의 중심적 위치에 있었던 포르투갈과 스페인 출신 선교사들이 서서히 퇴장하고, 18세기에 들어서면서 프랑스 출신 예수회 선교사들이 그 자리를 차지하게 된다. 그 이유에 대해서는 다양한 차원에서 신중한 검토가 필요하겠지만, 우선 프랑스의 절대 왕정을 수립한 루이 14세(Louis XIV, 1638~1715)가 당시 포르투갈, 스페인 및 이탈리아 선교사들이 주도했던 중국과의 교류에서 프랑스의 역할을 증대하기 위한 새로운 돌파구 차원에서 1685년(강희제 24년)에 프랑스 예수회 소속의 수학자 5명을 중국에 파견한 것이 결정적인 계기가 되었다고 알려져 있다.[34] 실제로 이들 대부분은 중국 황실과 접촉하며 황제의 측근으로 남았다. 이 외에 루이 14세는 예술을 사랑한 군주로, 중국의 물품에도 관심이 깊

---

33) 예수회는 해산된지 41년만인 1814년 복권되어 오늘날까지 지속되고 있다.
34) 정은진, 〈18세기 프랑스 기행 문학에 형성화된 동아시아와 조선〉, 《문화 교류의 역사적 현실 : 2006 세계한국학대회 논문집》 3, 한국학중앙연구원, 2006, 345~359쪽.

었을 뿐만 아니라, 예수회 해체 직후인 1785년에는 프랑스의 빈첸시오회 [Society of Saint Vincent de Paul, 라자리스트(Lazarist)라고도 불림] 선교사들을 북경에 파견하여 그 이전의 예수회 사업들을 인수하도록 지원하였다.35)

이와 더불어, 18세기는 유럽에 진보적인 인문학의 경향, 곧 '계몽주의' 사조가 광범위하게 확산되는 시기이기도 하였다. 그런데 이 계몽주의 사상에서는 '미개(savage)'라는 개념과 '문명(civilization)'이라는 개념이 중요한 역할을 하였다. 당시 유럽인들은 유럽만이 '문명'을 가지고 있고 여타 세계는 아직 '미개' 상태에서 벗어나지 못했다는 강한 자긍심을 지니고 있었다. 이것이 이후 세계를 바라보는 유럽인들의 근본 인식으로 고착되었던 것이다. 이러한 분위기 속에서 프랑스에서는 볼테르, 루소, 몽테스키외 등 소위 계몽주의자들로 불린 사상가들이 주축이 되어 전통적 제도와 편견에 대한 투쟁의 무기로 백과전서를 출판하는 붐을 주도한 바 있다. 이러한 결과물 중 하나로 현재까지도 널리 사용되고 있는 영국의 《브리태니커 백과사전(Encyclopædia Britannica)》이 1768년부터 1771년 사이에 처음으로 간행되었다.

중요한 것은 이 계몽주의 사상의 전개에 따라 중국에 대한 유럽인의 인식이 바뀌어 갔다는 사실이다. 중국과 교섭한 초기 단계에서 유럽인들은 중국을 긍정적으로 평가했던 반면 18세기 이후부터는 중국을 오히려 낙후하고 정체된 세계로 보고 비판적인 시각을 드러내는 경향이 짙어진다. 중국 문명에 대한 초기의 존중 이면에는 중국 문명의 융성함을 칭송하고 그러한 중국에 인적 자원을 파견한 자신들의 정당성을 확보하

---

35) 寶成關, 〈18世紀淸政府禁敎政策的确立与實施〉,《河北學刊》3, 河北省社會科學院, 1997, 92쪽.

려는 심리가 중요한 동기로 작용했다. 그러나 계몽사상이 확대되고 산
업혁명을 전후해서 문물이 발달함에 따라 서양인들은 동아시아를 단지
낙후한 지대로 간주하는 인식의 변화를 가져왔다.[36] '미개'와 '문명'의
이분법적 사고, 그리고 '계몽주의 - 산업혁명 - 제국주의'로 향하는 역사
적 추세에서, 유럽의 지식인과 그들이 주도하는 출판계는 중국을 포함
한 동아시아에 대해서도 백과사전적 관심에 부합하는 다양한 자료의 수
집과 그것을 바탕으로 한 활발한 저술 및 출판 활동을 전개해 나갔다.

뒤 알드(Jean-Baptiste Du Halde, 1674~1743)의《중국과 중국계 타타르의
지리, 역사, 연대기, 정치, 자연에 대한 서술》(이하《중국사》)[37]는 이러
한 시대적 배경을 바탕으로 저술되고 출판되었다. 책의 제목에서 암시
하듯이, 이 책은 프랑스 출신 선교사들이 동아시아 현지에서 보내 온 서
신문과 보고서를 바탕으로 그 때까지 축적된 중국에 대한 다방면의 정
보를 총망라하는 방식으로 기술되었다. 이 책의 편저자 뒤 알드는 프랑
스 파리 출신으로 비교적 이른 나이인 18세에 이미 예수회에 들어간 인
물이다. 그런데 당시 예수회에서는 1702년부터 1776년까지 세계 각지의
예수회 선교사들이 보내 온 자료를 정리하여 서한집《유익하고 신기한
이야기(Lettres édifiantes et Curieuse)》를 간행하고 있었다.[38] 이를 주도했

---

36) 심태식, 〈뒤 알드의《중화제국과 중국 타타르의 지리, 역사, 연대기, 정치, 자연(물
   리)에 대한 서술》소고〉,《중국학논총》30, 고려대학교 중국학연구소, 2010, 266쪽.
37) 이 책의 원제목에 대해서는 1장에서 이미 언급하였다. 현재 국내에서는《중국사
   (史)》,《중국지(志)》,《중국통사(通史)》,《청국기(記)》,《서술(敍述)》등 다양한
   서명으로 일컫어지고 있다.
38) 이 서한집은 프랑스 파리에서 1702년부터 1776년까지 총 34권이 발간되었다. 이
   중에서 9~26권까지는 뒤 알드가 주편한 것이다. 이 시리즈물의 일부가 최근 중국
   어로 번역 출판되었다. 鄭德弟·呂一民·沈堅 共譯,《蘇會士中國書簡集 : 中
   國回憶录》1-3, 大象出版社, 2005.

던 선교사 샤를 르 고비엥(Charles Le Gobien, 1653~1708)이 갑자기 타계하자 뒤 알드가 그의 뒤를 이어 이 서한집의 편집을 맡게 되었다. 뒤 알드는 이 서한집 편집을 계기로 당시 그 누구보다도 동아시아에 대한 지식을 갖춘 전문가로 성장할 수 있었다. 어쨌든, 뒤 알드 자신은 실제로 중국에 가본 적도 없었으나 예수회 선교사들이 보내온 이 서신들과 보고서의 내용, 그리고 이들이 번역한 중국측 자료들에 근거하여 《중국사》를 편찬할 수 있었던 것이다.

이 책의 주제가 '중국'이라는 이유로 그와 그의 저서에 대한 국내 연구는 아직까지 미미하다.[39] 다만 앞서 간략하게 인용한 두 논문, 정은진(2006)과 심태식(2010)이 있고,[40] 이영미(2010a)와 정철웅(2016)의 논문 정도를 논의의 대상으로 추가할 수 있겠다.[41] 정은진의 논문은 18세기 프랑스에서 일었던 타문화 - 특히 동아시아 - 에 대한 관심과 이를 주도 했던 예수회 선교사가 남긴 두 개의 저서, 즉 뒤 알드의 《중국사》와 프랑

---

39) 한편 중국에서 뒤 알드와 그의 저술에 대한 연구는 꾸준한 편이다. 대표적인 논문으로는 吳莉葦, 〈18世紀歐人眼里的淸朝國家性質 : 從《中華帝國全志》對西南少數民族的描述談起〉, 《淸史硏究》 2, 2007, 28~38쪽. 程龍, 〈《中華帝國全志》所附中國地圖的編繪〉, 《中國文化硏究》 2, 2014, 111~121쪽. 張明明, 〈《中華帝國全志》成書歷程試探〉, 《國際漢學》 3, 2015, 92~98쪽. 張明明, 〈試論《中華帝國全志》 在傳播中國地理方面的意義〉, 《北京行政學院學報》 3, 2016, 124~128 쪽 등이 있다. 특히 張明明은 그 동안의 연구성과를 바탕으로 뒤 알드의 《중국사》에 대한 단행본을 출판하였다. 張明明, 《《中華帝國全志》 硏究》, 學苑出版社, 2017.

40) 정은진, 앞의 논문과 심태식, 앞의 논문.

41) 이영미, 〈조-미 수교 이전 서양인들의 한국 역사 서술〉, 《한국사연구》 148, 한국사연구회, 2010a, 169~197쪽. 정철웅, 〈장-밥티스트 뒤 알드(Jean-Baptiste du Halde)의 《서술》과 18세기 프랑스 중국학〉, 《동양학》 64, 단국대학교 동양학연구원, 2016, 123~149쪽.

수아 프레보(Antoine François Prévost, 1697~1763)의 《여행 통사》를 소개한 글로서, 쟁점이 되는 사항은 거의 없다. 한편 심태식은 뒤 알드《중국사》의 여러 번역본에 대한 서지학적 분석을 처음으로 시도했다는 점에서 그 의의를 둘 수 있다. 심태식은 중세 지식인들의 공통어였던 라틴어로 주로 쓰였던 이전의 중국 관련 문헌들과 달리《중국사》는 애초 프랑스어로 쓰였고 이후 영어, 독일어, 러시아어 등 다양한 언어로 번역 출판되었다는 사실을 주목하였다. 따라서 이러한 현상이 계몽주의 사상가들과 지식인들에게 미친 파급력이 기존의 여타 저술보다는 컸다는 점을 상기시켰다. 하지만 이러한 주장은 앞의 1절에서 논의된 16~17세기 문헌들 역시 유럽의 다양한 언어로 번역되었다는 점을 감안하면 다소 무리한 추정이라고 판단된다.

아울러 이영미(2010a)는 이 저서와 저자에 대하여 간략하게 언급하고 있는데, 뒤 알드의 저서에서 참조한 문헌에 대한 분석을 시도한 부분이 의미 있다. 이 논문에 대한 필자의 논평은 후술될 것이다. 최근 정철웅(2016)은 이 책의 제목을 《중국사》 대신 《서술》로 표기하면서 뒤 알드의 책이 "기독교적 세계관에서 비롯된 중국 역사에 대한 왜곡과 함께, 텍스트의 번역이 불완전하다"고 지적하였다.[42] 그러나 이 논문은 중국학적 측면에서 접근하다 보니 그가 분석한 중국의 번역본이나 프랑스어 원문에서 나타나는 레지 신부의 한국 관련 내용에 대해서는 아무런 언급이 없다는 아쉬움이 있다.

한편 《중국사》에서 주목되는 사실은 서문에 기록한 저술을 위해 참조했던 선교사 27명의 명단 중에서 22명 이상이 프랑스 출신이었다는 점이다. 이는 프랑스인이었던 뒤 알드가 프랑스 선교사들을 상대적으로

---

42) 정철웅, 앞의 논문, 143쪽.

중시했던 결과였다고 해석될 수도 있다. 그런데 27명의 선교사 가운데
서도 프랑스 출신의 레지 신부(Jean-Baptiste Regis, 1664~1738)는 특히 중
요한 인물이다. 왜냐하면 뒤 알드는 레지가 작성한 한국과 관련된 자료
를 원문 수정 없이 거의 그대로 인용하여 한국사 부분을 편찬했던 것으
로 추정되기 때문이다. 그러나 레지 신부에 대한 연구 역시 아직까지 많
은 부분이 불분명한 채로 남아 있다. 현재까지의 연구에 따르면 레지는
프랑스 남부 프로방스 지역의 이스트르(Istres)에서 출생한 것으로 파악
된다. 출생 연도에 대해서는 1663년과 1664년 두 가지 설이 있으나, 미국
의회도서관의 인명 전거 기록에 의하면 1664년으로 등록되어 있다. 사망
연도와 관련해서는 1738년 중국 북경에서 숨을 거둔 것으로 알려져 있
다. 그가 예수회에 가입한 해는 1683년이고 중국에 파견된 것이 1698년
이다. 중국에 파견된 이후 사망할 때까지 근 40년을 중국에서 머물렀다.
그 시기에 그는 중국의 각 지역을 돌아다니면서 중국의 지도를 제작하
는 데 심혈을 기울였다. 예컨대 한국과 대마도가 포함된《황여전람도(皇
輿全覽圖)》(1717) 또한 레지가 참여하여 제작된 것이다. 그가 만든 이 지
도는 마테오 리치가 중국에서 제작한 《곤여만국전도(坤輿萬國全圖)》
(1602)와 마르티니 선교사가 작성하여 네덜란드에서 발간한 지도《신중
국지도첩(Novvs atlas Sinensis)》(1655) 및 기존의 중국 지리서를 참조하여
당시의 신진 기술인 위도와 경도 등을 정확하게 표기하였다.43) 그렇기
때문에 레지가 참여하여 만든 지도인 《황여전람도》는 '최초의 중국 근
대 지도'라는 역사적 평가를 받고 있다.

---

43) 이 당시 예수회 선교사들에 의한 지도 제작에 대한 자세한 사안은 류강 저, 이재
   훈 역,《고지도의 비밀》, 글항아리, 2010 과 정인철,〈프랑스 왕실과학원이 18세
   기 유럽의 중국지도제작에 미친 영향〉,《대한지리학회지》49 : 4, 대한지리학회,
   2014, 585~600쪽을 참조.

레지의 지도 제작은 강희제의 전폭적인 지원으로 인해 가능했다. 이 지도를 작성하는 과정에서 레지 신부 일행은 요동을 포함한 만주 지역을 답사한 후 조선과의 국경 지역인 두만강을 건너 조선까지 들어가고자 하였다. 그러나 강희제는 어떤 연유에서인지 이들이 조선에 들어가는 것만큼은 허락하지 않았다. 결과적으로 한국에 대한 레지의 정보와 지도 제작 또한 직접적 탐사가 아닌 간접적 추정과 추론에 의거한 것이 되었다. 훗날 이 지도는 레지 신부의 보고서와 함께 프랑스로 보내졌고 이것이 뒤 알드 신부의 《중국사》에도 그대로 수록된 것으로 추정된다. 이 밖에도 레지 신부는 중국어에도 능통했던 것으로 여겨진다. 그는 《주역》을 라틴어로 번역하기도 하였다.[44]

뒤 알드의 《중국사》는 18세기 출판 당시부터 선풍적인 인기를 얻었다. 초판이 출간된 이후 유럽 각지에서 다양한 판본과 번역본이 확인되고 있기 때문이다. 심태식(2000)은 이 책의 프랑스어 초판본이 1735년 프랑스 파리에서 총 4권으로 간행된 이후, 이듬해인 1736년 네덜란드 헤이그에서 내용의 편집은 없지만 판형과 종이의 질이 보다 저렴한 형태로 다시 인쇄되었다고 기술하였다.[45] 헤이그본이 재인쇄된 이유에 대해서 심태식은 "18세기 초 중국 정보에 대한 유럽 지식 사회의 보다 광범위한 열망의 수준을 반영하는 단서"라고 주장한 것에 대한 타당성있는 설명을 덧붙였다.[46]

---

44) Jean Baptiste Regis 역, *Y-King, antiquissimus Sinarum liber quem ex latina interpretation*, Sumptibus J.G. Cottae, 1834~1839.
45) 심태식, 앞의 논문, 271~272쪽.
46) 심태식, 앞의 논문, 272~273쪽.

DESCRIPTION

GEOGRAPHIQUE

HISTORIQUE, CHRONOLOGIQUE,

POLITIQUE, ET PHYSIQUE

DE L'EMPIRE DE LA CHINE

ET

DE LA TARTARIE CHINOISE,

ENRICHIE DES CARTES GENERALES ET PARTICULIERES
de ces Pays, de la Carte générale & des Cartes particulieres du Thibet, & de
la Corée, & ornée d'un grand nombre de Figures & de Vignettes gravées
en Taille-douce.

Par le P. J.B. DU HALDE, de la Compagnie de JESUS.

TOME PREMIER.

A PARIS,

Chez P. G. LE MERCIER, Imprimeur-Libraire, rue Saint Jacques,
au Livre d'Or.

M. DCC XXXV.

AVEC APPROBATION ET PRIVILEGE DU ROY.

G. 67.

[그림 8] 뒤 알드《중국사》파리본(1735) 표제지(Vol. 1)

DESCRIPTION
GÉOGRAPHIQUE, HISTORIQUE,
CHRONOLOGIQUE, POLITIQUE, ET PHYSIQUE
DE L'EMPIRE DE LA CHINE
ET DE LA
TARTARIE CHINOISE,
ENRICHIE DES CARTES GÉNÉRALES ET PARTICULIERES
de ces Pays, de la Carte générale & des Cartes particulieres du Thibet,
& de la Corée; & ornée d'un grand nombre de Figures & de Vignet-
tes gravées en Taille-douce.

Par le P. J. B. DU HALDE, de la Compagnie de JESUS.

Avec un Avertiſſement préliminaire, où l'on rend compte des principales améliora-
tions qui ont été faites dans cette Nouvelle Edition.

TOME PREMIER.

A LA HAYE,
Chez HENRI SCHEURLEER.
M. DCC. XXXVI.

[그림 9] 뒤 알드 《중국사》 헤이그본(1736) 표제지(Vol. 1)

한편 이 책은 헤이그본 이후 다시 영어본으로 간행되었다. 왓츠본과
케이브본이 그것이다.[47] 다만 심태식의 영어본에 대한 설명은 얼마간

재론의 여지가 있을 듯하다. 우선, 그가 언급한 '왓츠본'은 1736년부터 1741년에 걸쳐 출판된 것이 아니라, 1736년(초판), 1739년(2판), 1741년(3판) 등 세 차례에 걸쳐 수정 보완된 개정판이다. 또한 케이브본이 원본에 가장 충실하다고 평가한 주장 역시 다소 무리가 있다.[48] 케이브본은 책의 판형이나 장정, 종이의 질 등 형태상의 특징은 1735년 파리의 초판본과 가장 유사하나 실질적인 내용은 헤이그본의 축약본이다. 따라서 총 4권으로 이루어진 다른 판본과는 달리 케이브본은 단 2권 분량이다. 파리본에 실린 많은 그림과 지도도 케이브본에서는 생략되거나 다른 지도가 수록되어 있다.

아울러 세계 여러 대학의 도서관에 산재되어 있는 영어본은 케이브본보다는 왓츠본이 압도적이며 학계에서 참고하는 책 역시 '왓츠본이 압도적이라는 그의 진단도 재고를 요한다. 왓츠본의 발간자, 존 왓츠(John Watts, 생몰년도 미상)는 당대 상업력이 뛰어난 소위 '잘나가는' 인쇄업자(printed by)였으며 편집인(printed for)으로서의 활동을 겸하기도 하였다.[49] 그리고 그는 책의 판매를 전문 판매업자(sold by)에게 맡겼을 뿐만

---

47) 이 책의 영어본은 2개다. 심태식(2010)은 영어본을 "왓츠본(1736~1741)"과 "케이브본(1738~1741)"으로 처음 명명하였다. 본 서는 이에 따르겠다. 왓츠본은 Richard Brooks 역, *The General History of China : Containing a Geographical, Historical, Chronological, Political, and Physical Description of the Empire of China, Chinese-Tartary, Corea, and Thibet* 1-4, Printed by and for John Watts and sold by B. Dod, 1736. '케이브본'은 번역자 미상, *A Description of the Empire of China and Chinese-Tartary : Together with the Kingdoms of Korea, and Tibet : Containing the Geography and History (natural as well as civil) of those Countries* 1-2, Printed by T. Gardner for Edward Cave, 1738~1741.

48) 심태식, 앞의 논문, 274쪽.

49) Charles Henry Timperley, *A Dictionary of Printers and Printing : with the Progress of Literature; Ancient and Modern*, H. Johnson, 1839, 714쪽.

THE GENERAL

HISTORY

OF

C H I N A.

Containing a Geographical, Hiftorical, Chrono-
logical, Political and Phyfical Defcription of the

EMPIRE of CHINA,

Chinefe-Tartary, Corea and Thibet.

Including an Exact and Particular Account of their Customs,
Manners, Ceremonies, Religion, Arts and Sciences.

The whole adorn'd with

CURIOUS MAPS, and Variety of COPPER PLATES.

Done from the *French* of

P. DU HALDE.

VOLUME *the* FOURTH.

The Second Edition Corrected.

LONDON:

Printed by and for John Watts at the Printing-
Office in *Wild-Court* near *Lincoln's-Inn Fields*.

M DCC XXXIX.

Ta/52/199

[그림 10] 뒤 알드 왓츠본(1741) 표제지(Vol. 4)

아니라 실제로 책을 번역한 사람은 번역 전문가가 아닌 리처드 브룩스
(Richard Brooks, 1721?~1763)라는 외과 의사였다. 그렇기에 저비용 제작,
대량 판매에 중점을 둔 왓츠본은 저본의 내용을 충실하게 살렸다기보다
는 삭제와 축약, 나아가 오역의 문제로 인해 세 번에 걸쳐 수정판의 발
간이 불가피했던 것이다. 따라서 여러 차례 인쇄되어 배포된 양이 상대
적으로 많았던 왓츠본이 여러 대학 도서관에서 쉽게 발견되는 것은 당
연하며 학계에서도 그 접근성 때문에 자주 참고되고 있다는 것이 필자
의 주장이다. 반면, 2년 뒤에 나온 에드워드 케이브(Edward Cave, 1691~
1754)의 영역본은 케이브가 손수 편집과 번역을, 토마스 가드너(Thomas
Gardner, 생몰년도 미상)가 인쇄하는 과정에서 고비용 소량만을 제작했
기 때문에 현존하는 케이브본은 상대적으로 그리 많지 않은 실정이다.

  어떻든 프랑스어본, 영어본 이후에도 뒤 알드의 책은 독일과 러시아
에서도 번역 출판되었다.[50] 유럽 전역에 그의 《중국사》가 퍼져나갔다고
해도 과언이 아닌 것이다. 뿐만 아니라 《중국사》는 초판본이 나온 해로
부터 10여년 뒤에는 훨씬 파급력이 있는 저서로 인정 받았던 듯하다. 예
컨대 1743년부터 1747년까지 영국의 런던에서 총 4권의 시리즈로 발간
된 《항해기와 여행기 모음 전집(A New General Collection of Voyages and
Travels)》중에 동아시아와 관련해서는 뒤 알드 책의 내용이 거의 그대로
재인용되었다. 이 시리즈는 1418년부터 1698년까지 유럽인들이 세계로
진출했던 무용담과 각종 정보를 수록하고 있는데, 출판 당시의 선풍적
인 인기에 힘입어 독일어, 프랑스어로도 번역되었다.

---

50) 독일어판은 1747년~1756년 독일 로스토크(Rostock)에서 4권 분량으로 발간되었
　　다. 심태식은 출판 시기를 1747년~1749년이라고 명기하였다. 그러나 확인 결과,
　　권4는 1756년에 출판된 것이 맞다. 러시아어판은 상트 페테르부르크(St. Peters-
　　burg)에서 1774년에 권1이, 1777년 권2가 출판되었다.

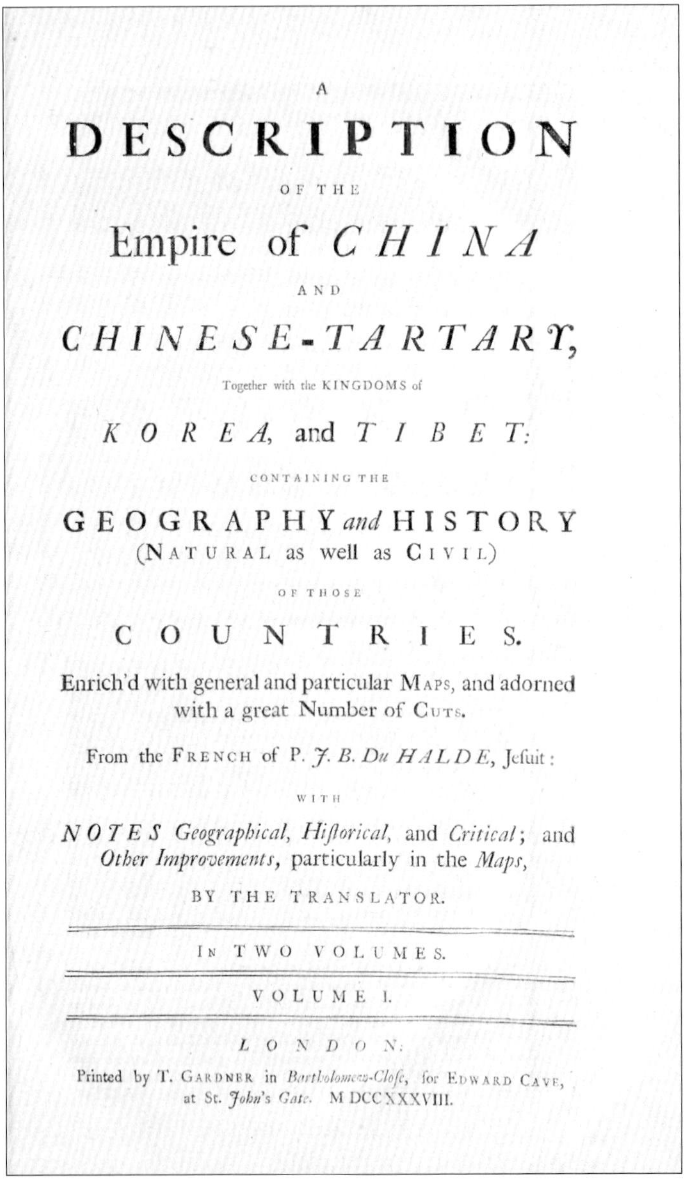

A

DESCRIPTION

OF THE

Empire of *C H I N A*

AND

C H I N E S E - T A R T A R Y,

Together with the KINGDOMS of

K O R E A, and *T I B E T:*

CONTAINING THE

GEOGRAPHY *and* HISTORY
(NATURAL as well as CIVIL)

OF THOSE

C O U N T R I E S.

Enrich'd with general and particular MAPS, and adorned
with a great Number of CUTS.

From the FRENCH of P. *J. B. Du HALDE*, Jesuit:

WITH

N O T E S Geographical, Hiſtorical, and *Critical;* and
Other Improvements, particularly in the *Maps,*

BY THE TRANSLATOR.

IN TWO VOLUMES.

VOLUME I.

L O N D O N.

Printed by T. GARDNER in *Bartholomew-Cloſe,* for EDWARD CAVE,
at St. *John's Gate.* M DCC XXXVIII.

[그림 11] 뒤 알드 케이브본 (1738) 표제지 (Vol. 1)

이에 비하면 한국에서 번역을 통해 뒤 알드의《중국사》가 소개된 것
은 비교적 근래의 일이다. 그것도 책 전체를 번역한 것이 아니라 권4에
수록된 한국 관련 부분만이 번역 출판되었다.[51] 그리고 모두 영어 왓츠
본의 1판이 아닌 3판을 번역한 결과물이다. 초판 프랑스어 번역본을 비
롯한 후대 이본과의 비교를 통해서 프랑스 원본에 충실한 한글 완역이
언젠가는 이루어져야 할 것으로 보인다.

2) 서술의 구성과 핵심적 내용

영어 왓츠본을 기준으로 하면 이 책은 전체 4권으로 구성되어 있다.[52]
권1은 약 500쪽에 이르는 방대한 분량이다. 중국 각 지방의 지리에 대한
서술과 1대 왕조인 하(夏)나라 시대부터 22대 청(淸)나라 왕조에 이르기
까지 중국 왕조의 연대기가 시기 순으로 정리되어 있다. 권2 역시 438쪽
에 이를 만큼 긴 분량을 자랑한다. 내용으로는 중국 황제와 황궁, 정부
제도, 군사 조직, 관세, 귀족, 평민, 상민, 여행, 상업, 미술, 언어 등이 수
록되어 있다. 500여 쪽으로 기술된 권3에는 일반 종교, 도교, 불교, 기타
종교를 비롯하여, 기하학과 천문학 등 과학기술, 문학과 철학 등의 인문

---

51) 신복룡 역,《조선전》, 집문당, 1999. 최두환 역,《조선 통사 : 프랑스 신부가 쓴
    중국 대륙의 조선 왕국》, 경남, 2007. Ashley Kim 역,《18세기 프랑스 지식인이
    본 조선 왕조》, 아이네아스, 2016. 유정희·정은우 해제,《18세기 프랑스 지식인이
    쓴 고조선, 고구려의 역사》, 아이네아스, 2018. 아이네아스 출판사에서 발간한 두
    권의 책 중에서 2016년《18세기 프랑스 지식인이 본 조선 왕조》는 레지 신부의 〈조
    선 왕국에 관한 지리적 관찰〉부분만을 번역한 것이고, 2018년《18세기 프랑스 지식
    인이 쓴 고조선, 고구려의 역사》는 두 번째 단원 〈조선의 약사〉를 번역한 것이다.
52) 본 서는 2개의 영역본 중에서 제일 완성도가 높은 왓츠본 3판(1741)을 이번 분석
    의 저본으로 삼았다.

영역이 차례로 수록되어 있다. 그리고 마지막 권4에는 타타르(지금의 몽고), 만주, 한국, 티벳, 시베리아 지역에 대한 내용이 수록되어 있다. 한국의 지리 및 역사에 대한 서술이 포함된 부분도 바로 권4다. 전체적으로 보아 권3에서 여러 종교를 소개하고 있음에도 불구하고 유교를 언급하지 않은 것은 특이한 현상이다. 레지 신부가 《주역》을 프랑스어로 번역했다는 것까지 감안하면 매우 이례적이다. 짐작건대 이는 당시 중국 선교 현장에서 발생한 프란치스코회와 도미니코 수도회, 예수회 상호 간에 발생한 전통 관습 논쟁과 관련하여 유교가 매우 민감한 사안이었기 때문에 일부러 언급 자체를 삼가지 않았을까 추측해 볼 수 있다.

[표 13] 뒤 알드의 《중국사》 판본

판본	출판년도	한국 관련 내용	특이사항
파리본 (프랑스어)	1735년 (MDCCXXXV) Vol. 1-4	Vol. 4 조선 지리 : 8쪽 [423]-430, 조선 약사 : 21쪽 [431]-451	Vol. 4 한반도 지도 수록
헤이그본 (프랑스어)	1736년 (MDCCXXXVI) Vol. 1-4	Vol. 4 조선 지리 : 9쪽 [529]-537, 조선 약사 : 23쪽 [538]-560	한반도 지도 미수록 본문 옆 핵심어 기입
왓츠본 초판 (영어)	1736년 (MDCCXXXVI) Vol. 1-4	Vol. 4 조선 지리 : 13쪽 [381]-393, 조선 약사 : 35쪽 394-428	Vol. 1 공자 그림, Vol. 2 마테오 리치 그림, Vol. 3 아담 샬그림 수록, Vol. 4 페르디난트 페르비스트 신부 그림 수록
왓츠본 2판 (영어)	1739년 (MDCCXXXIX) Vol. 1-4	Vol. 4 조선 지리 : 13쪽 [381]-393, 조선 약사: 35쪽 394-428	
왓츠본 3판 (영어)	1741년 (MDCCXLI) Vol. 1-4	Vol. 4 조선 지리 : 13쪽 [381]-393, 조선 약사 : 35쪽 394-428	
케이브본	1738년 (MDCC	Vol. 2 조선 지리, 약사 구분없이 7쪽	Vol. 2 한반도 지도 수록

판본	출판년도	한국 관련 내용	특이사항
(영어)	XXXVIII) Vol. 1 1741년 (MDCCXLI) Vol. 2	376-382	본문 옆 핵심어 기입

[표 13]에서 보는 바와 같이, 뒤 알드의《중국사》권4에 위치한 한국 관련 진술은 대략 두 개의 소단원(article)으로 구성되어 있다. 첫 번째 단원([381]~393쪽)에 수록된 〈조선 왕국에 관한 지리적 관찰〉(이하 1부)과 두 번째 단원에 정리된 〈조선의 약사〉(394~428쪽, 이하 2부)가 그것이다. 총 48쪽 분량이다. 주목할 만한 사실은 비록 왓츠본에는 실려 있지 않지만, 파리에서 발간된 초판본에는 이 두 소단원이 소개되기 전에 '조선왕국'(Royaume de Corée)라는 제목의 한반도 지도가 실려 있다는 점이다. 그리고 케이브판에는 영어로 제목이 적힌 같은 지도가 실려있다. 이 지도는 앞서 말한 대로, 1708년 강희제의 명으로 레지, 부베(Joachim Bouvet, 1656~1730), 짜르뚜(Pierre Jartoux, 1669~1720) 등 프랑스 예수회 신부들이 7년 동안 중국 전역을 돌아다니면서 만든 지도 중의 하나이다. 이 지도는 후에 유럽으로 보내져 프랑스의 지리학자이자 지도 제작자인 당빌(Jean Baptiste Bourguignon d'Anville, 1697~1782)이 1737년 네덜란드 헤이그에서 42장의 지도책을 출판할 때 그 일부로 수록되었다. 이는 서양에서 최초로 발행한 독립된 한반도 지도라고 알려져 있다.[53] 이 지도에는 비록 제주도가 표시되지는 않았으나 서양인이 최초로 울릉도와 독도를 조선의 영토로 표기하고 있다는 점에서 매우 의의가 크다.

---

53) 경희대학교 혜정 박물관 편,《Antique maps & Korea》, 경희 대학교 출판국, 2008, 28쪽.

CONFUCIUS
The celebrated Chinese Philosopher.

[그림 12] 왓츠본 Vol.1에 수록된 공자 그림

[그림 13] 왓츠본 Vol.2에 수록된 마테오 리치 그림

[그림 14] 왓츠본 Vol.3에 수록된 아담샬 그림

Frontispiece Vol.4.

Father Ferdinando Verbiest, Chinese Missionary.

[그림 15] 왓츠본 Vol.4에 수록된 페르디난도 그림

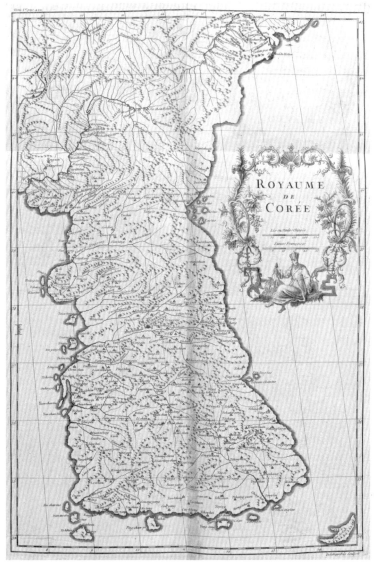

[그림 16] 뒤 알드 파리본에 수록된 '조선왕국(Royaume de Corée)' 지도

[그림 17] 케이브판에 수록된 '조선왕국(The Kingdom of Korea)' 지도

《중국사》내에 위치한 한국 관련 두 단원의 구성은 목차와 항목을 정연하게 세분하지 않고 한국에 관한 이모저모의 정보를 종합적으로 서술한 양상이다. 따라서 일정한 질서에 따라 정보가 배열되어 있기보다는 다소 나열적인 경향이 짙다. 이 책의 서두(1741년 왓츠본 3판)에 '중국, 중국계 타타르, 조선, 그리고 티벳에 대한 지리적, 역사적, 연대기적, 정치적, 물리적 조건에 대한 묘사와 그들의 관습, 풍습, 의례, 종교, 예술, 과학에 대한 정밀하고 특별한 기술'이 담긴 책이라고 소개하고 있다. 이는 이 책이 지리, 역사, 풍속, 정치, 종교, 예술 등의 다양한 영역을 종합하고자 했음을 알려주는 것이자, 이 책이 당시 유럽의 독자들에게 어떠한 용도로 읽혔는지를 시사해 준다. 이 책은 중국 제국과 이를 둘러싼 여러 국가에 대한 다면적 정보를 동시에 제공할 수 있도록 작성되었고, 또 그런 방식으로 독해되도록 배치되어 있던 셈이다.

애초의 의도와 저술 태도가 그러했던 까닭에 1부에 해당하는 〈조선 왕국에 관한 지리적 관찰〉은 조선 왕국의 명칭, 영역, 지리, 기후, 지형, 복식, 통치 제도, 특산물(인삼, 흑담비), 역사적 기원, 중국과의 관련 맥락에서 주목되는 정치사 등을 제재별로 기술하였다. 특히 〈조선 왕국에 관한 지리적 관찰〉이라는 소제목 밑에 '레지 신부의 기록에서 발췌함'이라는 부제가 달려 있으므로, 이를 통해 전술한 바와 같이 레지의 보고서가 주로 인용되었음을 알 수 있다. 레지는 앞서 살핀 것처럼 중국의 영토를 실제로 답사하면서 지도를 제작했던 만큼 실측과 관찰에 능한 인물이었다. 따라서 1부에 소개된 지리적 정보는 그가 조선의 국경 안으로 들어와 실측을 하지 못했다는 점을 감안하더라도 비교적 객관적이고 정확한 수준을 보여준다.

1부에 진술된 내용을 구체적으로 간추려 보자면 첫머리에는 한국의 명칭에 관한 설명이 제시되고 있다. 주로 중국사와의 관련 하에서 중국이 한국을 'Kao li Kou(高麗國)'로 부른 반면, 만주의 타타르인들은 'Solho Kouron'으로 지칭하였다는 등의 간단한 내용이다. '조선'이라는 명칭을 중국 문헌에서 발견하였지만 그 문헌의 서명이나 명칭에 대한 구체적인 설명은 없다. 명칭에 이어 한국의 영역과 지리적 좌표에 대한 설명이 뒤따르고 있다. 중국의 요동 지역과 접경을 이루고 있다는 설명, 동쪽과 남쪽으로 여러 섬들이 육지를 둘러싸고 있다는 설명, 남북의 폭은 위도 34°~43° 지점에 위치한다는 설명, 추정에 근거한 것이지만 동서의 폭은 6° 정도에 분포한다는 등의 진술은 오늘날의 기준으로 보더라도 상당히 정확하다.

이어서 간접적 경로를 통해 파악한 한국의 토질과 곡물에 대한 서술이 뒤따른 다음, 강하(압록강, 두만강)와 산천(중국명 장백산, 한국명 백두산)의 지형, 가옥의 형태, 행정의 중심지로서의 경기(京畿), 중국에 대한 조공국으로서의 한국의 지정학적 위치와 중국 제국 내에서의 서열 등이 기술되고 있다. 예컨대 한국의 통치 제도는 중국의 통치 제도를 받아들여 분할된 8도(道)가 각 지역 단위인 현(縣)으로 관할된다고 보았으며, 중국과 차이를 보이는 형벌 제도를 소개하면서도 이의 바탕이 되었을 것이라며 8조 금법을 언급하고 있다.

한국의 건축과 풍물을 소개하는 과정에서도 중국과 비교하는 시각이 유지되고 있다. 즉 한국의 가옥과 건축 양식이 중국풍에 가깝다고 하였으며, 성벽의 건축(천리장성)에 대해서는 만리장성과의 비교를 통해 그 조악함과 무용함을 비판하고 있다. 이외에도 중국과는 그 언어가 매우 달라 구어(口語) 상으로 의사소통이 불가능했으나 문어(文語)로써는 소통에 지장이 없었다고 기술한 부분, 토지의 소유 문제 및 무기 체계, 물산과 상인들의 행태에 대한 기술도 주목되는 내용들이라 할 수 있다.

1부의 마지막에서 관심을 끄는 것은 종교 관련 진술이다. 뒤 알드와 레지 자신이 종교인이었기에 당연한 귀결이라 할 수 있겠지만 어쨌든 그들은 한국에서 불교가 몰락한 상황을 특기하고 있는 반면 유교(유학)에 대한 소개와 평가는 거의 남겨 두고 있지 않다. 그들이 종교와 관련해서 더 주시하고자 했던 바는 천주교의 포교와 관련된 것이었다. 당시 한국에서 천주교가 거의 전파되지 못했던 이유로서 중국의 포교 금지령을 주요 전제로 삼았으며, 그렇기에 만약 중국이 선교를 허용한다면 한국과 타타르 역시 중국에 복속된 지역이므로 자연스럽게 개종이 이루어질 것으로 보았다. 이외에 의례와 관련하여 한국의 관혼상제를 얼마간 소개하여 놓았는데, 자유로운 연애와 혼인이 허용되었다고 명시한 본문의 견해는 사실과 적지 않게 차이가 나는 진술이라 할 수 있다.

2부는 각별히 주목하는 부분이다. 이 부분은 서양인이 한국사를 독립시켜 통사로서 기술한 최초의 사례이기 때문이다. 레지 신부는 어떻게 일국의 통사에 해당하는 저술이 가능했을까? 2부의 도입부에 표시된 아래의 진술은 이 점과 관련하여 주목되는 부분이다.[54]

> This Account of Corea is taken out of three different Authors : From a Theatre of the World, entitled, Tsien kiokiu loui chu; from a general Abridgement of Chronography, which hath for its Title Quang yu ki; and from a Survey of Universal Geography, entitled, Tang yu ching tio. In the essential Points I have contented my self with a bare Translation, and have added to it a Chronology, which is look'd upon as unquestionable.

---

54) 뒤 알드의 왓츠본 3판 권4, 1741, 394쪽. 프랑스어 원문은 파리본 권4, 1735, [431]쪽을 [그림 18]로 첨부하였다.

> *CE qui se dit ici de la Corée, est tiré de trois differens Auteurs : d'un théâtre du monde intitulé* Tsien kio kiu loui chu; *de l'abregé général de Chorographie qui a pour titre :* Quang yu ki; *& sur-tout d'une Geographie universelle intitulée,* Fang yu ching lio. *Dans les points essentiels, on s'est contente de traduire simplement, & on y a ajouté la Chronologie qu'on croit être sure.*

[그림 18] 파리본 원문

조선에 대한 설명은 다음 세 저자들의 글에서 발췌하였다 : [프랑스어 원제 : Tsien kio kiu loui chu]를 번역한《세계의 무대》, [프랑스어 원제 : Quang yu ki]를 번역한《지지 개관》그리고 [프랑스어 원제 : Fang yu ching lio]를 번역한《세계의 지리》에서 발췌하였다. 나는 기본적으로 초벌 번역본에 따르고, 의문의 여지가 없을 때에는 연대기를 덧붙였다.

위의 진술이 레지 신부 등의 보고서에 근거한 재인용인지 아니면 뒤알드 신부의 관점에서 조정된 서술인지는 아직 분명치 않다. 그러나 이 문단은 한국사 기술에 있어서 기초 자료가 된 인용 문헌을 밝히고 있다는 점에서 대단히 중요한 의미가 있다. 최초의 한국통사가 특정한 참고 문헌에 의존하고 있는 만큼 그 근거를 살펴야 마땅하기 때문이다.

사실, 기존의 연구와 해제에서도 이 대목의 중요성을 인식했던 듯하다. 다만 신복룡(1999)과 최두환(2007)의 번역에는 프랑스어의 원제를 저자로 오해하였고 (예컨대 Quang Yu Ki를 저자 '강유기'로, Fang Yu Ching Lio를 저자 '탕유칭티오' 혹은 '탕유싱됴'로 번역함),[55] 본격적인 논문을 작성한 이영미는 'Tsien kio kiu loui chu'에 대해서는《삼국지(三國志)》〈위서(魏書)〉일 가능성을 조심스럽게 제기하는 한편 'Quang yu ki'는《후한서(後漢書)》〈광무기(光武紀)〉편으로, 'Fang yu ching lio'는《방여승람(方輿勝覽)》으로 비정(比定)하였다.[56] 이영미의 지적은 작가가 아닌 저술명

---

55) 신복룡, 앞의 책, 35쪽. 최두환, 앞의 책, 122쪽.

에 착안했다는 점에서 이전에 비해 진일보한 견해이다. 그러나 음의 유사성에 치중한 나머지 정밀한 고증을 수행하지 못했기에 어쩔 수 없이 착오에서 벗어나지 못한 듯하다. 마지막으로 가장 최근 해제 작업을 수행한 유정희는 이 책들이 "어떤 책인지 대략 유추는 된다"고 하였지만 좀 더 검토가 필요하다는 이유로 직접적인 언급은 하지 않았다.[57]

'Fang yu ching lio'를 남송(南宋) 시대 축목(祝穆, 생몰년 미상, 13세기 추정)이 저술한 《방여승람》일 것이라고 비정한 이영미의 주장은 여러 사료들을 참고할 때 수긍하기 어렵다. 음의 상관성만으로 보자면 'Fang yu ching lio'는 《방여승람》 또는 《방여정략(方輿精略)》에 가깝다. 실제로 《방여정략》은 청나라 고조우(顧祖禹, 1631~1692)가 편찬한 《독사방여기요(讀史方輿紀要)》[58]의 축약본이기도 하나, 역사지리학의 거작으로 꼽히는 이 책의 내용이 현전 레지 신부의 〈조선의 약사〉와 내용상 겹쳐지지 않는다. 반면에 명나라 정백이(程百二, 생몰년 미상)가 편찬한 《방여승략(方輿勝略)》은 어떤 경로를 거쳐 번역되었는지는 알 수 없으나 내용의 상관성으로 보자면 〈조선의 약사〉와 중복되는 내용이 많다.

명나라 만력 목판본 《방여승략》 〈외이(外夷)〉편을 기준으로 삼자면,[59] 이 두 책은 인명, 지명, 주요 사건과 서술의 흐름에 걸쳐 중첩되는 대목이 매우 많다. 이 《방여승략》 〈외이〉편 권2의 '조선(朝鮮)'은 총 7쪽으로 구성되어 있는데, 다음의 일련의 내용 즉, 조선의 시초, 기자 - 홍범 -

---

팔조금법, 위만조선, 고구려 발흥과 비교적 상세한 주몽(朱蒙)의 난생(卵生)신화, 공손(公孫)계의 요동 점유, 수/당의 고구려 침략과 연개소문의 항거, 당 태종의 고구려 정벌 과정[생생한 장면 묘사 및 이적, 설인귀(薛仁貴) 등의 활약 포함], 통일 신라를 생략한 맥락에서의 왕건(王建)의 등장과 통일 그리고 중국에 대한 조공, 원나라에 대한 고려의 조공, 명나라 홍무제(洪武帝)의 등장과 왕전(王顓)의 하례(下隷) 그리고 이에 대한 보답으로서의 책봉, 고려 말 왕우(王禑)의 폐위와 이성계(李成桂)의 모반 및 조선의 성립, 조선의 불손한 표전(表箋)에 대한 명(明)의 대응, 그리고 만력 연간의 임진왜란에 대해 구체적이고 상세하게 기술되어 있다. 아울러 이 부분의 기술은 레지의 〈조선의 약사〉와 대부분이 겹친다.

이를 근거로 삼아 추정하건대, 뒤 알드의 《중국사》에서 〈조선의 약사〉가 참조한 저본은 《방여승략》의 번역본이었을 것으로 판단된다. 정백이의 《방여승략》은 현재 국내에서 소장하고 있는 기관은 없는 것으로 파악된다. 따라서 이 책이 어떤 경로를 통해 레지의 글에 참조되었는지에 대한 추가 연구가 필요하다.

《방여승략》에 비하면 'Quang yu ki'는 비교적 검증이 간단한 편이다. 이영미는 이 책을 《후한서》 〈광무제기〉편으로 보았으나,[60] '광무제기'를 '광무기'로 축약할 수 있는지도 분명하지 않을 뿐더러 뒤 알드 혹은 레지가 어떤 내용을 참조했는지도 증명할 수 없다. 광무제와 사군(四郡)의 설치가 그나마 관련되는 편린(片鱗)일 뿐이다. 반면에 명말 청초 육응양(陸應陽, 1572~1658?)의 《광여기(廣輿記)》는 1717년에 청나라의 채방병(蔡方炳, 생몰년 미상, 17세기 추정)에 의해 증정된 판본이 널리 유포되었는데 권24 〈외이(外夷)〉편에 실린 내용이 번역을 거쳐 뒤 알드의 저

---

60) 이영미(2010a), 앞의 논문, 175쪽.

서에 참고가 되었을 가능성이 높다.[61]

《광여기》 소재 '조선국'의 내용은 연혁, 풍속, 산천, 토산 순서로 간명하게 기록되어 있다. 뒷부분인 풍속, 산천, 토산은 약 1쪽 분량으로 소개되어 있다. 풍속조에서는 '풍습이 부드럽고 근면함을 숭상한다', '절풍건을 쓴다', '소매가 큰 적삼을 입는다', '남녀가 모여 노닐다가 서로 좋아하면 혼인을 올린다(男女羣聚相悅卽婚)', '3년이 경과한 이후에 장사지낸다', '궁궐과 집짓기를 좋아한다', '세간에서도 문자를 알며 독서를 좋아한다', '석가를 숭상하고 귀신을 믿는다', '형벌에는 참혹함이 없다' 등비교적 긍정적으로 기술하고 있다. '토산'에서는 종이, 붓, 자리, 칠, 해표피, 인삼, 목단을 꼽았다. 주목할 만한 내용은 '남녀가 모여 노닐다가서로 좋아하면 혼인을 올린다'는 내용과 '인삼과 종이'를 특산물로 들고있는 대목이다. 특산물의 언급 그리고 '자유연애'에 가까운 기술이 뒤알드의 저서에서 동일하게 발견되는 요소들이다.

더욱이 이 책의 연혁 내용도 뒤 알드의 저서에서 기술된 내용과 일치도가 높은 편이다. '연혁'의 내용을 소개하자면 아래와 같다.[62]

> 朝鮮國(제목 주 : 북쪽으로 여진을 국경으로 삼고 서북쪽으로 압록강에이르는 지역이다.)
> [沿革] 周나라 때는 箕子가 封해진 나라였는데 秦나라 때는 遼東의 바깥에 속했다. 漢武帝가 朝鮮을 평정하고 郡을 설치했다. 晉나라 말엽에

---

61) 현재 국내에는 《광여기》는 남아 있지 않고 대신 《증정 광여기(增訂廣輿記)》가현재 국내의 서울대학교 규장각, 한국학중앙연구원, 국립중앙도서관 등에 소장되어 있다. 이 책의 권24 〈외이〉편에는 조선국을 필두로 하여, 여진(女直), 일본국, 유구국, 사번 등 십여 개 나라가 소개되어 있다. 조선은 이 책 1권의 도편, 첫 장인 요동 지도에도 여진을 국경으로 삼아 그 아래쪽에 표시되어 있다.
62) 陸應陽 纂, 《廣輿記》(영인본), 學海出版社, 民國 58(1969), 1407~1411쪽.

高麗(역자 : 고구려를 가리킴)에 함락되어 들어갔다. 高麗의 全羅道는 본디 옛 扶餘 지역인데 그 나라 왕인 高璉이 平壤城을 점거하였다. 唐나라가 고려를 정벌할 때 평양성을 빼앗았으며 五代 때에는 王建이 高氏[역자 : 고련(高璉, 高連)의 계통을 가리킴]를 대신하여 땅을 개척하고 松岳에 도읍하면서 평양을 西京으로 삼았다. 우리나라(역자 : 明을 가리킴) 洪武帝 초기에 表文을 올려 卽位함을 축하했으므로 金印을 주고 詔書로써 高麗國王에 봉하였다. 후에 그 나라의 군주가 미워해지자 여러 사람이 門下侍郎인 李成桂를 추대하여 國事를 주관하게 하였다. 이성계는 漢城으로 도읍을 옮기고 조서를 받들어 다시 나라 이름을 朝鮮으로 바꾸었으며 해마다 끊이지 않고 조공을 올렸다. 그 나라는 八道로 나뉘어 있는데 가운데는 京畿이다.(하략 : 이하 강원, 황해, 전라, 경상, 충청, 함경, 평안도 열거)

위의 인용에서 기술된 내용은 대부분이 레지의 한국사 기술 부분에서도 원용되고 있는 내용들이다. 중국 측 사서(史書)들이 대체로 위의 내용을 반복하여 재생산하고 있다는 점에서 보면《광여기》의 내용이 특별하다고 볼 수는 없겠으나, 레지의 저술과 일치도가 높다는 것은 레지의 저술이 이 책을 참조했을 가능성이 높다는 점을 방증한다.

마지막으로 'Tsien kio kiu loui chu'라는 참고문헌이 남아 있다. 결론적으로 말하자면 이 책은《삼국지》〈위서〉를 가리키는 것이 아니다. 그보다는 명나라 진인석(陳仁錫, 1581~1636)의 《잠확거유서(潛確居類書)》일 가능성이 높다. 진인석은 명나라 말기의 저명한 주석가이자 편찬자로서 조선뿐만 아니라 중국에서도 비교적 명성이 높았던 인물이다. 그의 저서 《잠확거유서》는 조선에서도 구입되어 읽혔던 듯한데 현재 국내의 한국학중앙연구원, 전남대 도서관 등에서 목판본이 확인된다. 레지가 참조한 번역 저본이 명나라 숭정각본(崇禎刻本)이었는지는 아직 알 수 없다. 이 역시 번역본과의 대조 이후에 보다 분명한 사실이 드러날 수 있을 듯하다.

《잠확거유서》에서 '조선'의 항목은 권13, 〈사이이(四夷二)〉편의 '동이 (東夷)' 속에 들어 있다. 주나라가 기자를 봉했다는 기사에서 출발하여, 진나라 시절에는 요동에 속했고, 한나라 초기에는 연나라 사람 위만이 그 땅을 점령했으며 후에 한무제가 사군을 설치했다는 기사 등이 잇따 른다. 이어 고려(즉 고구려)의 등장, 당의 고구려 정벌, 오대 시기의 혼란 을 틈탄 왕건의 발흥 및 통일, 그리고 중국에 대한 조공, 고려말의 혼란 과 이성계의 조선 건국, 이성계에 대한 명의 책봉과 조선의 조공, 경기 도를 비롯한 8도의 편제를 기본 내용으로 삼고 있다. 분량은 대략 3쪽에 그칠 만큼 짤막한 편이며, 그 내용은 앞의 《광무기》에 소개된 '조선' 기 사와 대부분 일치하고 있다. 《광무기》와 《잠확거유서》 사이의 '조선' 관련 기사는 중국 측 사서의 일반적 관행과 전승을 짐작케 한다.

요컨대 뒤 알드의 《중국사》에서 한국사 관련 기술은 한국에서 작성 된 역사서를 참조하지 못한 채 주로 중국 측 사서를 참조했음을 알 수 있다. 또한 〈조선의 약사〉에서 마치 소설의 한 장면처럼 생생하게 묘사 된 임진왜란의 과정과 몇몇 장면들, 그리고 고니시 유키나가(小西行長, 1555~1600)를 비롯한 일본 장수들의 활약에 초점을 맞춘 묘사까지 고려 하면, 아마도 뒤 알드 또는 레지가 일본 측의 사서를 참조하지 않았을까 추정해 볼 수 있다.

어쨌든 권3의 참고문헌과 〈조선의 약사〉 간의 정밀한 대조는 차후의 과제로 남겨 두고, 여기에서는 레지가 최종적으로 진술한 내용을 살펴 보기로 한다. 이에 대해서는 이영미가 간명하게 정리한 것처럼,[63] 한국 고대사의 비중을 높이며 17세기 말까지의 역사를 다루었다는 점, 기자 조선과 고구려를 강조했다는 점, 한국의 역사를 기술하면서도 중국사와

---

63) 이영미(2010a), 앞의 논문, 175~176쪽.

의 관계를 축으로 삼았다는 점을 특히 주목해 볼 수 있다. 기술된 내용 가운데 핵심적인 내용을 추려 보면 다음과 같다.

우선 〈조선의 약사〉 초반부에서는 한국이라는 국가의 기원을 비교적 상세히 서술하고 있다. 저자는 중국 고대사 기술과 짝지어 은나라와 주나라 교체 시기의 기자를 명실상부한 한국의 시작으로 간주하고 있다. 주나라의 황제가 기자를 '조선'의 군주로 봉하여 중국의 예법을 전수하였다고 하였다. 그 후 춘추전국 시대를 거치는 동안의 '조선'의 흥망 과정을 서술한 다음, 진한 교체의 난세기에 이르러 '조선'이 중국과 일정 거리를 둔 국가로 남게 되었다고 보았다. 그러나 그 이후에도 위만조선이 우거왕 대에 이르러 한무제에 복속되는 과정을 서술했으며, 그 결과 중국의 변방으로 쇠락하였으나 한나라의 약화에 따라 다시 왕국으로 복원되었다고 파악했다. 이는 한국 고대사를 중국과의 관계를 축으로 삼아 파악한 결과로서, 기자조선과 위만조선을 특기하며 중국의 변방 왕조로서 '조선'의 위치를 자리매김한 것이다.

고대사 단계의 서술에서 고구려에 대한 진술 비중이 높다는 것도 눈여겨 볼 만하다. 그는 고구려가 부여의 계통에서 나왔다는 전제 하에 고구려의 건국 신화를 상세하고 생생하게 소개하였다.《삼국유사》의 주몽 신화와 유사한 느낌을 줄만큼 독립적인 삽화로서 건국의 과정을 설명한 것이다. 역사 기술에서 설화와 이야기를 삽입하는 이런 방식은 중국의 건국 신화 또는 중국의 역사서에서도 이따금 채용되는 방식이며 프랑스 저술가의 눈에도 흥미로운 대목으로 간주되었음을 알 수 있다. 그러나 건국 신화에 이어 기술된 고구려사는 고구려의 주체적 역사를 부각시키려는 방향으로 진행되지 않았다. 이후에 특기된 사건은 광무제의 고구려 복속과 이에 대한 고구려의 저항, 수 양제의 고구려 침공과 실패, 당나라의 고구려 공격과 연개소문의 잔인함 등을 차례로 기술하다가 마침내 당 태종의 주도에 의한 고구려 정벌 과정이 매우 상세하게 묘사되어 있다. 마치 전쟁 장면을 재현한 듯 생생히 묘사하는 대목에서 영웅적 활약을 펼치는 당나라 장수들(이세적, 설인귀 등)이 부각되어 있다. 그러나 고구려 한 갈래만을 주목한 나머지, 삼국 통일 과정에서 또 하나의 역사적 축이었던 신라와 백제는 피동적인 모습으로 남겨 두었으며 그렇기 때문에 이후의 내용에서 통일신라라는 국가와 시대 자체가 역사에 존재하지 않았던 것처럼 무시되었다. 후삼국 시대와 삼국 시대를 구분하지 못하고 마치 왕건이 신라와 백제를 멸하고 삼국을 통일한 것인 양 기술하였으므로, 책의 저술 당시에 저자는 한국사의 전개를 고구려 - 고려 - 조선으로 이어지는 단선적 줄기로 인식했던 듯하다.

통일신라의 시기를 인식하지 못하고 건너 뛴 상태에서 레지의 진술은 고려와 조선으로 넘어간다. 고려와 관련해서는 왕건이 고려를 건설하고 송나라에게 신하의 예를 취한 이후로 고려의 여러 왕들이 조공을 바쳤다는 점, 송과 금의 대항기 동안 중국이 고려에 취했던 외교 전략, 원나라의 고려 점령 등이 고려사 전개의 핵심적 사건으로 서술되어 있다. 이 역시 고려의 관점에서보다는 중국의 관점에서 고려의 역사를 구성하고 있는 모습이다.

조선의 경우도 이런 맥락에서 벗어나지 않았다. 고려사의 마지막 장면인 고려와 명나라와의 관계를 설명하는 대목에서는, 원을 축출한 명에게 고려가 축하와 더불어 신하의 자세를 취했다고 했으며, 공민왕과 우왕 대의 혼란을 거쳐 이성계가 왕위를 찬탈하는 과정에 대해 적지 않은 분량을 할애하고 있다. 한편, 명의 승인(承認) 아래 조선 왕조가 성립되었다는 기술을 시작으로 조선의 역사는 태종의 조공과 명나라의 왕위

승인, 이성계의 왕위 찬탈 기록 삭제를 희망한 명종 대의 요청, 조선사 기술의 절반 분량에 육박하는 임진왜란의 기록, 마지막으로 숙종이 인현왕후의 복위와 장희빈의 후궁 복귀를 요청한 사실과, 이에 대한 강희제의 조치가 보여준 황제의 위엄 순으로 거론되고 있다. 결국 18세기 이후의 조선 후기가 생략된 미완의 상태로 조선사가 마감되어 있는 셈이지만 이 책의 저술 시기(1735)와 그 저본이 된 선교사들의 활동 시기를 고려한다면 이는 당연한 결과이다.

그러나 무엇보다 임진왜란을 조선 역사의 절정에 두고 이를 대폭 확장함으로써 레지는 조선의 역사를 마치 한 편의 전란사처럼 느껴지도록 환기하였다. 그는 임진왜란에 대해 철저하게 명과 일본을 축으로 삼았고 조선은 단지 이들이 전쟁을 벌인 장소 정도로 간주했다. 그러므로 이 전쟁은 기본적으로 명과 일본의 전쟁으로 묘사되었으며, 전쟁의 당사자로서 전쟁의 양상을 바꾼 조선의 주체적 역할에 대해서는 거의 눈을 돌리지 못했다. 그 대신 향락과 방탕에 빠진 조선의 선조, 도요토미 히데요시(豊臣秀吉, 1537~1598)의 등장 과정과 일본의 조선 침략, 전쟁 초기 일본군의 기세와 요동으로의 진격 준비, 조선의 간절한 원병 요청과 이여송이 활약한 평양성 탈환 전투, 1597년의 정유재란과 고니시 유키나카의 활약, 도요토미의 돌연한 사망과 전쟁의 종료 등을 모티브로 삼아, 마치 한편의 전쟁 사극이 연상될 법한 서사체의 역사 기술을 남겼다. 조선사를 기술하면서 조선의 역할보다는 중국에 비중을 두었던 레지의 역사 기술 태도는 강희제에게 애절하게 선처를 바라는 숙종의 국서로 이어지며 '조선은 중국에 조공품을 바친다'는 마지막 기술에 잘 나타나 있다.

3) 형성기 한국사 인식의 의의와 한계

뒤 알드의《중국사》가 1735년 프랑스 파리에서 처음 출판됨으로써 서구 사회에 한국이 통사를 지닌 국가로 소개될 수 있었다. 뒤 알드의 저술로 인해 18세기 유럽에서 한국과 한국사에 대한 구체적 인식 형성이 본격화 되기 시작한 것이다. 이 시기는 한국 관련 서술이 등장하여 처음으로 한국에 대한 인식이 태동하던 16, 17세기와 구분되므로, 한국 인식의 형성기라 할 수 있다. 물론 한국사를 통사적 시각으로 접근한 뒤 알드의 작업이 중국의 역사, 일본의 역사에 대한 적극적인 관심에 비하면 시기적으로 늦은 편이고, 게다가 최초의 통사적 기술을《중국사》의 하위 단락으로 배치했던 까닭에 한국사가 독립성과 주체성을 지닌 국가사(國家史)가 되지 못한 한계도 존재한다. 그러나 이 책은 앞 절에서 논의한 18세기 이전 태동기의 단편적 저술들과는 차원이 다른, 한국사 인식의 형성기를 주도했다는 역사적 의의를 가지고 있다.

또한 뒤 알드의 저서는 18세기 이전에 저술된 문헌과는 달리 체제 면이나 내용 면에서 진일보한 양상을 보인다. 100여 년이 지나서야 비로소 중국의 역사를 기술한 문헌에 포함된 형태이지만 독립된 장으로서 위상을 갖추어 기술이 이루어진 것이다. 아울러 내용적 측면 역시 피상적이고 부정확한 수준에 머무른 면이 없지는 않으나 상당 부분 교정된 정보가 수록되었다. 이 한국사 인식의 형성기를 대표하는 뒤 알드《중국사》의 의의를 구체적으로 나열하면 다음과 같이 정리될 수 있다.

첫째, 통사의 대상으로 한 국가를 기술한다는 것은 이미 분명한 실체로서의 국가를 인정하고 난 다음에 이루어지는 역사 기술 방식이다. 통사는 처음부터 끝까지의 흐름을 지닌 연면한 국가사를 구성하지 않을 수 없도록 되어 있다. 따라서 이 책을 작성하고 있는 시점에서 레지는

'조선 왕국', 즉 한국을 동아시아에서 유념해야 할 국가 중 하나로 간주한 셈이다. 이는 조선을 중국의 부속 국가 정도로 치부하였던 태동기의 한국사에 대한 인식에서 진일보한 성과였다고 말할 수 있다.

둘째, 이 책이 유럽 전역에서 파급력을 지녔던 만큼 유럽 국가에 한국사를 알리는 데 무시할 수 없는 중요한 영향을 발휘했다는 사실이다. 18세기 이전 한국 관련 저술들이 대체로 천주교의 전파라는 사명감을 가지고 종교적 색채가 강한 어조로 저술되었던 점, 주로 포르투갈어·스페인어·라틴어를 이용했던 사실과 비교하면, 이 책은 포교의 관점을 전면화하지 않은 채 상대적으로 가독(可讀) 인구가 많은 프랑스어로 출판되었다는 점을 지적하고 싶다. 뿐만 아니라 출판 직후부터 독자들의 폭넓은 호응을 얻어 영어·독일어·러시아어 등 유럽의 다양한 언어로 번역됨으로써 이전의 한국 관련 책자와는 비교할 수 없는 파급력을 지니게 되었다. 한편으로, 유럽의 지식사 전개에서 보자면 이 책은 중세 기독교 사회에서 근대 계몽주의 시대를 향해 나가는 과도기에 위치한다. 뒤 알드의 책 자체는 레지 또는 뒤 알드가 저자로서 가졌을 종교적 관심과는 다른 차원에서 독자들에게 지구상의 또 다른 문명(중국 문명)에 대한 백과전서적 저술로 읽혔을 가능성도 충분한 것이다.

셋째, 뒤 알드의 저술은 이전의 저술에 비해 한국을 비교적 정확하게 파악하였다. 특히 2부 역사 부분이 아닌 1부 지지(地志)와 관련해서는, 이 책의 가치가 결코 적지 않음을 인정해야 할 만한 요인들이 풍부하다. 이는 레지 일행이 중국 측에서 제공한 풍부한 자료들을 이용하여 한국의 국경 지역까지 답사했다는 데서 그 실마리를 얻을 수 있다. 그런 관점에서 책의 첫머리에 놓인 지도 한 장은 한국을 유럽인에게 각인시키는 데 매우 강력한 효과를 거둘 수 있었으리라 보인다. 이 지도는 남북으로 9°(북위 34°~43°) 동서로는 약 6°의 크기를 언급하고 있다. 당시의 해양 정보와 지도 제작 기술력에서 한반도의 위도 문제는 어느 정도 해결이 가능했지만 경도를 측정하는 것은 상당히 어려운 문제였을 것이다.[64] 그러나 이 책은 중국 황실에 보관된 지도와 줄자를 이용한 측정치였음에도 비교적 정확성이 높은 결과를 도출하였다.

그러나 한편으로 뒤 알드의 한국통사는 한국사를 어떻게 인식했는가 하는 문제로 좁힐 경우 심각한 한계를 지닌다. 역사가는 그 누구라도 역사 기술의 필수 사항, 곧 사관(史觀)의 선택에 신중해야 하며, 사실과 정보에 대한 정확한 이해를 위해 최선을 다해야 한다. 그러나 뒤 알드는 역시 유감스럽게도 중국사에 지나치게 의존함으로써 한국사에 대한 충분한 인식은 부족하였다. 이는 결과적으로 자신이 주체적으로 사관을 확립하지 못했음을 드러낸 것이다. 프랑스 출신 천주교 신부로서 로마 교황청 자료를 간접적으로 이용해야 했던 그로서는 어쩔 수 없는 선택이었을 것이고, 이러한 간접적인 자료만으로 그에게 한국사를 인식하는 데 있어서 공정하고 객관적인 시각을 요구한다는 것이 어불성설이기는 하다. 또한 2부 〈조선의 약사〉에서 참조했던 세 권의 번역본이 모두 중국의 입장을 반영한 저술이었다는 점, 당시 한국인이 쓴 한국사, 예컨대 《삼국사기(三國史記)》, 《고려사(高麗史)》, 《동국통감(東國通鑑)》이 실재했음에도 당시의 정황에서 이를 참조할 수 있는 가능성이 희박했다는 점은, 사가(史家)로서 그가 지닌 한계이자 당시 한국에 대한 지식의 한계를 동시에 드러내 주는 사실이라고 할 수 있다.

따라서 불행하게도 한국에 대한 최초의 통사라고 할 수 있는 뒤 알드의 저술은 한국사 인식과 관련하여 부정확한 사실 인식 및 편향된 시각

---

64) 주경철, 《문명과 바다》, 산처럼, 2009, 144쪽.

이 관통하는 기록이 되고 말았다. 물론 30여 쪽의 분량(프랑스어 원문 44쪽 분량)으로 한국사를 체계적이고 풍부하게 기술한다는 것, 아울러 선교사적 시각과 식민지 건설에 혈안이 된 서양 제국주의 시각을 극복하고 역사적 사실만을 객관적으로 기록한다는 것은 당시 환경에서 불가능에 가까운 일이었다. 그럼에도 불구하고 그가 제공된 참고자료에만 의존할 수 밖에 없었다는 점, 그럼으로 인해 결과적으로 한국사의 엄연한 흐름이 왜곡될 수밖에 없었던 점(삼국 시대나 후삼국 시대에 대한 기술 부재), 중국과의 부속 관계로서 파악될 수밖에 없는 조공 국가, 고유한 문화와 역량을 지니지 못한 국가, 임진왜란·정유재란 등의 전쟁으로 점철된 국가로 한국이 인상 지워지게 된 점 등은 뒤 알드의 역사 기술이 현재의 우리에게 남긴 아쉬운 면면이라 할 것이다. 실제로는 죽지 않았던 이여송(李如松, 1549?~1598)이 평양성 전투에서 비장하게 사망하고, 임진왜란의 방향을 바꾸었던 이순신이 마치 엑스트라처럼 한 번의 기술로써 스쳐지나갈 뿐이며, 전란의 형세에 영향을 미쳤던 의병의 활동이 단 한 차례도 기술되지 않았던 뒤 알드의 역사 서술 사례는, 사료와 사관의 중요성이 얼마나 큰 것인지를 여실히 드러내어 준다고 할 수 있겠다.

뒤 알드의《중국사》는 18세기 유럽 사회에 한국을 통사로서 알린 최초의 성과이다. 이 책에 기술된 한국의 역사와 지지는 이 책이 유럽 전역으로 확산되었던 것과 비례하여 한국의 인상을 주도적으로 조성했으리라 추정된다. 그러나 이 책은 사관, 사실 관계, 참조한 자료 등의 여러 측면에서 허점과 오류를 허다하게 간직한 결함의 통사이기도 하였다. 유럽인에게 미쳤을 한국사에 대한 초기 인상이 부정적인 방향으로 향했을 것이라는 점은, 이후 서구의 한국사 인식이 무수한 난제를 안게 되었음을 뜻한다. 조선의 내부로 들어와 조선의 문화와 역사를 충분하게 숙지하게 되는 시점까지, 이 결함은 말끔하게 해소될 수 없는 것이었다. 그러나 무엇보다도 뒤 알드의 한국통사는 역사가가 어떤 관점에서 어떤 참고 자료를 선택하여 역사를 기술하느냐 하는 문제가 지닌 중요성을 역설하는 전형적인 사례로 남게 되었다고 할 수 있겠다.

제4장

**19세기 : 한국 외부에서
서술된 한국통사**

서양 세계에 한국이 알려지는 과정은 15세기 말 내지 16세기 초부터 시작된 유럽인들의 지리적 팽창과 그 궤를 같이한다. 개척과 탐험을 기치로 삼은 상인과 군인, 그리고 복음 전파라는 절대적 사명을 가진 예수회를 비롯한 천주교 선교사들이 비유럽과 비기독교 지역을 선점하기 위해서 세계 각지로 진출한다. 해외로 나갔던 상인, 군인, 관료, 선교사들은 보고, 듣고, 느꼈던 직간접적인 정보들을 기록하여 자신들이 속해 있던 기관, 예를 들면 교황청이나 예수회 본부 혹은 본국 정부로 보냈다. 그리하여 거의 한 세기가 지난 18세기 즈음에는 동아시아를 비롯한 세계 각 지역에 대한 수많은 지식과 정보가 축적되어 여러 장소에서 다양한 언어로 활자화된다.

　앞 장에서 서술한 예수회 선교사들의 문헌(7종)과 뒤 알드의 《중국사》, 그리고 이 책 후미에 실린 레지의 두 편의 글(〈조선 왕국에 관한 지리적 관찰〉과 〈조선의 약사〉)이 대표적인 증거라고 할 수 있다. 그러나 이때까지만 해도 한국과 관련된 정보들은 실제로 저자가 한반도에 직접 들어와서 경험하고 작성된 경우가 거의 없었다. 예외적으로 1668년 네덜란드 암스테르담에서 처음 발간된 《하멜 표류기》를 제외한 한국에 대한 저술은 거의 모두가 중국 또는 일본에서 생산된 제한적 자료들과 - 이마저도 언어의 장벽이 매우 컸다 - 현지에서 들은 풍문 따위의 간접 경험에 의존해서 작성되었다.

　이에 비하면 19세기는 한국 및 한국사에 대한 정보 파악과 저술이 한층 구체화되고 본격화된다는 점에서 이전 시기와 질적으로 변별된다. 질적 변화를 불러일으킨 근본적 원인을 찾기 위해서는 유럽인들의 한반도 근해 탐사에 주목할 필요가 있다. 18세기 말에서 19세기 초에 이르면 포르투갈과 스페인이 독점했던 비유럽 지역에 대한 지배력이 점차 네덜란드, 프랑스, 영국, 독일, 러시아 등으로 확대되었다. 이 시기를 두고 흔히 유럽인들에 의한 '식민지 시대'가 시작되었다고 하지만 적어도 동아시아 지역에 관한 한 '탐험 혹은 탐색의 시대'라고 설명해야 마땅할 것이다. 중국, 일본, 조선 등 그들의 관점에서 극동 아시아 지역이 식민지로 전락하게 되는 시기는 19세기 중·후반부터이기 때문이다.

유럽의 여러 국가가 동아시아에 대한 경쟁적 탐사를 지원하는 과정과 시대의 분위기를 따라 한국도 자연스럽게 항해기 중심의 서양어 문헌에 주요 항목으로 등장하였다. 아래의 도표는 18세기 말부터 1876년 일본에 의한 강제적 개항 그리고 서양의 국가들과 정식 수교를 맺기 시작하는 1882년까지 서양에서 간행된 조선 관련 항해기를 종합한 것이다.

[표 14] 18세기 말부터 1882년까지 한국 관련 항해기 목록

연도	서명	저자	저자 국적	저자 직업	출판지
1797	*Voyage de la Pérouse autour du monde*	La Pérouse, Jean-François de Galaup	프랑스	군인(해군)	프랑스 파리
1804	*A voyage of discovery to the north Pacific Ocean, 1795~1798*	Broughton, William Robert	영국	군인(해군)	영국 런던
1817	*Narrative of a voyage, in his majesty's late ship Alceste, to the Yellow Sea, along the coast of Corea*	McLeod, John	영국	군인(해군 군의관)	영국 런던

연도	서명	저자	저자 국적	저자 직업	출판지
1817	Journal of the proceedings of the late embassy to China	Ellis, Henry	영국	외교관	영국 런던
1818	Account of a voyage of discovery to the West Coast of Corea and the Great Loo-Choo Island	Hall, Basil	영국	군인(해군)	영국 런던
1833	The journal of two voyages along the coast of China in 1831~1832	Gützlaff, Karl Friedrich August	독일	종교인 (개신교)	미국 뉴욕
1834	Report of proceedings on a voyage to the northern ports of China, in the ship Lord Amherst	Lindsay, Hugh Hamilton	영국	사업가	영국 런던
1848	Narrative of the voyage of H.M.S. Samarang, during the years 1843~46	Belcher, Edward	영국	군인(해군)	영국 런던
1858	Fregat Pallada	Goncharov, Ivan Aleksandrovich	러시아	작가	러시아 상트 페테르부르크
1861	The China pilot	King, John W.	영국	군인(해군)	영국 런던
1875	The Eastern seas	Bax, Bonham Ward	영국	군인(해군)	영국 런던
1880	Ein verschlossenes land : Reisen nach Corea	Oppert, Ernst	독일	상인	독일 라이프치히

위 [표 14]에서 보듯, 해당 기간에 간행된 한국 관련 항해기는 12종에 이른다. 한반도 본토보다는 연해를 거쳐가면서 기록된 것이므로 정밀하고 상세한 결과로 이어지지는 못했으나 한국이 출판을 통해 유럽 현지에서 직접적 관심의 대상이 되었음을 알게 해주기에는 충분하다. 왜냐하면 특정한 주제의 서적이 출판 보급된다는 것은 이를 수용하는 사회적 여건이 마련되어야만 가능하기 때문이다.

12종의 항해기에서 보이는 특징으로 첫째, 영국 군인의 저술 비중이 높다는 점이다. 영국은 1805년 프랑스·스페인 연합함대를 상대로 한 트라팔가 해전(Battle of Trafalgar)에서 대승을 거두었다. 이를 계기로 영국 해군은 20세기 초 독일 해군이 새로운 강자로 대두되기까지 근 1세기 동안 전 세계의 바다를 지배하였다. 따라서 이는 최강의 해군력을 활용한 영국이 동아시아 해양으로의 진출을 주도했던 결과를 말해준다. 그런데 그들의 자료를 볼 때 군인들의 항해기가 지닐 수밖에 없는 성격 역시 간과할 수 없다. 실제로 앞의 [표 14]에서 열거된 항해기들은 한국에 대한 적극적인 관심을 공통분모로 삼고 있음에도 불구하고 정작 한국과 한국인에 대해서는 적지 않은 두려움을 가지고 있었다. 이들은 대체로 항해를 떠나기 앞서 《하멜 표류기》를 참조한 후였기 때문에 혹여 일이 잘못되어 포로가 되는 경우에는 죽임을 당하거나 노예가 될 수 있다고 믿었다. 그렇기에 조선에 상륙하여 현지의 주민들을 만났을 때도 매우 신중하게 행동해야만 했다. 서양인들과 처음으로 조우했던 조선인들도 비슷한 자세를 취했다. 서양과의 접촉을 부담스러워했던 조선 정부의 태도는 조선의 지방 관료들에게도 그대로 전이되었다. 혹시 실수라도 하게 되면 파면을 각오해야 할 판이었다. 낯선 사람에 대한 조심스러움과 두려움이 양쪽 모두에게 불가피한 상황이었던 만큼 항해기 속에 담긴 조선과 서양의 만남 역시 조심스러우며 서로 간에 무력 충돌을 원치 않는 분위기를 띠었다.[1]

직접적 접촉에 대한 두려움이 적지 않았다고 해서 낯선 세계와 사람에 대한 호기심과 궁금증이 완전히 가실 수는 없었다. 항해기에 내포된 두 번째 특징, 곧 조선과 조선인에 대하여 신기해 하는 묘사가 이들이

---

1) 구한말 한국 연안을 탐험했던 서양인의 항해기에 대한 자세한 설명은 김재승, 앞의 논문과 박천홍, 앞의 책을 참조.

지난 미지의 세계와 인간에 대한 지적 호기심을 드러낸다. 조선과 접촉한 서양인들은 조심스러우나마 이따금 현지 조선인들과 친해지려고 시도했으며 조선 관료의 정중한 태도에 감동하여 이들의 인격을 높이 평가하는 경우가 적지 않았다. 천주교 탄압 문제가 불거지기 전까지는 그래도 조선의 해양을 측량하고 탐사하는 학술적 자세가 유지되었고, 가능한 한 섬세한 눈으로 당시 조선인들의 복장, 거주지, 생활 모습 등을 기술하려고 했다. 한편 조선인의 입장 역시 마찬가지였던 듯하다. 조선인과 접촉했던 서양인들의 증언에 따르면 조선의 주민들 역시 서양 선박이나 서양인들이 육지에 상륙하면 통제가 안 될 정도로 많은 사람들이 구경하기 위해 모여들었다고 한다. 평범한 조선인들에게 그들은 매우 신기한 사람들이었으며 그들이 가지고 온 물건들도 호기심을 자아내기에 충분했던 것이다.

마지막 특징이자 공통점은 사실 가장 문제가 되는 지점이기도 하다. 바로 한국의 역사에 대한 그릇된 정보가 계속해서 인용되고 있는 것이다. 중국과 조선, 일본과 조선의 관계에 대한 내용이 대표적이다. '중국에 대한 조공국'이라는 조선을 넘어 아예 조선의 국왕이 국내 행정에 대한 자치권을 행사할 수 없다고 인식했거나, 또는 일본 측의 자료에만 기대어 임나일본부설과 같이 '조선은 일본의 속국이었다'라는 등의 오해를 아무런 검증 없이 빈번하게 언급했던 것이다. 이는 아마도 중국과 일본에서 체류한 경험이 있는 예수회 선교사들의 이런 문헌들을 사실 검증과 확인 절차 없이 그대로 수용했거나 재인용했기 때문이었으리라 판단된다.

이 12종의 항해기 중에서 간략하게나마 꼭 언급해야 할 가치가 있는 책은 1880년 독일 라이프치히와 영국 런던에서 독일어와 영어로 동시

출판된 에른스트 야고프 오페르트(Ernst Jakob Oppert, 1832~1903)의《금단
의 나라, 조선 여행기(Ein Verschlossenes Land : Reisen nach Corea)》(1880)이
다. 우선 이 책의 저자 오페르트는 남연군(南延君, 1788~1836) 묘 도굴사
건의 주역으로 알려진 인물이다. 또한 이 책은 중국 청제(淸帝)가 조선
에 대해 종주권(宗主權)을 행사하고 있다는 기존 서양 문헌들의 통설을
부정하고 있다는 점에서 한국 내 학계에서 과도한 조명을 받았다. 하지
만 오페르트의 이러한 주장의 근거는 그의 책 어디에서도 발견되지 않
았다. 더욱이 불과 19세의 나이에 홍콩과 상하이에서 사업을 시작한 그
로서는 동아시아, 특히 당시 서양인들에게는 이해하기 어려운 중국과
조선의 외교 관계에 대해서 충분한 학문적 훈련을 받을 기회도 없었다.
그런 그가 한국의 역사와 지리, 정치 제도, 인종, 언어, 풍습, 산업 등을
포괄하는 한국 개설서를 저술했다는 점은 기존의 학계에서 거의 주목하
지 않았던 부분이다. 저자 자신이 직접 경험한 여행기 텍스트를 제외한
한국에 대한 내용은 이미 오래 전에 출판되었던 지볼트(Philipp Franz
Balthasar von Siebold, 1796~1866)의《일본(Nippon)》(1832~1851)에 수록된
것을 거의 그대로 인용하였다. 지볼트는 4권 분량의 이 책을 저술하는
데 무려 20여 년의 세월이 걸렸다. 오페르트의 책에 실린 조선인에 대한
삽화 역시도 지볼트의 것을 그대로 사용하였다. 남연군 묘의 도굴과 지
볼트 저작물의 표절이 함께 연상되는 부분이다.

　흥미로운 사실은 이 책의 표지 다음 장에 브라질 제국의 제2대이자
마지막 황제였던 페드로 2세(Dom Pedro II, 1825~1891)에게 자신의 책을
헌사하는 문구가 있다는 점이다. 단순히 독일 상인이라고만 알려진 오
페르트와 브라질 황제 페드로 2세, 전혀 관련성이 없어 보이는 이 두 사람
은 무슨 관계일까? 이 둘 사이에는 오페르트의 형인 쥬리아스 오페르트

[그림 18] 오페르트 책 표지　　　[그림 19] 오페르트가 쓴 브라질 황제에
　　　　　　　　　　　　　　　　　　　　　대한 헌사

(Julius Oppert, 1825~1905)가 있었다. 이 쥬리아스 오페르트는 당시 독일
에서 중동의 고대 국가인 아시리아(Assyria)를 연구하던 유명한 아시아학
자(Orientalist)였다. 더구나 오페르트의 남동생 구스타브 솔로몬 오페르트
(Gustav Solomon Oppert, 1836~1908) 역시 인도 고전 언어인 산스크리트어
를 연구하는 독일 대학 교수였다. 당시 유럽에는 1873년 설립되어 100여
년을 지속하였던 아시아를 연구하는 학자들의 모임인 아시아국제회의
(International Congress of Orientlists)라는 단체가 있었다. 그리고 브라질 황
제 페드로 2세는 이 단체의 명예회원으로 실제 이 학술회의에 여러 번
참석할 정도로 아시아의 역사와 유물에 관심이 많았던 인물이었다. 세
계 각지의 고대 유물들을 '연구 목적'이라는 미명 하에 '도굴'하고 다녔
던 유럽의 아시아 연구자들에게 페드로 2세는 든든한 후원자 역할을 했
던 것이다. '발굴'과 '도굴'은 인식의 차이일 뿐 본질은 같다. 이러한 사

실을 감안하면 이 책의 저자 오페르트는 일찍부터 형제들의 영향을 받아 아시아의 고대 유물과 그것의 '도굴'에 익숙했던 인물이었다. 따라서 당시 항해를 같이했던 서양인 일행들에게 조선 왕족의 묘지 발굴을 제안했을 가능성과 이 책의 출판 역시도 페드로 2세의 경제적 지원을 받게 되었을 개연성이 높다.

한편 항해기가 집중적으로 간행되는 시대적 추세는 한국에 대한 서양인의 관심이 보다 구체화되고 심화되어 감을 시사한다. 이러한 관심은 한국의 역사에 대한 관심으로 이어져 본격적인 한국통사의 저술이 등장하게 된 중요한 계기가 되었다. 그 대표적인 저술이 바로 존 로스(John Ross, 1842~1915)의 《한국사, 고대와 근대(History of Corea, Ancient and Modern)》(1879, 이하 《한국사》)와 윌리엄 엘리엇 그리피스(William Elliot Griffis, 1843~1928)의 《한국, 은자의 나라(Corea, the Hermit Nation)》(1882)이다.[2] 1842년생 영국인 로스와 1843년생 미국인 그리피스, 이 두 사람은 각각 1879년과 1882년에 불과 3년의 시차를 두고 본격적인 한국통사를 서양에 선보였다. 그들은 한국의 외부인 만주(로스)와 일본(그리피스)이라는 지역에서 각각 한국의 역사를 관찰했다는 공통점이 있다. 이전의 기술(記述)이 보이고 있는 한계가 해양 항해라는 일회적 조건에 기인한 것임을 감안한다면, 이들 두 사람은 한국의 바로 이웃에서 장기간 체류하며 저술하였다는 점에서 보다 진일보한 환경으로 들어섰다고 하겠다. 이는 한국에 대한 관찰의 거리가 가까워지고 일정 기간의 시간적 여유가 주어짐으로써 비로소 본격적인 한국통사의 등장이 가능했음을 시사한다.

---

2) 19세기 후반까지도 사용되었던 "한국"에 대한 영어 표기인 "Corea"는 1890년대에 이르러 북미, 특히 미국 선교사들에 의해서 "Korea"로 표기되기 시작하였다.

본 장에서는 이 두 사람의 한국통사에 대하여 그 구성과 내용을 중심으로 본격적인 고찰을 시도하고자 한다. 이러한 고찰을 통해 로스와 그리피스의 한국통사 서술이 지닌 의의와 한계를 극명하게 드러낼 수 있을 것이다.

제1절 존 로스의 《한국사》(1879)

1) 로스의 생애와 《한국사》의 저술 배경

존 로스는 영국 스코틀랜드(Scotalnd) 북동쪽에 위치한 닉(Nigg)이라는 조그만한 어촌 마을에서 휴 로스(Hugh Ross)와 캐더린 서더런드(Cathe-rine Sutherland)의 사이에서 태어난 여덟 형제 중 맏아들이다.[3] 그의 부모나 형제에 대한 자세한 내용은 밝혀진 바가 없다. 다만 그의 여동생 (Catherine Sutherland Ross, 1852~1926)이 로스와 함께 만주에서 선교 활동을 펼친 존 맥킨타이어(John MacIntyre, 1836~1905)와 결혼했다는 것은 이미 알려진 사실이다.[4]

---

[3] 로스의 생애에 대해서는 The China Mail ed. *Who's who in the Far East*, Hong Kong : The China Mail, 1906, 279쪽. 김정현,《羅約翰, 한국의 첫 선교사》, 계명대학교 출판부, 1982. 최상린, 〈존 로스(John Ross) 목사의 선교 활동과 로스역이 한국 역사에 미친 영향〉, 장로회신학대학 석사학위논문, 1985. Sung Il Choi, John Ross and the Korean Protestant Church : the first Korean Bible and its Relation to the Protestant Origins in Korea, University of Edinburgh dissertation, 1992. 권태경, 〈한중 문화 접맥의 관점에서 본 존 로스〉,《한중인문학회 제27회 한중인문학회 국제학술대회》1, 한중인문학회, 2011, 17~25쪽. 최성일, 〈로스역본이 한국 교회에 끼친 영향〉,《장로교회와신학》10, 한국장로교신학회, 2013, 92~112쪽. 권태경·허은철, 〈스코틀랜드 선교사 존 로스(John Ross)의 역사 이해 : 그의 저서《한국사》를 중심으로〉,《신학지남》323, 신학지남사, 2015, 267~289쪽 참조.

[4] 개신교 선교사로서 가장 먼저 만주에 정주하여 활동한 선교사는 잉글랜드 장로교회 (Presbyterian Church of England) 소속의 고참 선교사 윌리엄 번즈(Rev. Wiliam

로스 평생의 행적을 간략하게 소개하면 다음과 같다. 1860년대 중반 로스는 스코틀랜드의 수도 에든버러(Edinburgh)에 있는 연합 장로교 계열의 신학대학에서 신학을 공부했다. 이후 같은 지역의 연합 장로교회 (United Presbyterian Church of Scotland)에 소속되어 만 30세가 되던 1872년 중국 동북 지역인 요령성 영구(營口)로 처음 파송되었다가 심양(瀋陽)으로 이주하여 신학교와 교회를 세우는 등, 1910년까지 40여 년간을 만주 지역을 중심으로 선교 활동을 했던 인물이다. 이 시기 동안 그는 중국과 한국의 역사와 언어에 대한 저술을 남겼는데, 총 12권의 단행본을 집필하는 등 왕성한 활동을 펼쳤다.[5] 《한국어 입문(Corean Primer)》(1877) 및 《한국사》(1879), 《만주, 중국의 현 왕조 : 그들의 흥기와 발전(The Manchus, or The Reigning Dynasty of China; Their Rise and Progress)》(1880), 이하 《만주》), 《예수성교전서》(1887) 등의 저술이 대표적인 예이다. 특히 《만주》의 경우, 로스의 시각에서 본 한국은 '만주'라는, 중국과는 또 다른 거대한 지역의 일부분으로 인식했기 때문에 《한국사》는 《만주》를 집필하기 위한 사전 작업의 성격을 띤 저술이었다.

1879년에 간행된 것으로 추정되는 로스의 《한국사》는 원래 《한국사 : 고대와 근대, 그리고 예절과 풍속, 언어, 지리에 대한 서술(History of Corea : Ancient and Modern; with Description of Manners and Customs, Language and Geography)》이라는 다소 긴 제목을 달고 있었다.[6] 그러나

C. Burns)이며, 아일랜드 장로교회 (Presbyterian Church in Ireland)는 1869년 만주에 의료 선교사 조셉 헌터(Jeseph Molyneaux Hunter)와 휴 와델 목사(Rev. Hugh Wadel)를 파송하여 우장(牛庄)에서부터 선교 활동을 시작하였다. 스코틀랜드 연합 장로교회는 1872년에 존 로스 목사(Rev. John Ross)와 존 매킨타이어 목사(Rev. John McIntyre)를 역시 우장에 파송하여 선교 활동을 시작하였다.

5) 권태경, 앞의 논문, 19~20쪽.

6) 이는 앞장에서 논의되었던 뒤 알드의 《중국사》의 원제, Description Géographique,

[사진 1] 60세(1902년) 때의 로스의 모습

이 최초의 본격적 한국통사는 저자가 한반도를 직접 방문하거나 체류한 경험을 바탕으로 하지는 않았다. 대신 저자는 만주 지역에서의 오랜 선교 활동과 그 지역에서 만난 한국인들과의 지속적인 접촉을 통해서 이 저술을 기획하였는데, 이전의 저술들에 비하면 훨씬 내용이 풍부하고 학구적이며 체계적인 형식을 띠었다. 로스의 《한국사》는 예컨대 뒤 알

---

*Historique, Chronologique, Politique, et Physique de l'empire de la Chine et de lat Tartarie Chinoise*와 유사한 형태로 당시 동양에 대한 서구 독자들의 관심사를 엿볼 수 있다.

드가《중국사》속의 일부로서 한국사를 간략히 다루었던 데 비하면 확실히 한국의 통사를 체계적으로 구성하려고 노력한 흔적을 담고 있다. 단적으로 로스는 고조선부터 조선의 개항 직전까지의 시기를 왕조별, 연대기별로 일관하여 서술하고자 하였다. 따라서 이 책은 본격적인 서양인의 한국통사 기술의 첫 장을 연 것이자 향후의 서양인 저술에 영향을 미친 주요 참조서가 된다는 점에서 그 의의가 매우 크다.

　현존하는 로스의《한국사》판본은 두 가지이다. 1879년 스코틀랜드 페이즐리(Paisley) 시의 제이 앤 알 팔레인(J & R Parlane)에서 출간된 초판본과 1891년 런던에서 발행된 '저가판(Cheaper Edition)'이 그것이다. 두 판본의 전체 내용과 분량은 동일하다. 김정현(1982)이 제일 먼저 '제이 앤 알 팔레인' 출판사가 로스 자신이 설립한 회사라고 비정한 까닭에 이후에 발표된 이영미(2010b), 권태경·허은철(2015) 논문은 이것을 그대로 인용한 것으로 짐작된다.[7] 하지만 이는 사실과 다르다. 이 출판사는 이미 1830년대에 설립되어 있었고 1919년까지 존속하면서 주로 개신교 관련 서적과 문학 작품 등을 지속적으로 발간하였다. 주지하다시피, 로스는 1842년생이다. 그리고 페이즐리 초판본의 출판 당시 책 가격이 영국 화폐로 10실링 6페니였는데 이는 당시 시가 기준으로는 상당히 고가라 할 수 있다. 그러므로 런던이 아닌 로스의 고향 근처 인쇄를 전문으로 하는 소규모 출판사에서 출판된 이 초판본은 10여 년이 지난 후에 대도시인 런던의 대형 출판사에서 대중을 위한 저가판(7실링 6페니)으로 재발간되었던 것이다.[8]

---

7) 김정현, 앞의 책, 37쪽. 이영미, 〈19세기 후반 조선을 바라본 서양인의 두 시선〉, 《동아시아 한국학 국제학술회의》, 인하대학교 BK21 동아시아 한국학사업단, 2010b, 360쪽. 권태경·허은철, 앞의 논문, 274쪽.

8) 영국 런던의 호더 앤 스터튼(Hodder and Stoughton)에서 출간한 잡지, *The book-*

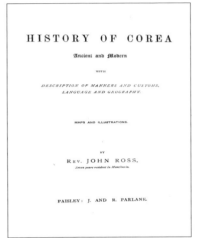

[그림 20] 로스 책표지(1879년 초판본) [그림 21] 로스 책표지(1891년판)

출판 연도의 경우, '1891'이라고 정확히 인쇄되어 있는 런던의 저가판
과는 달리, 페이즐리에서 발간한 초판본은 출판 연도를 명시하고 있지
는 않다. 그러나 '만주에서 7년을 살았던(Seven years resident in Manc-
huria)'이라는 문구와 1879년 안식년을 고향에서 지냈던 점을 감안하여
대략 1879년으로 출판 연도를 추정할 뿐이다. 출판지와 관련하여 또 하
나 특이한 점은 책의 표지 뒷면에 런던의 유명 출판사인 'Houlston and
Sons', 그리고 1876년 당시 중국의 상하이, 일본의 요코하마, 홍콩 등지에
설립된 'Kelly & Walsh' 출판사9)가 아무런 설명 없이 인쇄되어 있다는
것이다. 당시 출판 형태의 경향으로 미루어 보자면 이들은 인쇄는 하지
않았지만 출판된 서적의 판권을 가진 출판사인 것으로 판단된다. 한편
책의 형식적인 측면에서 왼쪽 면의 윗부분에는 각 장의 제목을, 오른쪽

man, 창간호 7쪽에 책의 광고와 가격이 명시되어 있다.
9) 이 출판사는 당시 동아시아 관련 서적들을 전문적으로 출판했던 것으로 유명하다.

면의 윗부분에는 해당 기술 내용의 핵심어를 기입하고 있는 점도 특징
이라 할 수 있다.

　로스의 저술은 본격적인 한국통사의 최초 저술이라는 점뿐 아니라,
당시 유럽의 출판 관행, 후대에 미친 영향 등 여러 맥락에서 괄목할 만
한 성취와 의의를 지녔다. 그럼에도 불구하고 출판 당시 본국인 영국의
학계에서 예상치 못한 혹평을 들어야만 했다. 당시 학계에서는 로스의
저술에 대해서 '해당 국가에 대한 작가의 지식이 들어있지 않은, 일고의
가치도 없는 지도들의 단순한 지리학적 편집물에 불과할 뿐만 아니라
색인조차도 없다'고 평가한 것이다.[10] 이는 같은 소개란에 나란히 실린
독일 상인 오페르트의 《금단의 나라, 조선 여행기》에 대한 호평과는 매
우 대조된다. 선교 활동에 집중해야 할 선교사가 해당 선교 지역도 아닌
이웃 지역의 역사서를 저술했다는 사실이 학계나 선교회 내부에서 비난
을 받았던 것이 아닌가 추정할 수 있다.

　한편, 로스에 대한 연구는 그가 선교사로서 최초의 한국어 번역판 신
약성서를 내었다는 사실로 인해 주로 신학계에서 그 성과가 집중되어
왔다.[11] 실제로 그는 자신이 만주에서 선교하는 동안에 한국 개신교 초
기의 지도자들과 깊은 교류를 하였으므로 한국의 개신교 교회사에서도
빠질 수 없는 역사적 인물이다. 그러나 로스에 대한 기존 연구가 신학계
에 편중된 반면, 상대적으로 한국통사에 대한 심층적 연구는 소략한 편

---

10) The Royal Geographical Society, *Proceedings of the Royal Geographical Society and Monthly Record of Geography*, 2 : 2, The Royal Geographical Society, 1880, 130쪽.

11) 본문 각주 3을 재참조. 아울러 이만열, 〈로스역 성경' 간행과 한국 초대교회〉, 《존 로스 선교사 한글 성경 출간 130주년 기념강연집》, 한국기독교역사연구소, 2012, 1~16쪽.

이다.12) 바잉턴(2008)과 여호규(2010)는 로스의 《한국사》 중에서 고대사 부분만을 간략하게 소개하였고, 이영미(2010a)는 이 저술의 서지, 참고문헌, 본문 내용 등을 분석하였으며, 이어 이영미는 또 다른 논문(2010b)에서 로스의 《한국사》와 그리피스의 《한국, 은둔의 나라》를 비교 분석하였다. 권태경·허은철(2015)은 로스의 생애와 《한국사》만을 대상으로 삼아 본격적인 연구를 수행하였다.

다만 《한국사》로 한정할 경우 이에 대한 논의는 아직 충분하지 않은 상태이다. 《한국사》에 대한 홍경숙의 번역본과 간략한 소개가 있지만,13) 이는 로스의 한국사 인식에 대한 본격 연구라고 할 수는 없다. 그에 비하면 이영미가 로스와 그리피스의 한국사 저술을 대비한 〈조·미 수교 이전 서양인들의 한국 역사 서술〉(2010a), 〈19세기 후반 조선을 바라본 서양인의 두 시선〉(2010b)은 상대적으로 주목할 만하다. 특히 이영미는 한국과 가장 가까운 이웃 나라에서 한국의 역사를 통사적으로 다루었다는 점에서 로스와 그리피스의 저작에 주의할 필요가 있다고 보았다.14)

그는 로스에 대하여 '중국의 눈으로 조선을 본 선교사'라고 규정하며 로스의 저작이 중국 역사서에 기대어 한국의 역사를 시종일관 중국과의 관계 속에서 설명했다고 평가하였다. 이런 문제의식과 평가는 초기의

---

12) 로스의 《한국사》와 그의 역사 인식 관련 논문은 마크 바잉턴(Mark E. Byington), 〈영어권의 고구려사 연구〉, 《선사와고대》 28, 한국고대학회, 2008, 53~71쪽. 여호규, 〈서양학계의 한국 고대사 인식 체계의 변화〉, 《한국사연구》 148, 한국사연구회, 2010, 1~47쪽. 이영미(2010a), 앞의 논문. 이영미(2010b), 앞의 논문. 권태경·허은철, 앞의 논문 등이 있다.

13) John Ross, *History of Corea Ancient and Modern; with Description of Manners and Customs, Language and Geography*, J. and R. Parlane, 1879(?), 홍경숙 역, 《존 로스의 한국사 : 서양 언어로 기록된 최초의 한국 역사》, 살림출판사, 2010.

14) 이영미(2010b), 앞의 논문, 359쪽.

연구사로서 로스와 그의 저술이 지닌 핵심을 포착했다는 의의가 있다. 보다 구체적으로는 로스가 한국사의 첫 통일 왕조를 고려로 본 사실, 고대사에 비해 중세 및 근대사의 분량이 적다는 점, 로스가 선교사의 관점에서 한국이 서구 문명을 도입해야 한다고 기술한 점 등을 특징으로 추출하였다. 이러한 사항은 이영미의 논문이 로스와 그의 저술에 대한 핵심을 정확하게 짚어냈음을 보여준다. 그러나 필자는 이 지점에서 이영미와 견해를 달리한다. 즉 로스가 중국의 보호를 받으며 만주 지역에서 선교 활동을 펼쳤음에도 순전히 중국사의 관점에서 한국의 역사를 보지 않았다고 생각한다. 따라서 로스가 왜 만주 지역을 초점에 두고 한국사를 구상하였는가에 대한 분석을 다시 해 볼 필요가 있다.

이영미(2010b)가 로스와 그리피스를 비교 분석한 데 비해 권태경·허은철(2015)은 로스와 그의 저서 《한국사》만을 집중 분석하였다. 이는 한국 역사의 특징을 오늘날 역사학계의 흐름, 즉 한국사를 한반도 안의 역사가 아닌 동북아 전체의 역사 속에서 파악하려는 태도와 일치한다는 점에서 긍정적으로 평가한다. 이 논문에서 저자는 로스가 저술한 《한국사》의 특징으로 첫째, 한국사를 한반도 안의 역사가 아닌 동북아 전체의 역사 속에서 파악하려고 했다는 점, 둘째, 한국을 미개한 국가가 아니라 오랜 역사와 수준 높은 문화를 지닌 독립 국가로 인정했다는 점, 셋째, 중국이나 서양과 같은 외부의 잘못된 시선으로부터 한국의 문화와 역사를 지키고자 했다는 점, 마지막으로 방대한 자료를 인용하면서도 꼼꼼하게 자료를 점검했다는 점을 지적하였다. 이를 토대로 이 논문은 로스의 《한국사》가 한국과 중국의 문화 토양 위에서 기독교의 가치관과 윤리를 소개함으로써 '기독교 복음의 토착화'를 시도하였다는 다소 종교적인 판단을 결론으로 삼았다.

한편 권태경·허은철이 특징이라고 지적한 부분 - 로스의 《한국사》가 '중국이나 서양의 시각에서 한국의 문화와 역사를 지키고자 했다' - 은 재론의 여지가 있다.15) 우선 이 논문의 각주 25(279쪽)에서 언급한 그리피스나 로웰의 저작들은 《한국사》 이후에 출간된 것이므로 로스가 이 저작들의 한계를 극복하려고 했다는 지적은 앞뒤가 맞지 않는다. 또한 '방대한 자료를 인용'한 것은 사실이나 로스의 《한국사》는 기본적으로 중국 측 사료에 집중적으로 의존하여 기술되었으므로 '객관적인 한국사 서술'이라고 보기도 어렵다. 마지막으로 '기독교 복음의 토착화'라는 결론은 로스의 《한국사》 저술 의도나 내용과는 직접적인 관계가 없다. 추론과 결론 사이의 관계가 비논리적으로 연결되어 있는 것이다.

2) 저술의 구성과 핵심적 내용

이 책의 전체 구성은 4쪽짜리 서문(Preface)과 8쪽 분량의 서론(Introduction) 그리고 총 404쪽 상당의 14장(章), 즉 고조선(Chaosien, 1장), 선비족(Hienbi, 2장), 연왕(Yen Wang, 3장), 연나라(Imperial Yen, 4장), 고구려(Gaogowli, 5장), 신라(Silno, 6장), 거란(Kitan, 7장), 여진족(Nüjun, 8장), 고려(Corea, 9장), 고려의 관습(Corean Social Customs, 10장), 종교(Religion, 11장), 정부(Government, 12장), 언어(The Corean Language, 13장), 지리(Geography, 14장)로 구성되어 있다.

제목에서 보이는 것처럼, 이 책은 오랑캐로 인식되면서 한국사와 무관하게 취급되었던 만주 지역의 왕조(선비, 거란, 여진)를 한국통사의 범위 안에 포괄하였다. 오늘날의 한국사 관점에서 보자면 1장 고조선, 5장

---

15) 권태경·허은철, 앞의 논문, 279쪽.

고구려, 6장 신라, 9장 고려만이 한국사의 범주에 해당된다. 특이한 부분
은 9장 고려인데, 저자는 고려 왕조와 조선 왕조를 따로 구분하지 않고
함께 묶었다. 이러한 결과로 볼 때, 이 저술은 부제목으로 처리된 것처
럼 고조선부터 고구려와 신라까지는 한국의 고대(ancient)로, 그리고 고
려와 조선은 한국의 근대(modern)로 인식했음이 드러난다.

　마지막으로 이 책의 10장부터 14장까지는 특별한 왕조의 구분이 없이
주로 조선 시대의 사회와 문화를 소개하는 데 지면을 할애하고 있다. 1,
5, 6, 9장이 역사로서의 한국통사를 기술한 반면, 10~14장은 저술 당시의
시점에서 파악한 조선의 관습, 종교, 정부, 조선어, 지리 등을 민족지적
으로 설명하고 있는 것이다. 이를 통해 로스는 한국 과거의 역사와 현재
가 교직(交織)되어 읽히도록 배려했던 것이다. 즉 앞의 5장(2~4, 7~8장)은
만주 지역에 근원한 민족과 왕조를 뿌리로 삼아 그 역사적 전개를 살핀
것임에 비해 10~14장은 선교사의 입장 또는 서양인의 입장에서 저술 당
시의 한국 사회를 이해하도록 구성한 것이다. 결국 로스의 《한국사》는
만주 지역에 뿌리를 둔 민족과 왕조의 역사를 기술한 광범위한 저술이
되는 것이며, 바로 이 점이 여타의 한국사 저술과는 구별되는 특징이라
할 수 있다.

　그렇다면 로스의 《한국사》는 왜 만주 지역을 한국사 기술(記述)의 범
주로 삼았을까? 이 책이 출판되었을 것으로 추정되는 1879년 당시를 기
준으로 삼자면, 로스 자신에게 만주 지역은 그 자신이 선교를 계속해야
하는 선교 대상 지역이자, 청나라를 건국하여 중국을 주도하고 있는 여
진족이 발원한 곳이며, 동시에 정치 외교적 동기에서든 종교적인 관점
에서든 중국(청나라)과 한국(조선)을 역사적으로 이해하는 데 필수적인
실마리로 인식되었던 듯하다. 이 책 전체의 요약판이라 해도 과언이 아

닌 서론(introduction)에서 그는 이렇게 말하고 있다.[16]

> This dynasty was again displaced by the largest wave of Sooshun adventure; for it is a petty clan of that widely extended family which has ruled the Chinese world for over two centuries. They sprang from the narrow, beautiful, but savage glens far south-west of Changbaishan and east of Mukden. They are known as the Manchu dynasty-the word Manjoo, in their own language, meaning "Clear," as their predecessors were Ming, or "Bright." This bird's-eye view will help to show the important role played by Liaotung, beyond all proportion to its wealth and resources, over the destinies of the great Chinese world; and will explain the chief cause why the author has considered a history of Liaotung — in reality the history of Corea — a necessary prelude to the history of the rise of the present Manchu empire.

이 왕조[명나라]도 전에 없던 숙신의 대대적인 공격 물결에 밀려났다. 친족이었던 이들 일족[여진족의 청나라]이 200년 이상이나 중국 땅을 다스렸던 것이다. 장백산 남서쪽 끝과 심양의 동쪽, 폭이 좁고 아름다운, 그러나 황량한 협곡에서 그들은 태어났다. 이들은 만주 왕조로 불렸는데, 만주라는 말은 그들의 언어로 '맑다'는 의미이다. 이들을 앞섰던 명 왕조의 이름은 '밝다'라는 의미였다. 이런 조망은 요동이 광대한 중국의 운명에 그 부와 자원의 규모를 넘어서는 중요한 역할을 했다는 사실을 보여주며, 또한 저자인 내가 요동의 역사 - 사실상 고려의 역사 - 를 현 만주 제국[청나라] 기원사의 필연적인 전조로 간주하는 주된 이유를 설명해 줄 것이다.

인용문에서도 암시되듯이, 당시 로스는 만주 지역을 중국의 영토로 간주하지 않았다. 그는 서론의 첫머리에서부터 중국의 역사가들이 이웃한 외국의 역사에 대해 무관심한 편이었으며 19세기에 와서도 여전히

---

16) John Ross(1879), 앞의 책, 7~8쪽. 홍경숙 역, 앞의 책, 30~31쪽을 가감하여 인용.

세계의 중심인 듯 자처하며 주변을 야만시하고 있다고 지적했다. 이어서 그는, 중국의 발생 초기부터 중국 주변에 유목민이 존재했고 그중에서도 만주는 중국사 초창기의 요순시대와 동 시기부터 숙신(肅愼) 또는 주신(珠申)이 공존해 왔다고 보았다. 후대로 내려오며 주신족에 의한 고조선, 주신족의 후예인 숙신이 우랄알타이 어족으로서의 고유성을 보존하며 중국 왕조와 경쟁해 왔다는 것이 저자의 시각이다. 그리하여 로스는 중국과 흥망의 경쟁을 거치며 등장했던 만주 지역 왕조로서 부여, 고구려, 백제, 발해, 거란, 몽골, 그리고 지금의 청나라 왕조를 세운 여진이 있었다고 진단했다. 따라서 그의 관점에서 만주는 중국보다 차라리 한국과 인접성이 강한 지역으로 파악되었고 그런 시각에서 나타난 진술이 바로 위의 인용문이다.

인용문에서 주목해야 할 부분은 현재 중국을 지배하고 있는 민족이 숙신의 친족에 속하는 여진족이며, 여진족은 만주에서 발생한 중국 바깥의 종족이라는 인식이다. 여진족이 '광대한 중국의 운명에 부와 자원을 넘어서는 중요한 역할'을 했다고 하는 언술의 의미는 여진이 중국의 정치사를 주도하고 있다는 뜻으로, '아시아의 절반'을 차지하고 있다는 서론의 일부 강조문과도 호응한다. 만주 지역을 가벼이 볼 수 없다는 역사적 근거를 여진에서 먼저 찾고 있는 대목이다.

그런데 《한국사》의 저술 동기와 관련하여 인용문에서 보다 눈여겨보아야 할 표현은 '요동의 역사 - 사실상 고려의 역사'라는 진술이다. 여진족의 청(淸)이 그러했듯이, 만주를 기원으로 삼은 민족과 왕조, 곧 고려(Corea)를 주목하지 않을 수 없다는 취지를 이 문장에 담고 있는 것이다. 이는 어찌 보면 만주 지역에서 발원한 왕조가 모두 역사 속으로 사라지고 청 왕조마저 중국화 된 상태에서 마지막까지 뚜렷하게 존속하고 있는 왕조가 고려(Corea)뿐임을 강조한 표현이라고 해석할 수 있다. 그리하여 청나라를 주목해야 하는 것과 마찬가지로 고려(Corea)의 역사를 주목하지 않을 수 없다는 논리가 성립되며, 그에 따라 1장 〈고조선〉(Chaosien)부터 9장 〈고려〉(Corea)까지의 역사를 본론의 주요 내용으로 기술한 것이다.

서론에서 진술한 역사적 견해 외에도, 로스가 만주 지역의 역사에 각별한 관심을 가졌던 연유를 추가하기는 어렵지 않다. 개인사적으로 보자면 그는 이 지역에서 근 40여 년 동안 선교사로 지낸 인물이다. 또한 그가 만주에 머물 당시 이 지역은 중국의 영토라는 관념이 고정되어 있지 않았다. 만주라는 지역 자체가 포괄적으로는 한반도, 중국, 몽골, 시베리아 사이에 위치한 지역, 특정 국가에 전유 되지 않는 공간으로 인식되었다. 다만 1858년 2차 아편전쟁 중에 중국과 러시아 간에 체결된 아이훈 조약과 1860년 2차 아편전쟁의 결과로 맺어진 북경 조약을 바탕으로 흑룡강 북쪽과 우수리강 동쪽 지역을 러시아에 넘겨줌으로써 실제 중국에서 말하는 만주는 내만주 혹은 동북 3성, 즉 현재 중국의 행정구역상 흑룡강성, 길림성, 요녕성을 포함하는 지역으로 축소되었을 뿐이다. 역사적으로 한, 중, 러 3개국에 걸쳐 광활하게 펼쳐져 있는 이 지역의 패권을 장악하기 위해서 전쟁이 빈발했으며, 훗날 청일전쟁과 러일전쟁을 거치며 일본마저도 이 지역의 패권 쟁투에 가담했다.

따라서 로스 자신의 선교사적 이해관계로 보더라도, 만주의 역사는 중국의 역사를 알기 위한 전제조건이자 동시에 한국(Corea)의 역사를 알기 위한 필수조건이 되기도 했던 것이다. 이를 방증하듯이, 그는 《한국사》를 출판한 바로 그 이듬해인 1880년에 800여 쪽에 달하는 방대한 분량의 역사서 《만주》를 《한국사》를 낸 출판사에서 다시 발간하였다.

이상은 만주 지역에 거주했던 로스가 《한국사》와 《만주》를 저술한 동기와 배경을 살핀 것이다. 그런데 그가 이 지역의 장구한 역사를 기술하려 했을 때 실제로 어떤 자료를 활용할 수 있었을까? 앞서 뒤 알드가 그러했듯이, 역사가가 어떤 자료를 참고했는가에 따라 기술된 결과는 상이하게 나타날 수 있다. 왜냐하면 역사가의 사관은 자신이 공부한 자료를 바탕으로 형성되고, 사가가 확립된 사관을 바탕으로 자기 주장을 펼칠 때 해당 자료가 근거로 재사용될 수 있기 때문이다. 이런 맥락에서 주목되는 대목이 서론 말미에 밝힌 다음의 진술이다.17)

Hundreds of Chinese volumes have been carefully ransacked for this work, the sources of principal information being the General History of Su Magwang; that of Joo Hi, brought down to the end of the Ming dynasty; the *Shungwoo ji* or History of the Holy Wars of the Manchus; the *Doong hwa loo* or Annals of the Manchu dynasty; the History of Liaotung, more bulky than satisfactory; and some books of travel calculated to throw some light on Ancient Liaotung. The information regarding Corean Customs, Government, &c., was derived partly orally and partly from Corean books written in Chinese.

이 책을 쓰기 위해 수백 권에 달하는 중국의 저서들을 샅샅이 뒤졌다. 중요한 자료로는 사마광의 《통사》, 명대 말까지 전해졌던 주희의 저서, 《성무기》 혹은 만주족의 성전의 역사, 《동화록》 혹은 만주족의 연대기, 그리고 내용의 만족도에 비해 분량이 많은 《요동의 역사》, 그리고 고대 요동 지역을 이해하는 데 도움이 될 만한 몇 권의 기행문이 있다. 고려(Corea)의 관습, 정부 등에 관한 정보 중에는 말로 전해 들은 것도 있고 중국어로 쓰인 한국의 서적을 통해 얻은 것도 있다.

---

17) John Ross(1879), 앞의 책, 8쪽. 홍경숙 역, 앞의 책, 31쪽을 가감하여 인용함.

로스가 열심히 참조할 만한 문헌을 찾고 이들의 출처를 분명하게 밝힌 것은 지난 17, 18세기에 예수회 선교사들이 참고문헌을 거의 언급하지 않았던 관행과 크게 대비된다. 또한 이는 뒤 알드 혹은 레지가 밝힌 소략한 참고문헌에서 진일보한 것으로 평가될 수 있다. 그가 언급한 문헌들 즉, 사마광(司馬光)의《자치통감(資治通鑑)》, 주희(朱熹)의《자치통감강목(資治通鑑綱目)》, 위원(魏源)의《성무기(聖武記)》,[18] 장영기(蔣良騏)의《동화록(東華錄)》, 그리고《요사(遼史)》등은 확실히 적지 않은 참고문헌이지만 모두 출처의 확인이 가능한 사료들이다. 또한 위의 대목에서 직접 밝히지는 않았지만 그는《삼국지연의(三國志演義)》,《수당연의(隨唐演義)》같은 소설과 수나라의 통사인《수서(隨書)》뿐 아니라 뒤 알드의《중국사》, 샤를르 달레의《한국 천주교회사》등도 함께 참조한 것으로 보인다. 다만《한국사》를 기술하면서도 정작 한국인이 기술한 한국사를 두루 참조하지 못했던 것은 분명한 한계이다. 한국에 대해 '말로 전해들은 것'과 '중국어로 쓰여진 한국의 서적'이 무엇이었는지를 모호하게 남겨둔 것도 서술상 결함의 일부라 할 수 있다.

종합하건대 로스는 중국과 구별되는 지역의 역사, 즉 만주의 역사와 한국의 역사에 남다른 학술적 관심을 가지고 이 지역의 역사 탐구에 정진한 셈이지만, 아쉽게도 그 자신이 부족하다고 비판했던 중국 역사서에 주로 의존하면서 한국사를 구성하는 역설적 상황에 놓이게 되었던 것이다. 역사 기술의 시작 단계에서부터 내포된 이런 한계가 어쩔 수 없이 본론에 영향을 미쳤을 것임은 불문가지이다.

이제 로스의《한국사》에서 한국의 통사(通史)를 이루는 부분, 곧 1장

---

18) John Ross(1879), 앞의 책, 8쪽. 홍경숙 역, 앞의 책, 31쪽과 346쪽에서는《성무기》를《삼국지》로 오역하고 있다.

고조선에서 9장 고려에 이르는 대목을 살펴보기로 한다.

먼저, 1장은 고조선에 대한 설명이다. 여기에서 그는 고조선의 기원에 대해 기자조선을 단순히 하나의 '설'로 취급한 대신, 본격적인 기원으로서 '위만조선'의 성립과 한나라와의 전쟁 그리고 한사군(漢四郡)의 설치에 대해서 상세히 언급하고 있다. 특히 현재까지도 논란의 대상이 되고 있는 한사군의 위치에 대해서 로스는 낙랑(樂浪)은 평양 지역, 임둔(臨屯)은 강원도 일대, 현도(玄菟)의 경우 요하강 동쪽 그리고 진번(眞番)은 요하 서쪽이라고 명시하고 있다.19) 또한 책의 첫 면에 중국 한(漢)고조(高祖), 즉 유방(劉邦)의 삽화를 실어두었는데 이를 보면 한(漢) 제국이

[그림 22] 로스의 책 1장 앞에 실린 한고조   [그림 23] 로스의 책 6장에 실린 측천황후

---

19) John Ross(1879), 앞의 책, 17쪽. 원문 : "Lolang, which the Coreans call Norang, the present Pingyang … [중략] … Lintwun was the modern Gangwan Do … [중략] … Hüentoo, the original Gaogowli, and the eastern portion of the presnt Liaotung … [중략] … Junfan, the western half of Liaotung bordering the Liao river."

한국 역사의 초기에 깊이 관여했다고 파악한 듯하다. 또한 위만조선과 잠시 공존하였던 부여, 옥저와 함께 한반도에 존재하였던 삼한에 대한 언급을 간단하게 처리한 반면, 중국의 역사책을 두껍게 만드는 데 기여했다는 5호16국 시대, 즉 중국 한나라가 멸망한 후 만주 지역에서 벌어졌던 혼돈의 시대에 대해서는 1장의 절반 이상을 할애하고 있다.[20]

그런데 로스의 서술에는 위만조선이 만주 지역을 '지배(rule or govern)' 했다는 표현은 단 한 차례도 등장하지 않는다. 오히려 위만조선이 만주 지역의 일정 부분을 일정 시기 동안 '차지(occupying)'한 것은 사실이나 독립적인 고대 국가로 형성되었다고는 생각하지 않았던 듯하다.[21] 또한 고조선의 통치자에 대해서도 '왕(king)' 혹은 '수장(chief)'이라는 두 단어를 번갈아 사용하면서 고조선의 역대 왕에 대해서 비중 있게 다루지 않았다. 로스는 선진적인 철기 문명을 받아들였던 연나라가 당시 이 지역, 특히 요동 지역을 고조선보다 훨씬 오랫동안 지배하였다고 주장하였다.

이런 관점의 연장선상에서 그는 만주 지역의 역사를 주도한 민족으로 2장에서 선비족의 등장을 그리고 3장과 4장에서는 모용(慕容)씨가 세운 연나라를 상세하게 기술하고 있다. 2장의 경우, 모용황(慕容皝), 모용준 (慕容儁), 모용외(慕容廆) 등으로 이어지는 모용씨의 왕위 계승 과정과 이 지역 내 다른 소국들 간의 빈번한 전쟁을 소개하고 있다. 그리고 이 소국들 속에 발해를 일부 포함시킴으로써 발해를 하나의 장으로 분리시켜 다룰 만큼 비중 있는 국가로 간주하지 않았다. 이런 양상은 3장 <연왕>에서 연과 고구려 고국원왕과의 전쟁을 서술하는 가운데, 고국원왕을 '집을 잃은 도망자'(homeless fugitive)라고 표현하며 철저하게 연나라

---

20) John Ross(1879), 앞의 책, 32~33쪽.
21) John Ross(1879), 앞의 책, 11쪽.

의 승리를 묘사한 것과 연결된다.22) 4장 〈연나라〉에서는 변방국인 연나
라가 중원의 진·한나라와 대결하며 건국·성장·쇠퇴하는 과정을 상세하
게 서술하고 있다. 하지만 위의 3장 전체에서 로스가 당부하고 싶었던
말은 4장의 마지막 부분에서 부각된다.23)

> We have followed the Yen in their rise, progress, and decline; both to
> give a living picture of the timers, and to show how an insignificant border
> tribe gradually increases, by wise skill rather than by bravery, into a large
> kingdom; and how easily a large kingdom is broken up by selfish
> incompetence … [중략] … for communities must necessarily be civilized
> before they become luxurious; for or civilization in the past, as in the
> present, ministers to luxury, and luxury to effeminacy, to political decay and
> to national destruction.
>
> 우리는 연(燕)나라의 탄생과 진보, 쇠퇴를 뒤쫓았다. 이것은 그 시대의
> 생생한 묘사를 제공하고자, 그리고 하찮은 국경 지대 부족이 용맹스러움
> 보다는 신중한 노련함으로 점차 확장되어 큰 왕국이 되었고 또 이 큰 왕
> 국이 이기적인 무능력함으로 인해 그렇게 쉽게 분열되고 만 것을 보여주
> 고자 한 것이었다. … [중략] … 사회는 사치스러워지기 전에 필연적으로
> 문명화된다. 과거에도 현재와 마찬가지로 문명은 사치를 불러오고, 사치
> 는 유약함을 또 정치적인 부패를 그리고 국가적인 파멸을 불러온다.

위 인용문은 선교사로서의 로스의 문명관이 반영된 것이라 볼 수 있
다. 문명을 파멸로 이끄는 것은 사치라는 점을 강조함으로써 은연중 성
직자의 신념을 역사에 배합한 양상이다. 어쨌거나 그는 연나라의 쇠퇴

---

22) John Ross(1879), 앞의 책, 70~72쪽.
23) John Ross(1879), 앞의 책, 118~119쪽. 홍경숙 역, 앞의 책, 197~198쪽을 그대로 인
    용함.

원인으로 '이기적인 무능력함'과 '사치로 인한 정치적인 부패'를 꼽았다. 이 대목에서 로스는 자신의 모국인 영국에게 연나라를 반면교사로 삼으라는 충고를 하고 있는 듯하다.

한편, 한국 고대사의 핵심을 이루는 5장의 〈고구려〉와 6장의 〈신라〉는 특히 중국 측 참고문헌에 의존한 한계를 여실하게 보여주고 있다. 예컨대 이 두 장은 고구려와 신라의 역량과 역사 발전 과정보다는 중국 수·당나라와의 전쟁사에 초점을 맞추어 기술하였다. 5장에서 한국사와 직접적으로 관련이 있는 내용을 뽑아서 축약하면 다음과 같다.

애초 고구려와 부여는 모두 '작은 왕국(miniature kingdom)'이었다. 부여로부터 고구려가 뻗어 나와 시조인 동명왕의 탄생 신화가 발생하였다. 한편 백제는 345년부터 두각을 나타내기 시작하더니 이웃한 마한의 53개 씨족들을 점차적으로 정복해 나갔다.

나머지 내용은 수나라의 입장에서 고구려와 수나라의 수년에 걸친 전쟁을 서술하고 있다. 이 중 을지문덕에 대해 '고구려의 파비우스(Fabius)'로 묘사하며, 수적으로 열세인 상황에서 수나라와의 전쟁을 승리로 이끈 군사 전술(상대가 싸움을 걸어오면 후퇴하는 지연 전술)에 대해서 긍정적인 평가를 하고 있는 점이 눈에 띈다. 정리하건대 '고구려사'를 다루면서 중국과의 전쟁사를 축으로 삼고 그 안에 간략히 백제를 삽입한 형태로 고구려의 역사가 마감된 형국이다.

단순히 분량만으로 치자면 6장 〈신라〉는 5장 〈고구려〉의 2배를 넘는다. 그러나 신라의 경우도 그 기원이나 정치 체제에 대한 설명은 아주 간략하게 처리하였다. 그보다 신라의 역사라고 하기에는 부적합할 만큼, 당나라의 건국부터 시작하여 고구려의 멸망까지 40여 년간에 걸친 당과 고구려 간의 지루하고 처절한 전쟁사에 대해서 6장의 대부분을 할애하였다. 마치 소설을 읽는 느낌을 줄 정도로 당나라 설인귀와 고구려 연개소문의 대결에 대해 상세하고 생생하게 묘사를 한 것이 눈에 띤다.24) 역사서의 문체라기보다는 소설의 문체 감각이 느껴지는 이런 장면은 그가 《삼국지연의》나 《수당연의》 같은 소설류의 서적을 참조했음을 시사한다. 아울러 역사관으로 보더라도, 유럽에서 성장한 저자의 시각에서 역사란 '지역사', 즉 어느 한 지역의 통치권을 차지하기 위해서 왕조들 사이에 필연적으로 발생하는 전쟁 - 정복 - 지배 – 쇠퇴(통치력 상실)의 반복적인 패턴으로 읽혀졌던 듯하다. 전쟁, 정복, 지배가 강조되는 이런 역사 패턴에서라면 자연히 전쟁의 영웅이 역사서의 주인공이자 완성도를 높이는 필수적인 소재가 된다.

한국사와 관련하여, 이 밖에도 백제에 관한 언급이 간혹 나타난다. 백제의 멸망 과정에 대한 서술을 비롯하여, 백제의 부흥 운동을 저지하기 위해서 당나라 군대를 파견했다는 식의 간략한 설명이 수록되어 있다. 눈에 띄는 사실은, 백제의 부흥 운동을 다루는 대목에서 중국 역사상 여성으로서 유일하게 황제의 지위에 올랐던 측천무후의 그림을 삽입하고 '중국 역사상 가장 비범하고 용맹스러운 여성'으로 평가하고 있다는 점이다.25) 이는 설인귀를 파견하여 백제를 멸망시킨 측천무후의 공로를 인정함으로써 자신이 당(唐) 중심의 역사 인식을 지녔음을 드러내 보인 것이라 할 수 있다.

이어 7장 〈거란〉과 8장 〈여진〉 역시 만주 지역의 패권을 놓고 각축했

---

24) John Ross(1879), 앞의 책, 183쪽, 187쪽에서 언급되는 설인귀에 대한 일화을 소개하는 문헌, "the historical novel, Shwo Tang"을 홍경숙 역, 앞의 책, 296쪽과 302쪽은 《설당연전》이라고 번역하였는데 이는 《수당연의》로 판단된다.

25) John Ross(1879), 앞의 책, 171쪽.

던 거란족과 여진족의 성장, 그리고 중국 당 및 송나라와의 전쟁을 거치면서 이 두 변방 민족이 흥성했다가 쇠락해 나간 과정을 자세히 서술하고 있다. 여진의 성장 과정에서 발해의 흥망성쇠 과정을 두 쪽이 채 안되는 분량으로 서술하고 있다.[26] 그러나 이렇듯 짧은 언급에도 불구하고 발해의 '학문이 번성하고 문학이 풍성하였다'고 평가한 점이 특이하다.[27]

'고려(Corea)'로 이어지는 9장에서는 왕건이 세운 고려의 건국 과정을 언급하는 것으로 시작된다. 이 9장의 본문에서 '원 왕조 초기에 고려는 완전히 종속되었던 것'으로 기술하면서 고려를 원나라의 부속 국가로 치부하고 있다.[28] 아쉽게도 고려가 30여 년간에 걸친 몽고 제국의 침략에 저항했음에도 불구하고 이에 대한 언급은 전혀 없다. 이후 곧바로 이성계의 조선 건국 과정을 간단하게 언급한 후 훌쩍 뛰어넘어 임진왜란으로 넘어간다. 저자는 임진왜란의 원인을 일본인의 기독교 개종자가 많아지자 일본 정부가 이들을 제거하기 위해서 전쟁을 일으키게 되었다고 조심스럽게 추정하고 있다. 이후 후금과의 정묘호란 그리고 청나라와의 병자호란에 대해서 중국 측 시각에서 상세히 기술하고 있다.

같은 장 후반부에서는 서양인들과의 교섭, 천주교 탄압, 프랑스와 미국의 침략, 일본의 무력으로 인한 타의적 개항과 그 개항을 위해 맺어진 강화도 조약에 이르는 한국의 최근 근황을 소개하였다. 저자는 1874년 프랑스 파리에서 출판된 샤를르 달레(Claude-Charles Dallet, 1829~1878)의 《한국 천주교회사(Histoire de l'Eglise de Corée)》(1874)를 읽고 난 후에 이

---

26) John Ross(1879), 앞의 책, 235~236쪽.
27) John Ross(1879), 앞의 책, 235쪽.
28) John Ross(1879), 앞의 책, 267쪽.

저술을 작성했던 것으로 보인다. 로스는 《한국사》의 저술 당시까지 1887년 언더우드(Horace Grant Underwood, 1859~1916)의 초청으로 새문안 교회의 창립 예배를 보기 위한 며칠간의 여행을 제외하고는 오로지 40여 년간을 만주에서 머물렀다. 그럼에도 불구하고 그가 한반도에서 일어나고 있는 일련의 사건들에 대해서 소상히 알고 있었던 것으로 추정되는데, 이는 로스가 당시에 한국에서 활동하고 있던 선교사, 예를 들면 서울로 그를 초청한 언더우드나 뒤에 논의할 게일 등과 지속적으로 교류를 하고 있었기 때문에 가능했으리라 판단된다.

10장부터 14장까지는 한국사에 해당하기보다는 저술 당시의 한국에 대한 개괄적 안내서 역할을 하도록 내용이 채워져 있다. 10장은 조선 사회의 관습에 대해서 서술하고 있는데, 현재의 우리들이 다시 생각해 봄직한 내용들이 섞여 있다. 이를테면 이런 부분이다.[29]

> What is now one Corea, which was three kingdoms in the sixth and seventh centuries, and scores of petty kingdoms, more properly independent clans, in the centuries before, had not one source nor was peopled by the same race of men ; certainly not at one time. The fortunes of war- now permitting them to overflow into other lands and mingle with other peoples, now driving them back across their boundary rivers, anon introducing myriads of captives into their midst, and again driving other peoples among them for shelter—have been so varied, oft repeated, and spread over so many centuries, that it is impossible the Corean of the present day should be of unmixed blood.
>
> 지금은 하나의 조선이지만, 6~7세기에는 세 왕국이었고 그 수백 년 전에는 수십 개가 넘는 작은 왕국들, 더 정확히 말하자면 독립적인 부족들이

---

29) John Ross(1879), 앞의 책, 299쪽. 홍경숙 역, 앞의 책, 469쪽을 그대로 인용함.

었다는 것이다. 이들은 동일한 근원에서 유래하지도 않았고, 동일한 인종으로 국가를 이룬 것도 아니었으며, 무엇보다 동시에 사람들이 거주하기 시작한 것도 아니었다. 변화무쌍한 전쟁의 운에 따라, 한번은 이방의 땅으로 넘어 들어가 이방인들과 섞였다가 다시 국경의 강을 건너 밀려나기도 하고, 또 수많은 포로들을 수용하기도 했다가 다시 피난처를 찾아 피신하는 사람들이 생기는 일이 너무나 반복적으로 수 세기에 걸쳐 계속되었기 때문에 오늘날 조선인의 혈통이 순수하다고 보기는 불가능하다.

20세기 들어 단일 민족 국가의 신화를 강화해 온 국내의 역사적 흐름을 고려하면 19세기 외국인의 시각에서 이미 지적되었던 위의 내용은 역사적 사실이 무엇인가를 되묻게 하는 진술이라 할 수 있다.

이후 10장은 조선의 주택, 온돌, 음식, 의복, 출생, 교육, 사회 계급, 결혼과 이혼, 죽음 등 순으로 각종 생활상을 묘사하고 있다. 특히 죽음과 관련한 항목, 예를 들면 애도, 임종, 시신의 처리 방법, 장례와 제사 절차 등이 내용의 거의 절반을 차지하고 있다. 이는 기독교 선교사인 로스의 시각에서 조상 숭배로 보일 수 있는 한국의 장례 의식과 제사 의식을 관심 있게 바라본 결과이다. 로스는 일찌감치 서문에서 한국인에 다소 익숙해지기 위해서는 먼저 이 10장을 읽으라고 당부하고 있을 정도로 한국인의 일상적인 삶, 그중에서도 죽음과 관련된 한국인들의 전통과 의식을 상세하게 소개하고 있다.[30]

이외에 11장은 종교, 12장은 법률, 왕실, 행정 조직, 군대 등 국가의 기본 체제에 대해, 13장은 언어, 마지막 14장은 지리에 대한 설명이다. 로스는 조선인의 생활에 긴밀하게 영향을 미치는 각 부문을 짜임새 있게 소개하고자 하였으므로 19세기 한국 사회를 미시사, 생활사의 맥락에서

---

30) 홍경숙의 번역본에서는 원문에 수록되어 있는 서문(preface) 번역이 생략되어 있다.

들여다볼 수 있는 소재가 적지 않다. 그러나 이 부분은 대체로 역사를 주된 대상으로 기술한 것이 아니기 때문에 한국사 전반의 인식을 살펴 기에는 적당하지 않다고 볼 수 있다.

3) 한국사 인식의 의의와 한계

이상에서 로스의 《한국사》의 구성과 주요 내용을 살펴보았다. 1879년 출판된 《한국사》가 서양인에 의한 최초의 본격적 한국통사로서 자리매 김 될 수 있음은 앞서 강조한 바와 같다. 한국통사의 시초로서 로스의 《한국사》가 갖는 의의를 찾자면 다음과 같이 정리할 수 있겠다.

첫째, 로스의 《한국사》는 한국 역사에 대한 인식이 제한적이었음에도 불구하고 단행본 형태의 한국통사로는 최초의 저작이라는 의의가 있다. 로스는 고구려를 중심으로 한 삼국 시대까지를 '고대(ancient)'로, 고려와 조선 시대를 '근대(modern)'로 보았다. 그는 특히 고구려, 고려, 그리고 조선의 역사를 중국, 일본, 서양과의 주요 사건을 중심으로 하여 연대기 순으로 기술하였다. 이러한 그의 저서는 이 책에서 앞으로 논의할, 그리 고 비록 논의되진 않았지만 서양어로 쓰인 한국 관련 저서에서 수 없이 언급될 정도로 지대한 영향을 미쳤다는 점에서 매우 중요하다. 다음 절 에서 논의될 그리피스의 저서 《한국, 은자의 나라》의 서문에서도 로스 의 《한국사》로부터 지대한 도움을 받았다고 밝히고 있으며 본문에서도 로스의 견해를 여러 차례에 걸쳐 인용하고 있다.[31)]

둘째, 저자는 기본적으로 한국사를 만주사의 연장선에서 조망하고 있 다. 그가 보기에 만주 지역은 중국 북동쪽에 위치한 변방 지역으로서 다

---

31) William Griffis(1882), 앞의 책, 278, 444, 448쪽.

양한 민족들이 발원한 곳이다. 이 민족들은 한때 중국의 중원을 차지했
거나 적어도 한족 왕조들의 흥망성쇠에 막대한 영향을 끼쳤다. "Corea"
라고 불리는, 저술 당시 한반도에 살고 있는 민족도 기원적으로는 여기
에 속한 민족 중 하나로 파악되었다. 다시 말하면 그는 만주의 역사가
동북아시아의 역사에서 매우 중요한 부분이며, 중국 전체의 역사를 이
해하는 데도 중요한 역할을 한다고 믿었다. 이러한 연유로 그의 《한국
사》는 고조선으로 시작해 선비족과 연나라, 거란, 여진족의 역사까지를
포함시켰다. 이는 비록 그가 참조한 자료가 전적으로 중국으로 한정된
데다 한반도를 넓은 의미에서 만주의 일부라고 생각했기 때문이기도 하
지만, 한편으로는 서양인들에게 한국사의 범위를 한반도의 바깥인 만주
지역까지 확대시킬 수 있는 발상을 제공하게 되었다.

셋째, 로스의 《한국사》는 서양인들에게 본격적인 동아시아 역사와 당
시 상황에 대한 지식을 확장해 주는 데 지대한 역할을 하였다. 로스 이
전 시기의 문헌들에서는 한국에 대하여 극히 부정확하고 미미한 언급들
만이 발견되었으나, 로스의 저술로 인해 동아시아에 중국과 일본 이외
의 독자적이고 유구한 역사를 지닌 나라가 존재해 왔음을 분명하게 인
식되도록 하였다. 로스는 한국을 오랜 역사와 높은 수준의 문화를 지닌
독립적 국가로 보았기 때문에 한국의 문화에 대해서도 가볍지 않은 학
술적 관심과 애정을 가지고 있었다. 《한국사》의 저술 이후에도 그가 한
국을 이해하고 소개하는 학술 활동에 힘을 기울였다는 점은 이를 방증
하는 근거가 된다.

한편, 이러한 역사적 의의에도 불구하고 현재의 시점에서 보자면 그
의 저술은 몇 가지 불완전함과 한계를 지니고 있다. 우선 《한국사》의 내
용이 지닌 한계로서, 전체 14장 중 1장에서 9장에 이르는 한국의 통사

부분에 순수하게 한국의 역사만을 기술한 부분이 소략하게 다루어졌다. 로스의 《한국사》는 1장 〈고조선〉, 5장 〈고구려〉, 6장 〈신라〉, 그리고 9장에서 고려와 조선의 왕조를 한데 묶어서 서술하였다. 특히 천여 년에 이르는 고려와 개항 직후까지의 조선 역사를 단 40여 쪽[Ross(1879, 261~298쪽)]으로 정리하고 있으며, 고려의 경우는 40여 쪽 중에서도 겨우 7쪽 분량만을 할애하고 있다. 이러한 상황을 고려할 때, 그의 한국사가 한국사 전체의 시기를 골고루 그리고 충실하게 수렴했을 가능성은 현격하게 떨어진다.

둘째, 저자는 고조선에서 개항 직전까지의 한국 역사를 고집스러울 만큼 일관되게 중국 왕조와의 대립과 전쟁을 중심으로 서술하였다. 이는 로스가 한국의 역사를 중국에 종속된 것으로 파악했거나 혹은 중국사(특히 만주지역의 역사)와의 연결선상에서만 한국사의 의미를 인정한 결과로 읽힌다. 따라서 그의 한국사 인식은 한국사의 주체적 전개를 설명하는 데는 지극히 제한적이었음을 보여준다. 실례로, 한사군 설치를 중심으로 삼은 고조선, 연(燕)나라와 고구려의 대립, 수(隨)·당(唐)과 고구려의 전쟁, 원(元)과 고려, 청(淸)과 조선, 마지막으로 서양 국가들에 대한 조선의 저항으로 이어지는 한국의 역사는 외부 국가와 경쟁하고 충돌했던 역사로 단순화되고 말았다. 그러한 과정에서 고구려를 제외하고 거의 모든 한국사의 왕조가 중국과의 전쟁에서 패배한, 그래서 종속되어야만 했던 왕조로 오해하게 만들었다. 신라사를 당나라와의 전쟁에만 초점을 맞추어 기술하였거나, 발해를 8장 여진족의 역사 부분에서만 소략하게 다룬 것이 대표적인 예라 할 수 있다.

셋째, 한국사의 영역을 만주까지 확장 가능케 한 것이 역설적으로 이 저술의 한계로 지적될 여지가 있다. 로스 자신은 《한국사》에서 단군과 고조선이 만주 지역에 존재하였다는 주장을 신화로 치부하고 '진정한 한국사는 고려부터이다. 그 이전은 하나로 통합된 나라가 아니었다. 단지 고구려인, 신라인, 백제인이 있었을 뿐이다'라고 기술함으로써 한국사의 '시간대(duration)'를 단축하고 있다. 더욱이 고려마저도 원나라 초기부터 완전히 종속된 것으로 인식하였다. 그는 한국사의 명실상부한 출발점을 왕건이 세운 고려 시대(918~1392)로 규정함으로써 결과적으로는 한국사를 천 년의 역사로 제한시켰다.

넷째, 이영미(2010b)가 지적했듯이, 로스가 《한국사》를 저술하기 위해 참조한 문헌들은 뒤 알드의 《중국사》에 수록된 레지의 〈조선의 약사〉와 같이 중국 측 문헌에 편중되어 있다. 로스는 《자치통감》, 《자치통감강목》, 《성무기》, 《동화록》, 《요사》, 《삼국지연의》, 《수서》, 《수당연의》 등을 참조하였다. 물론 로스의 《한국사》가 3편의 중국 문헌만을 참조한 뒤 알드의 저서보다 더욱 다양한 문헌들을 참조한 것은 진일보한 일이다. 거기에 원전 자료를 활용했다는 점은 더욱 의미 있다. 그러나 한국의 통사를 서술하면서 한국에서 생산된 문헌들을 구하는 대신 만주에서 만난 한국인들의 구술에 주로 의지함으로써 한국사에 대한 충분한 문헌 자료를 활용할 수 없었다. 이는 출발선상에서부터 그의 한국사가 취약했음을 시사한다.

다섯째, 역사적 사실에 대한 부정확한 기술과 오류가 자주 발견된다. 예를 들면, '신라가 한반도 북쪽 거의 대부분을 지배했다(147쪽)', '신라의 첫번째 왕은 백제인이었기 때문에 신라가 백제를 더 높이 여겼다(149쪽)', '백성들이 왕[진평왕]의 부인인 덕만을 통치자로 선출하였다(205쪽)', '918년 궁예가 왕의 칭호와 권력을 취했고 923년 왕건에게 살해되었다(272쪽)', '선조는 임진왜란 와중에 일본군을 피해 중국으로 건너

갔다(355쪽)' 등은 역사적 사실과 전혀 다르게 서술된 대표적인 사례들
이다.[32]

---

32) John Ross(1879), 앞의 책, 147, 149, 205, 272, 355쪽.

제2절 윌리엄 엘리엇 그리피스의 《한국, 은둔의 나라》(1882)

1) 그리피스의 생애와 《한국, 은둔의 나라》의 저술 배경

19세기 말에서 20세기 초로 넘어가는 세기의 전환기에 미국에서 동아시아, 특히 일본 전문가로 활동했던 윌리엄 엘리엇 그리피스(William Elliot Griffis, 1843~1928)는 그의 '친일적 행적' 때문에 - 그것이 사실이든 아니든 - 다른 한국 관련 서양인 저술가에 비해 비교적 일찍부터 국내 학계에서 유명해졌다. 동아시아에 대한 전문 서적이 부족하던 시절, 그가 33세와 37세에 집필한 일본 관련 저서 《미카도의 제국(*The Mikado's Empire*)》(1876~1913년까지 총 12판)과 여기서 분석할 《한국, 은둔의 나라(*Corea, the Hermit Nation*)》(1882~1911년까지 총 9판) 두 권의 대성공으로 그의 명성은 자신의 주 활동 무대였던 미국은 물론 유럽에까지 널리 알려지게 되었다. 그의 저서 《한국, 은둔의 나라》가 한국을 알고자 하는 서양인들에게는 필독서가 될 정도로 서양인들의 지식 형성에 막대한 영향을 끼쳤다는 것은 부정할 수 없는 사실이다. 이러한 연유로 그리피스의 생애에 대해서는 일찍부터 몇 편의 논문에서 상세하게 정리되었다.[33]

---

33) 그리피스의 생애에 대해서는 다음과 같은 논문을 참조. 최덕수, 〈개항기 서양이 바라본 한국인, 한국 역사〉, 《민족문화연구》 30, 고려대학교 민족문화연구소,

그리피스는 1843년 미국 필라델피아에서 4남매 중 차남으로 태어났
다. 그의 아버지는 영국 웨일스 지방에서 미국으로 이주한 가난한 선원
이었는데, 그리피스는 정통 보수 성향의 네덜란드 개혁 교회(Dutch-
Reformed Church) 계열의 독실한 기독교 집안에서 태어나 모친의 절대적
신앙 생활 속에서 성장하였다. 또한 럿거스 대학(Rutgers College)을 졸업
한 후,[34) 일본 정부의 초청을 받아 1870년 말부터 1874년 7월까지 약 4년

[사진 2] 그리피스가 일본에서 가르치던 시절 학생과 함께 찍은 사진

1997, 133쪽. 김상민(2007), 앞의 논문, 41~42쪽. 류황태, 〈그리피스를 통해 본 한
일관계〉, 《미국학논집》 42 : 3, 한국아메리카학회, 2010, 108~112쪽. 안종철, 〈윌리
엄 그리피스(William E. Griffis)의 일본과 한국인식(1876~1910)〉, 《일본연구》 15,
고려대학교 일본연구센터, 2011, 443~447쪽. 이영미, 〈그리피스(1843~1928)의 한
국 인식과 동아시아〉, 인하대학교 박사학위논문, 2015, 36~57쪽. 한편 그리피스의
일본 에치젠(越前) 지방의 후쿠이(福井)의 생활에 대한 자세한 기록으로는
Edward R. Beauchamp, Griffis in Japan : The Fukui Interlude, 1871, *Monumenta
Nipponica* 30 : 4, Sophia University, 1975, 423~452쪽을 참조.
34) 현재 미국 뉴저지 주 주립대학교인 럿거스 대학교(Rutgers University)은 당시만 해
도 신학대학이 있었으며 이 신학대학은 네덜란드 개혁 교회와 긴밀한 관계를 가
지고 있었다. 참고로 현재 미국 내 주(州)에서 운영하는 주립대학교에 종교학과는
있을 수 있으나 신학대학을 운영하고 있는 곳은 없다.

동안 일본에서 과학과 영어를 가르쳤다. 귀국 후에는 신학교에서 신학박사 학위를 받고 목사가 될 정도로 기독교적 세계관에 충실한 인물이었다.

그리피스는 주로 일본, 한국 등 동아시아에 대한 소견을 바탕으로 왕성한 저술 활동을 펼친 바 있다. 그의 주저로는 《미카도의 제국》, 《한국, 은둔의 나라》 외에도 당시 동아시아 정세와 이에 대한 미국의 정책을 분석한 America in East(1899) 그리고 Japan in History, Folklore and Art (1892), The Religions of Japan(1895), Verbeck of Japan(1900) 등과 같은 일본에 관한 저술 및 Corea, Without and Within(1885), 《아펜젤러 : 조선에 온 첫 선교사(A Modern Pioneer in Korea : The Life Story of Henry G. Appenzeller)》(1912), Korean Fairy Tales(1922) 등과 같은 한국 관련 저술이 여기에 속한다.[35] 이는 그가 미국에서 활동한 일본 전문가이자 동시에 한국을 포함한 동아시아 전문가였음을 시사한다.

그러나 무엇보다 그리피스의 이력에서 부각되는 행적은 그가 일본의 근대화 과정에 끼친 영향력이다. 그는 약 4년간 일본 정부에 의한 외국인 고용자로서의 경험을 활용하여 메이지 유신을 전후한 시기의 일본 근대화에 지대한 공헌을 하였다. 1874년 미국으로 돌아온 이후부터 사망하던 1928년까지 그리피스는 자신이 '일본과 미국을 이어주는 다리'라는 소명 의식을 가지고 자신의 국민인 미국인에게 일본에 대한 정확한 정

---

35) 위 3편의 저술 중 1편, 《아펜젤러 : 한국에 온 첫 선교사》만이 한글로 번역되어 출판되었다. 이만열 역, 《아펜젤러 : 한국에 온 첫 선교사》, 연세대학교 출판부, 1985. 그리피스는 세계 각국의 민담에 대해서 깊은 관심을 가진 민속학자이기도 하다. 또한 일본과 중국의 민담은 물론 유럽 각국의 민담 또한 채록하여 출판하였다. 한국 민담집은 아동용 3편이 발간되었다. The Unmannerly Tiger and Other Korean Tales(1911), Fairy Tales of Old Korea(1911), Korean Fairy Tales(1922). 3편에 실린 19개의 민담과 삽화는 모두 동일하다.

보를 제공하려고 노력하였다. 일본이 미국과 같이 문명화 되어서 '동아시아에서의 미국'이 되어주기를 바라는 마음이 강했던 것으로 추측된다.

일본의 문명화 과정에 기여하면서도 한국사를 비롯한 한국 관련 논저를 내었다는 사실로 인해 그는 한국 학계에서 적잖이 논쟁의 중심에 섰던 인물이었다. 이병도(1918)에 의해 최초로 소개된 이후, 많은 논자들이 그리피스의 활동과 한국사 저술에 대한 논고를 제출했다.36) 그 첫 번째 갈래는 친일 경향과 비틀린 역사관에 초점을 맞춘 논의들이다. 두 차례에 걸쳐 이 문제를 다룬 신형식(1987, 1999)의 연구가 대표적이다.37) 이 논문은 그리피스의 《한국, 은둔의 나라》를 평가하며 '소위 식민사관과 맥을 같이하고' 있는 '친일적 서술'이자 20세기 초 서양인들의 '비틀린 한국관' 형성에 이바지한 저작(著作)이었다고 규정하였다.38) 그는 자신의 주장을 뒷받침하기 위해서 그리피스가 지리적 결정론자이며, 특히 한국 고대사에 관한 한 일본의 자료를 주로 사용한 탓에 일본의 식민지 사관을 그대로 답습(踏襲)하였다고 주장하였다.

이러한 논조는 후속 연구인 최덕수(1997), 이태진(1999) 그리고 정성화(2000a)의 논문으로 이어졌는데 이들은 모두 대동소이한 흐름을 보인다.39) 이후 김상민(2007)은 그리피스의 견해에 대해 '친한(親韓)과 반한

---

36) 이병도, 〈讀書偶感〉,《학지광》 15, 학지광, 1918, 398~415쪽.

37) 신형식, 〈일제 초기 미국 선교사의 한국관 : Griffis의《Corea, the hermit Nation》을 중심으로〉,《주제연구》 14, 이화여자대학교 한국문화연구원, 1987, 25~38쪽을 참조. 한편 이 논문은《20세기 전반기 한국 사회의 연구》, 백산자료원, 1999, 245~266쪽에 재수록되었다.

38) 신형식은 그리피스가 한국에 거주한 사실에 대해서 혼돈하고 있다. 247쪽에서는 "한국에 거주한 일이 있다."로, 264쪽에서는 "한국에 온 일이 없었고"라고 서술하고 있다. 그리피스는 사망하기 전 해인 1927년 조선총독부의 초청으로 한국을 한 차례 단기 방문한 적이 있다.

(反韓)의 문제라기보다는 친일의 입장에서 자연히 생성된 견지(堅持)'로 결론을 지었다.[40] 이 논문은 그리피스를 한국의 식민지화를 당연시한 반한론자(反韓論者)로서의 위상을 얼마간 완화시키기는 했지만 여전히 친일적 저술가로서 그리피스를 자리매김하고 있는 것이다. 그런데 그리피스에 대해 부정적이었던 국내의 연구 경향은 2010년대에 들어서면서 조금씩 긍정적인 색채를 띠기 시작했다. 그리피스와 관련해서 두 편의 논문을 발표한 김수태는 첫 번째 논문(2010)에서 그리피스의《한국, 은둔의 나라》가 한국이 '은둔국'이라는 인상을 심는 데 매우 큰 영향을 끼쳤다는 점은 인정하면서도 이러한 부정적인 이미지가 일본의 한반도 침략에 대한 정당성을 부여했다는 기존의 견해에는 의문을 제기하였다.[41] 예컨대 그리피스 자신이 일본이나 중국도 문호 개방 이전의 단계에서는 은둔국으로 지칭하였을 뿐만 아니라, 한국이 일본과 통상을 맺은 이후에는 더 이상 한국을 은둔국으로 보지 않은 점, 따라서 '은둔의 나라'라는 용어는 한국만을 특정하기 위한 고유명사가 아니라 문호 개방 이전의 국가를 지칭하는 보통명사였으리라는 점을 자신의 논거로 삼았다.

김수태는 결론적으로, 그리피스가 의미하는 '은둔국'은 당시 은둔국에서 이제 앞으로 어떻게 문명국으로 변화할 것이냐에 관한 물음에 응한 것이었다고 파악하였다. 그의 지론은 두 번째 논문, 〈윌리엄 엘리엇 그리피스의 한일관계사 이해〉(2012)로 이어지면서 그리피스가 임나일본

---

39) 최덕수, 앞의 논문. 이태진, 〈근대 한국은 과연 '은둔국'이었던가?〉,《한국사론》 41~42, 서울대학교 인문대학국사학과, 1999, 717~749쪽. 정성화(2000a), 앞의 논문.

40) 김상민(2007), 앞의 논문, 47쪽.

41) 김수태, 〈윌리엄 그리피스의 한국 근대사 인식〉,《진단학보》 110, 진단학회, 2010, 125~156쪽. 김수태, 〈윌리엄 엘리엇 그리피스의 한일 관계사 이해〉,《한국민족운동사연구》 73, 한국민족운동사학회, 2012, 51~94쪽.

부설(任那日本附設)을 수용하여 일본의 식민지 사관에 근거를 제공했다는 기존의 주장을 반박하기에 이른다. 오히려 그리피스가 근대 일본의 정한론(征韓論)을 정면으로 비판하면서 고대로부터 시작된 한국과 일본의 우호적인 관계를 유지하고 발전시켜 나가기를 바랐던 '진정성'에 대해 재검토해야 한다고 주장하였다.

이외에 2010년 이후 그리피스의 저술과 활동에 대한 주목해야 할 연구로서 여호규(2010), 류황태(2010), 안종철(2011) 등의 논문이 있다.[42] 이 중에서 여호규는 한국 고대사에 대한 서양학계의 연구 동향을 세 시기(19세기 후반~해방 이전, 해방 이후~1970년대 전반, 1970년대 후반~1990년대)로 구분하면서, 그리피스의 《한국, 은둔의 나라》가 한국측 사료를 거의 활용하지 못했음을 한계로 지적하는 한편, 중국의 영향력을 배제하며 고조선 - 부여 - 고구려로 이어지는 한국 고대사의 전개를 설명한 점, 한반도에서의 삼한과 삼국의 계승 관계를 인정했다는 점은 긍정적으로 평가되어야 한다고 보았다. 또한 그리피스를 통해 한일 관계사를 조명해보고자 했던 류황태의 경우, 《미카도의 제국》과 《한국, 은둔의 나라》 속에서 나타나는 한국과 일본의 관계사 부분을 집중적으로 검토한 결과, 고대로부터 한국이 일본의 조공국이었다는 일본 측의 주장은 역사적 사실에 근거를 둔 것이 아니라 가공의 신화로부터 시작되었다는 점을 추출하였다.

이에 비해 안종철은 영문 논저를 두루 활용하면서 그리피스의 일본에서의 활동과 한국의 독립 운동에 대한 인식을 분석하여, 그리피스가 한국의 독립을 진정으로 바랐던 것이 아니라 '일제의 식민통치 방식의 변경'을 원했으며, 궁극적으로는 한국의 근대화가 '서양을 대리한 일본과

---

42) 여호규, 앞의 논문. 류황태, 앞의 논문. 안종철, 앞의 논문.

기독교 선교사들에 의해서만 가능하다'는 쪽으로 결론을 삼았다.

본고의 논지와 관련하여 그리피스 연구에서 유의미(有意味)한 주장을 한 이는 이영미이다. 그는 2010년부터 무려 네 차례(2010a, 2010b, 2014, 2015)에 걸쳐 그리피스를 집중 분석하였다.[43] 첫번째 논문(2010a)에서는 《한국, 은둔의 나라》뿐만이 아니라 뒤 알드의 《중국사》(1735), 달레의 《한국 교회사》(1874), 로스의 《한국사》(1879) 등 해방 이전 서양인 저술의 한국통사를 비교 분석하였다. 논문 분량상 그리피스의 저술에 대해서는 간략하게 기술할 수밖에 없었으나 '로스의 뒤를 잇는 통사적 서술이자 개항 전 서양인들이 남긴 한국 관계 문건 중 가장 발전된 형태'로 파악하였다.[44] 그는 일본측 사료에 지나치게 의존했다는 한계를 지적하면서도 그리피스의 통사를 적절하게 자리매김하였다. 같은 해 학술회의에서 발표된 두 번째 논문(2010b)은 로스와 그리피스의 한국통사에 집중하여 두 저술의 공통점과 차이점을 간결하게 정리하였다. "로스가 중국 문화에 대한 이해를 바탕으로 기독교 전파에 주력한 '중국의 친구'였다면 그리피스는 일본에 대한 호의와 협력을 끝까지 유지하며 천황으로부터 두 번이나 훈장을 받은 '일본의 친구'였다"는 것이 이 발표문의 핵심이다.[45]

이러한 주장에서 중국 문헌에 의존했던 기존 한국 역사서의 경향이 그리피스에 이르러 전환기를 맞았다고 진술한 것은 적절한 지적이라 하겠으며, 일본 사서(史書)에 의지한 나머지 일본의 한반도 지배를 기정사

---

43) 이영미(2010a), 앞의 논문. 이영미(2010b), 앞의 논문. 이영미, 〈일본의 한국 지배에 대한 그리피스의 태도〉, 《한국사연구》 166, 한국사연구회, 2014, 271~297쪽. 이영미(2015), 앞의 논문.
44) 이영미(2010a), 앞의 논문, 186쪽.
45) 이영미(2010b), 앞의 논문, 372쪽.

실화 하게 되었다거나 기독교와 문명을 강조하는 문명론자의 관점을 취했다고 설명한 부분도 설득력이 있다. 그러나 로스를 '중국의 눈으로 조선을 본 선교사'로, 그리피스를 '일본의 눈으로 조선을 본 문명론자'로 단순화할 수 있는지는 의문이다. 이런 간결한 정의가 핵심을 포착한 것은 사실이나 두 사람의 통사에 대한 해석은 그보다 복잡 미묘해질 수 있기 때문이다. 그는 또 2014년의 논문에서는 그리피스만을 주목하여 아직까지 소개되지 않은 그리피스의 자료와 3.1 운동 이후 한국의 독립 운동과 관련한 그리피스의 행적을 집중 탐색하였다. 미국 뉴저지 주 주립대학교인 럿거스대학교 소장본 '윌리엄 엘리엇 그리피스 컬렉션(William Elliot Griffis Collection)'[46] 중에서 한국 관련 자료를 찾아내었으며, 이를 통해 그리피스가 일본의 한국 지배를 지지하는 관점에서 그리고 '일본에게 상처를 주지 않은 한도 내에서 한국의 역사와 문명을 소개하는' 편이었다고 주장하였다.[47]

무엇보다 주목할 만한 성과는 이영미(2015)의 학위논문이다. 이것은 그간의 그리피스에 대한 자신의 연구를 종합하여 그리피스를 전체적으

---

46) 그리피스 컬렉션에 대해서는 럿거스대학교 도서관 홈페이지에 상세히 소개되어 있다. (https://www.libraries.rutgers.edu/rul/libs/scua/griffis/griff.shtml, 2018년 10월21일 접속) 사실 "그리피스 컬렉션"이라고 이름이 붙어 있는 것은 모두 3개다. 미국 코넬대학교 (Cornell University) 도서관에는 "윌리엄 엘리엇 그리피스 컬렉션" (William Elliot Griffis Collection of Old and Rare Japanese books)이 있다. 이는 그리피스가 일본에 머물 당시 많은 동아시아 고서를 수집하였고 귀국 후에도 지속적으로 일본에서 동아시아 관련 자료를 구입하였다. 이 장서는 1898년부터 1920년 사이에 여러 차례로 나뉘어 코넬대학교에 기증되었다. 또한 이제까지 학계에 한 번도 언급되지 않았는데, 미국 프린스턴대학교 (Princeton University)에도 그리 많은 양은 아니지만 그리피스 컬렉션이 있다. (https://rbsc.princeton.edu/collections/william-elliot-griffis-collection, 2018년10월22일 접속)
47) 이영미(2014), 앞의 논문, 293쪽.

로 조망한 것이다. 여기서 그는, 서구(미국)의 동아시아로의 확장 과정과 관련하여 그리피스를 자리매김한 뒤, 그리피스가 '애국심에 기초하여 미국의 확장을 염원하는 앵글로색슨 개신교'적 인물임을 전제로 삼았다.[48] 이를 바탕으로 동아시아 3국에 대한 그리피스의 견해를 늙어버린 '백발의 제국'으로서의 중국, 문명화를 진행 중인 '천황의 제국'으로서의 일본, 그리고 여전히 고립되어 있는 지역으로의 '은둔의 나라' 한국으로 정리하였다. 또한 그의 논문 후반부에서는 주로 럿거스대학교에 소장되어 있는 그리피스의 문서들을 분석하여 궁극적으로는 그리피스가 일본에 의한 한국의 지배가 합당하다고 생각했으며 한국의 독립을 바란 적도 없고 최종적으로는 식민지 근대화와 일선동조론(日鮮同祖論)에 동의했다는 결론을 이끌어내고 있다.

　서구와 동아시아의 접촉 맥락에서 그리피스에 초점을 맞춘 이영미의 시각은 충분한 설득력을 갖추고 있다. 예컨대 이 저술이 유럽과 미국에 있는 서양인들에게 미친 파급력을 구체적으로 검증한 것은 주목할 만한 성과라 하겠다.[49] 더욱이 그리피스가 '한국에 대한 미국의 제국주의적 침탈을 기획한 사람'이자 《한국, 은둔의 나라》를 써서 '해외 무대가 필요한 미국인들에게 한국을 보여주고 미국인들의 한국행을 재촉한' 저술로 규정한 점은 이해가 가능한 견해라 할 수 있다.[50] 그러나 이영미의 논문은 해방 이전 서양인의 한국사 저술의 맥락에서 그리피스의 《한국, 은둔의 나라》를 고찰하려는 본 서의 취지와는 각도가 다르다. 이영미는 그리피스의 전체 저술과 행적 속에서 《한국, 은둔의 나라》를 다루고자

---

48) 이영미(2015), 앞의 논문, 19쪽.
49) 이영미(2015), 앞의 논문, 135~138쪽.
50) 이영미(2015), 앞의 논문, 251쪽.

했던 반면, 필자는 이 저술이 서양인들이 저술한 한국통사라는 관점에서 어떤 위치를 점하고 있는가에 주목하고자 한다. 아울러《한국, 은둔의 나라》의 내용에 대한 역사적 평가에서도 다른 해석이 가능하다고 본다. '식민', '기독교', '문명'이라는 핵심어로 단순화할 수 없는 중요한 내용과 진술이 포함되어 있다는 것이 필자의 기본적 견해이다. 따라서 이 책에 대한 가치와 의의의 해석도 차이가 있게 될 것이다.

이상에서 그리피스의 행적과 저술, 연구사를 검토하며 그리피스의《한국, 은둔의 나라》가 저술된 전후의 배경 및 이에 대한 학계의 논쟁을 살펴보았다. 어찌되었든 그의 삶과 저작들은 일본과 한국, 그리고 미국에 걸쳐 적지 않은 영향을 끼쳤던 만큼 많은 해석상의 논란점을 안고 있다.《한국, 은둔의 나라》역시 논자에 따라 해석의 방식이 다양했다는 점이 이를 방증(傍證)하고 있다. 그렇다면 실제로 이 저술은 어떻게 구성되었으며 어떤 특징을 지니고 있을까?

2) 저술의 구성과 핵심적 내용

그리피스의《한국, 은둔의 나라》는 1882년 미국 뉴욕에서 초판이 발간된 이래, 약 30년에 걸쳐 아홉 차례의 개정 및 증보판(1911년 9판)이 출판될 정도로 서양 독자들에게 많은 인기를 누린 저술이다.[51] 초판을

---

51) 이 책,《한국, 은둔의 나라》가 나오기 직전인 1881년에 그리피스는 국제지리학회에서 같은 제목으로 논문을 투고한 적이 있다. William Elliot Griffis, Corea, the Hermit Nation, *Proceedings of the Royal Geographical Society and Monthly Record of Geography*, 13, The Royal Geographical Society, 1881, 125~132쪽. 또한 저자의 표기가 없는 같은 제목의 한국을 소개하는 16쪽 분량의 소책자, *Corea, the Hermit Nation*, American Book Co., 1894도 확인된다. 또한 이영미(2015), 앞의 논문, 108쪽에서는 이 저술의 출판사 정보를 언급하였다. 여기에서 이영미(2015)는 이태진

기준으로 책의 구성을 살펴보면 아래의 [표 15]와 같다.

[표 15] 그리피스의 《한국, 은둔의 나라》 초판 구성 및 제목

Part I Ancient and Medieval History(고대와 중세 역사)	Ch.1 The Corean peninsula (한반도)	Ch.2 The old kingdom of Cho-sen(고조선)	Ch.3 The Fuyu race and their migrations(부여족과 그들의 이동)	Ch.4 Sam-han, or southern Corea (삼한, 한국의 남부)
	Ch.5 Epoch of the three kingdoms-Hiaksai(삼국시대-백제)	Ch.6 Epoch of the three kingdoms-Korai(삼국시대-고구려)	Ch.7 Epoch of the three kingdoms-Shinra(삼국시대-신라)	Ch.8 Japan and Corea(일본과 한국)
	Ch.9 Korai, or united Corea (고려, 통일된 한국)	Ch.10 Cathay, Zipangu, and the Mongols(중국, 일본, 몽골)	Ch.11 New Cho-sen(조선)	Ch.12 Events leading to the Japanese invasion(일본의 침략)
	Ch.13 The invasion-on to Seoul(서울 함락)	Ch.14 The campaign in the north(북부 지역의 전투)	Ch.15 The retreat from Seoul(서울 철수)	Ch.16 Cespedes, the Christian chaplain(천주교 신부, 세스페데스)
	Ch.17 Diplomacy at Kioto and Peking(교토와 베이징 회담)	Ch.18 The second invasion(2차 침략)	Ch.19 The siege of Uru-san castle (울산성 전투)	Ch.20 Changes after the invasion (침략 이후의 변화)
	Ch.21 The Issachar of eastern Asia(동아시아의 이사갈)	Ch.22 The Dutchmen in exile(네덜란드인의 추방)		
Part II Political and Social Corea	Ch.23 The eight provinces(8도)	Ch.24 The king and royal place	Ch.25 Political parties(정치적	Ch.26 Organization and

(1999)이 이 책의 출판사를 "AMS 프레스"라고 서술한 것에 대해서 잘못된 것이라고 지적하고 있다. 그러나 이태진이 말한 "AMS 프레스"는 1971년 "AMS Press"에서 《한국, 은둔의 나라》의 9판(1911)을 영인하여 재발간한 것이기 때문에 틀렸다고 단언하기는 어렵다.

		(왕과 왕궁)	파벌)	methods of government (정부 조직과 통치 방법)
(한국의 정치 및 사회)	Ch.27 Feudalism, serfdom, and society(봉건 제도, 농노, 사회 제도)	Ch.28 Social life-woman and the family(사회 생활-여성과 가족)	Ch.29 Child life (아동 생활)	Ch.30 Housekeeping, diet, and costume (가정, 음식, 의복)
	Ch.31 Mourning and burial(상례 및 장례)	Ch.32 Out-door life-characters and employments (야외 생활- 특징 및 이용)	Ch.33 Shamanism and mythical zoology (무속 및 신화적 동물)	Ch.34 Legends and folk-lore (전설 및 민담)
	Ch.35 Proverbs and pithy sayings (속담 및 격언)	Ch.36 The Corean tiger(한국 호랑이)	Ch.37 Religion (종교)	Ch.38 Education and culture(교육 및 문화)
Part III Modern and Recent History(근대와 현대사)	Ch.39 The beginnings of Christianity-1784-1794(기독교 전래)	Ch.40 Persecution and martyrdom-1801-1834(박해와 순교)	Ch.41 The entrance of the French missionaries-1835-1845(프랑스 선교사의 입국)	Ch.42 Thewallsofi solationsapped (고립의 벽붕괴)
	Ch.43 The French expedition(프랑스군 원정)	Ch.44 American relations with Corea(한미 관계)	Ch.45 A body-snatching expedition(사체 절도의 원정)	Ch.46 Our little war with the heathen(이교도 와의 전쟁)
	Ch.47Theportsop enedtoJapanesec ommerce(대일무 역개항)	Ch.48 The year of the treaties(수교 되던 해)		
Appendix (부록)	The Corean language(한글)	Study by Europeans(유럽 인들의 한글 연구) / Corean literature (한국 관련 문헌)	Measures, Weights Money, Time, Calculation (도량형, 무게, 화폐, 시간, 계산)	Cartography (한국 관련 지도 제작)

[표 15]에서 보는 바와 같이, 이 책은 크게 3부 48장과 부록으로 이루어져 있다. 1부는 총 22장인데, 한반도에 대한 지리적 설명으로 문을 연 뒤, 고조선, 부여, 삼한, 삼국, 고려, 조선의 건국, 임진왜란, 마지막으로 하멜의 추방까지를 하나로 묶어 '고대와 중세사'라는 제목을 붙였다. 2부(23장~38장)는 '정치와 사회'라고 명명했지만 실은 한국에 대한 개괄 혹은 풍물지라고 할 수 있는 다양한 문화적 주제를 다루고 있다. 마지막으로 3부(39장~48장) '근대와 현대사'는 기독교의 전래로부터 시작하여 한국과 미국이 통상 조약을 체결하던 1882년까지를 다루고 있다. 마지막으로 본문의 뒤에 수록된 부록은 한국 언어와 문학, 도량형, 화폐, 시간, 그리고 한국 관련 지도 등에 대해서 간단하게 언급하고 있다. 종합하자면 이 책은 시대 구분법에 따른 통사적 기술과 주제별 서술이 혼합된 형태의 역사서라 할 수 있다. 초판의 출판 시점으로 보건대, 조미수호통상조약이 체결되고 몇 달이 지나지 않은 1882년 10월에 간행된 것으로 보아 미국과 한국의 관계를 고려하면서 이전까지 집필된 원고를 수습 보완했던 것이라 추정된다.

그런데 초판에서 총 3부 48장으로 구성된 이 책은 1882년부터 1911년까지 근 30여 년에 걸쳐 무려 아홉 차례나 증보판이 나왔다. 다음은 증보를 기준으로 삼아 재정리한 결과이다.

[표 16] 그리피스의 《한국, 은둔의 나라》 2판~9판 판본에 따른 변동 내역

2판 (1883)		1판과 동일			
3판 (1888)	서문 증보	3부 보충 장(Part III, Supplementary chapter) 추가			
4판 (1894)	서문 증보 없음	3판과 동일			
5판		발견되지 않음			
6판 (1897)	서문 증보	3부 보충 장(Part III, Supplementary chapter) 삭제	Ch.49 Corea in 1888(1888년 한국) 추가	Ch.50 Corea in 1897(1897년 한국) 추가	
7판 (1904)	서문 증보	Ch.49 The economic condition of Corea(한국의 경제 상황) 개정	Ch.50 Internal politics : Chinese and Japanese(국내 정치 상황 : 중국과 일본) 개정	Ch.51 The war of 1894 : Corea an Empire(1894년 전쟁 : 대한제국) 추가	Ch.52 Japan and Russia in Conflict(일본과 러시아 충돌) 추가
8판 (1907)	서문 증보	Ch.53 Corea a Japanese Protectorate (한국-일본의 보호령) 추가			
9판 (1911)	서문 증보	Ch.54 Cho-sen : A province of Japan(한국 : 일본의 주(州)) 추가			

위의 [표 16]에서 보듯이, 3판에서는 보충장(Supplientary)이 추가되었고, 6판은 보충장이 삭제되면서 새로운 두 장, 즉 49장과 50장이 추가되었다. 7판의 경우 51장과 52장이 새롭게 더해졌으며, 8판은 53장이, 마지막으로 9판은 54장이 지속적으로 증보되었다. 이렇듯 그리피스는 48장

'수교되던 해'를 마지막 장으로 두었던 1882년의 초판 간행 이후부터 조선이 일본에 의해 병합이 되던 1910년까지 한반도에서 숨가쁘게 일어나는 최신의 정보를 지속적으로 추가 보충하였다. 이는 당시의 독자들에게 그의 저서가 활발하게 유통되었기 때문이라는 상업적 이유뿐만이 아니라 그리피스가 초판을 발행한 이후에도 한국에 대한 관심의 끈을 놓지 않았기 때문에 가능했던 것이라고 추론할 수 있겠다.

Styles of Hair-dressing in Corea.

[그림 24] 그리피스의 책 21장에 실린 한국인 머리모양[52]

---

52) 21장과 30장에 실린 이 두 삽화는 한국을 소개할 목적으로 실린 것인데 매우 이질적이다.

[그림 25] 그리스프의 책 30장에 실린 한국 음식

이에 비해 서문(Preface)의 경우는 매번 증보판이 나올 때마다 새로 작
성된 것은 아니다. 그 대신 2판과 4판을 제외한 모든 증보판에서 새로운
서문을 추가하는 방식을 선택하였다. 서문과 본문의 내용 외에 참고문
헌, 삽화 목록, 지도와 도면, 부록 그리고 색인 등의 경우 9판에 이르기
까지 내용상 초판과는 전혀 다르지 않지만 편집에 있어서만큼은 그 순
서를 달리하고 있다. 그러나 부록, 즉 한글, 이에 대한 유럽인들의 연구
동향, 한국 문헌, 도량형, 화폐, 지도 제작 등은 1904년 7판 이후에는 모
두 삭제되었다. 특이한 점은 5판이 아직까지 발견되지 않았다는 점이다.
출판사가 인쇄 당시 실수로 '5판'을 건너뛰고 4판에서 6판으로 인쇄했을
가능성과, 실제 5판이 발행되었지만 무슨 이유에서든지 출판 시장에 배
포가 되지 않았거나, 배포가 되었지만 현재까지 세상에 알려져 있지 않
은 상태로 있을 가능성 등이 존재한다.

한편 그리피스가 이 책을 저술하는 과정에서 구체적으로 어떤 사료를

이용했는가 하는 문제 역시 매우 중요하다. 그리피스가 밝힌 참고문헌
은 한국사 서술에 있어서 그의 태도 혹은 인식을 가늠할 수 있게 해주는
중요한 근거가 되기 때문이다. 명시된 참고문헌 중 현전(現傳)하는 것을
보면, 그는 중국, 일본, 한국의 동양 3국에서 간행된 역사서들은 물론, 미
국을 비롯한 영국, 프랑스, 독일 등 서양에서 간행된 연구서 및 항해기
형태의 단행본과 학술지에 실린 논문과 발표문, 각종 정부 간행물 및 보
고서, 회고록, 서신문, 영자 신문 기사와 사설, 지도와 도판 등 총 93종에
이르는 문헌들을 두루 활용하고 있다. 이 목록은 그가 이 책을 저술하기
위해 매우 정력적으로 사료와 연구서를 수집했음을 시사하고 있다. 일
본 사료에 대한 치중, 한국 사료에 대한 미진함을 전제로 하건대, 어떤
면에서 그리피스의 참고 목록은 당시의 서구인이 현실적으로 이용 가능
했던 문헌을 대변해주는 것이라 해석될 수도 있다. 아래는 이 93종의 문
헌을 출처에 따라 구분한 통계이다.

[표 17] 그리피스가 참조한 93종 문헌들의 출처에 대한 비교 분석[53]

	중국 자료	서양어로 번역된 중국 자료	일본 자료	서양어로 번역된 일본 자료	한국 자료	서양어로 번역된 한국 자료	서양 자료
직접 인용	1종	2종(동이전)	8종	4종	0종	0종	27종
주요 참조	0종	0종	2종	2종	1종(징비록)	0종	29종
단순 참조	2종	1종(조선전)	1종	0종	1종(동국통감)	0종	12종
합계	6종		17종		2종		68종

위 [표 17]을 보면, 일본의 문헌에 절대적으로 의존했다고 하는 기존

---

53) William Griffis(1882), 앞의 책, xv-xxi쪽. "직접 인용"과 "주요 참조"는 원문에 직
접 언급되어 있으며 "단순 참조" 는 그리피스의 진술에 따른 것이다.

연구자들의 주장에 의문을 제기하지 않을 수 없다. 일본 서적보다는 서양에서 생산된 서적이 오히려 전체의 과반을 넘고 있을 뿐만 아니라 적어도 한국 자료 2종 : [《징비록(懲毖錄)》, 《동국통감(東國通鑑)》]과 중국 자료 4종 [지도, 《(전)한서((前)漢書)》의 〈조선전(朝鮮傳)〉, 《후한서(後漢書)》의 〈동이전(東夷傳)〉, 《중국 사신 기행록(Diary of Chinese Envoy of Corea)》] 등을 외면하지 않았기 때문이다.54) 특히 문제가 되는 고대와 중세(임진왜란까지)에 대한 그리피스의 서술은 일본을 주축으로 삼되 한, 중, 일 삼국의 역사서를 모두 포괄하며 자신이 취사선택을 해서 저술에 참고했던 듯하다. 중국의 〈조선전〉과 〈동이전〉의 영어 번역본을 직접 읽었으며, 실제 일본측 사료는 《고사기(古事記)》, 《일본서기(日本書紀)》, 《황대일람(皇代一覽)》 등만을 참조하였다.

근대와 현대사의 경우는 사정이 또 다르다. 참조한 문헌이 대부분 일본과 동양의 원서 및 번역본에 의존하기보다는 서양에서 생산된 사료들에 집중되어 있기 때문이다. 특히 한국과 밀접한 관련을 지닌 저술로 뒤알드의 《중국사》(1735), 달레의 《한국 천주교회사》(1874), 로스의 《한국사》(1879), 오페르트의 《금단의 나라》(1880) 등을 참고문헌 목록에서 빼

---

54) 〈조선전〉의 영어 번역문은 1878년 이탈리아 피렌체에서 열렸던 제4회 국제동양학자회의 자료집에 수록되어 있다. Alexander Wylie, The Subjugation of Chaouseen, *Atti del IV Congresso Internazionale Degli Orientalisti*, Le Monnier, 1880~1881, 2, 309~315쪽. 〈동이전〉의 경우, 프랑스에서 발간되었던 동아시아 전문 잡지에 수록되어 있다. Alexander Wylie, History of the Eastern Barbarians : translated from the How Han Shoo, Book CXV, *Revue de l'Extrême-Orient* 1, E. Leroux, 1881, 56~83쪽. 이 두 글을 번역한 윌리는 중국에서 활동했던 영국 출신 개신교 선교사로 영어를 중국어로 중국어를 영어로 수 많은 번역 작업을 했던 인물이다. 그는 후에 옥스포드대학교 도서관에 자기가 모은 중국책 모두를 기증했다. 현재 그의 이름을 딴 장서(collection)가 이 대학에 보관되어 있다.

놓지 않았으며 한국 해안을 탐사하면서 작성했던 바실 홀(Basil Hall, 1788~1844)의 항해기(1820)[55] 등 당시 저자가 이용 가능한 대다수 문헌을 검토했음을 알 수 있다. 참고문헌에 제시된 개별 목록 자체가 그리피스의 저술에 어떤 방식으로 얼마만큼 반영되었는가는 별도의 실증적 논구를 요구하는 바이지만, 그래도 그가 적지 않은 목록을 인지하고 있었다는 것 자체만으로도 시사하는 의미가 작지 않다.

이렇게 다양한 문헌들을 사용한 것에 대해서 이영미(2015) 또한 일정 부분 인정을 하였다.[56] 그러나 이영미(2015)는 명확한 이유를 밝히지 않은 채, 이 저술이 '독창적인 저작이 아니라 편저였다'라고 주장하면서 그리피스는 《한국, 은둔의 나라》의 '저자(author)'가 아닌 '편찬자(compiler)'라고 규정했는데, 이 부분은 쉽게 수긍하기 어렵다.[57] 필자는 당대는 물론 현재까지도 한 사람의 서양인이 한국의 통사를 기술함에 있어서 그리피스만큼 폭 넓은 자료를 참조하여 이를 바탕으로 사관(史觀)을 성립하고 이에 따른 자신의 해석까지도 분명하게 밝히고 있는 경우는 많지 않다고 본다. 이영미가 그리피스의 저술에서 그의 '친일적' 사상과 행적을 규명하는 데 초점을 맞추었다면, 본 서는 서양인의 한국통사 저술의 흐름에서 그리피스의 《한국, 은둔의 나라》가 지닌 위상을 조명하고자 했다는 점에서 그 출발점부터가 다르다고 할 수 있다.

이제부터는 판본, 증보, 참조 문헌에 이어 《한국, 은둔의 나라》에 기

---

55) 이 책은 한국어로 번역 출간되었다. 김석중 역, 《10일간의 조선 항해기》, 삶과 꿈, 2000.

56) 이영미(2015), 앞의 논문, 108~109쪽.

57) 이영미(2015), 앞의 논문, 120쪽에서 "당시 조선의 상황을 실제에 가깝게 재현하였다기보다는 그 동안 생산된 많은 한국 관련 담론들을 최대한 끌어내었다는 데서 찾을 수 있을 것이다"라고 진술하였다. 필자는 이 점이 이영미가 그리피스를 '저자(author)'가 아닌 '편찬자(compiler)'로 판단한 것이 아닌가 추론한다.

술된 내용에 초점을 맞추어 보기로 한다. 그리피스 자신이 밝혀 놓은 1
부 '고대와 중세사', 2부 '정치와 사회', 3부 '근대·현대사'를 기준으로
참조하되 이를 고대, 중세, 근현대로 나누어, 고대사 부분과 관련해서 주
목되는 바를 간추리면 다음과 같다. 첫째, 한국의 기원(the founder of
Corea)에 관한 물음에 대하여 그리피스는 고조선의 유래를 언급함으로
써 그 답을 찾기 위한 여정을 시작하고 있다. 그리피스는 단군의 존재에
대하여 확실성이 희박한 '신적인 존재(the divine being)'로 묘사한 대신
기자를 '문명인(the civilizer)'으로 추정했다.[58] 그러나 한·중·일, 삼국의
역사서를 읽고서 단군조선 혹은 기자조선과 같이 (고)조선의 기원에 대
한 각국 역사서의 서술이 다르다는 점을 알고 있었던 그리피스로서는
이 문제에 대하여 자신의 역량으로 해결할 수 있는 사안이 아니라며 직
접적인 언급은 피하고 있다. 그리피스는 로스의 서술, 즉 '기자에 대한
이야기는 불가능한 일은 아니지만 이것은 의심을 가지고 받아들여야 한
다(the story of Kitsu is not impossible, but it is to be received with suspicion)'
라는 부분을 자신의 원문에 직접 인용하면서 기자조선설에 무게를 실어
주지는 않았다.[59] 그렇지만 조선 국왕이 1801년 중국 황제에게 보낸 글
과 1802년 천주교에 대한 조선 국왕의 포고문을 직접 인용하면서 당사
국인 한국이 기자에 대한 존재를 인정했던 사실은 분명하게 상기시키고
있다.[60] 한편 한국의 기원과 관련하여 그 영토로서 대동강을 기준으로

---

58) William Griffis(1911), 앞의 책, 21~29쪽에서 "Prince Sandalwood, the Father of
   Korea"라는 제목으로 단군 신화를 수록하였다.
59) William Griffis(1882), 앞의 책, 15쪽.
60) 기자조선은 고려와 조선 시대, 대한 제국은 물론 해방 이후 대한민국에 걸쳐 지속
   적으로 인정했던 부분이지만 1970년대를 전후로 해서 한국학계에서 부정되기 시
   작하였다.

북쪽에는 고조선이, 이남에는 3개의 왕국, 즉 삼한이 존재했음을 분명하게 밝히고 있다. 이는 한국의 영토를 한반도의 대동강 이남으로 규정했던 일본 측 주장과는 분명 상반되는 견해이다.

둘째, 한국인의 시조(the founder of Corea)에 대해서 저자는 부여를 지목하고 있다.[61] 그리피스는 부여에 대한 서술을 위해 《후한서》의 〈동이전〉을 참조하였다고 기술하였다. 그러면서 저자는 부여가 북방의 다른 이민족과는 달리 일정한 봉건적인 정치, 행정 체제와 사법 제도를 가지고 있었을 정도로 상당히 문명화된 종족이었을 것이라 서술하였다. 이는 고조선과 부여의 존속 기간이 일부 겹치는 상황에서 기자의 영향을 받은 것이 고조선보다는 부여 쪽이라는 로스의 의견을 수용한 결과를 보인다. 그리고 이에 덧붙여, 기자가 동쪽으로 이주한 시기는 은(殷)나라의 멸망 이후일 것이라는 점, 진(秦)나라의 건국과 함께 중국에서는 봉건제가 사라지고 군주제가 도입되었는데 고조선이 아닌 부여에서 봉건제적인 요소가 남아 있으므로 결국 기자가 옮겨간 곳이 고조선이 아니라 부여이지 않았나 하는 추론을 하고 있는 것이다.

이러한 추론을 근거로 그리피스는 '현재 한국인의 선조는 부여국'이라고 단언한다.[62] 왜냐하면 고조선은 한(漢)나라에 의해 완전히 멸망하였고 부여는 그 지파가 세운 나라인 고구려로 이어지고 있다고 서술하고 있기 때문이다. 그리고 고구려는 한나라 멸망 이후부터 수(隋)나라

---

61) "한국의 기원"과 "한국인의 시조"부분에 대해서 그리피스는 자신의 저서 원문에 동일하게 "the founder of Corea"로 표기하고 있어서 혼동의 우려가 있다. 본 서는 일단 원문의 기록을 충실하게 반영하고자 하는 의도로 이를 그대로 두고 그 차이점에 대하여 본문에서 기술하였다.

62) William Griffis(1882), 앞의 책, 23쪽. 원문 : "out of this kingdom of Fuyu came the people who are the ancestors of the modern Coreans … [후략]"

건국 이전까지 삼국 시대를 거쳐 남북조 시대인 약 5세기까지 중국의
방해 없이 고대 국가로 성장할 수 있었다고 보았다. 아쉽게도 고구려의
기원과 문화를 설명하는 부분에서 그는 일본 측과 중국 측의 사료를 반
영하였으나 한국 측 사료는 참조하지 않았다.

셋째, 한반도 이남의 역사, 삼한 시대와 그 뒤를 잇는 삼국 시대에 대
한 기술에 있어서 그리피스가 한국의 고대사를 매우 긍정적으로 평가한
대목이 많이 발견된다. 예를 들면 그리피스는 마한이 '문명이 진보되어
있고'63) 진한을 계승한 신라에 대해서는 '문명 수준은 북방의 이웃나라
보다도 훨씬 높았으며', '일본보다도 월등히 우월하였다'64)라고 서술하
고 있다. 또한 백제와 관련해서는 백제인들이 백제의 멸망 이후 일본으
로 건너가 '학교를 세우고, 일본의 지식인들을 깨우치고, 일본 문학을 최
초로 시작하였으며, 일본의 최고 역사서인《고사기》,《일본서기》를 기
록하는 데 직접적인 영향을 끼쳤다'고 서술했다.65) 아울러 고구려에 대
해서도 당나라와의 안시성 전투에서 보여준 고구려인들의 강한 전투력
과 훌륭한 전쟁 전술을 언급하고 있다.66) 그리피스는 이외에도 통일신

---

63) William Griffis(1882), 앞의 책, 32쪽. 원문 : "As Kijun's government was one of
vigor, his subjects advanced in civilization, … [후략]"
64) William Griffis(1882), 앞의 책, 33쪽. 원문 : "their grade of civilization was much
higher than that of their northern neighbors. It was certainly superior to that of the
Japanese … [후략]"
65) William Griffis(1882), 앞의 책, 38쪽. 원문 : "The establishment of schools, the
awakening of the Japanese intellect, and the first beginnings of the literature of Japan,
the composition of their oldest historical books, the Kojiki and the Nihongi - all the
fruits of the latter half of the seventh and early part of the eighth century - are
directly traceable to this influx of the scholars of Hiaksai"
66) William Griffis(1882), 앞의 책, 42~43쪽. 원문 : "Their whole nature seems rein-
forced. They are more than brave. Their courage is sublime. They fight to the last

라의 문화적 우수성, 상업 번영의 증표로 아라비아인들과의 교류, 예술·
과학·건축의 번성에 대해서도 비교적 긴 지면을 할애하여 기술하였
다.[67]

무엇보다도 중요한 것은 그리피스가 한일 양국의 고대사 논쟁에서 중
심이 되고 있는 《일본서기》의 신공황후(神功皇后)가 신라를 침략하여
승리하고 임나본부를 설치했다는 소위 '임나일본부설'에 대해서 회의적
인 소견을 분명하게 피력하면서 신라의 문화적 역량을 강조하고 있다는
점이다.[68]

> How much of truth there is in this narrative of Jingu it is difficult to tell.
> The date given cannot be trustworthy. The truth seems at least this, that
> Shinra was far superior to the Japan of the early Christian centuries.

> 신정황후의 이야기가 어느 정도까지 진실인지 말하기는 어렵다. 그 연
> 대 역시 믿을 만한 것이 아니다. 적어도 진실은 서기 이전의 신라는 일본
> 보다 월등히 우월했다는 점이다.

넷째, 고대사 기술에서 국가 간의 전쟁을 높은 비중으로 서술했다는
점이다. 그리피스는 연(燕)나라, 한(漢)나라와 고조선 간의 전쟁과 수
(隋)·당(唐)나라와 고구려의 전쟁을 매우 소상하게 기술하였으며 일본과

---

man, and fling themselves on the bare steel when the foe clears the parapet." (42쪽),
"The Coreans themselves knew both their forte and their foible, and so understood
how to foil the invader from either sea." (43쪽).

67) William Griffis(1882), 앞의 책, 47~48쪽. 원문 : "It is believed by many linguists
that the Choctaws and Coreans have the only two perfect alphbets in the world."(47
쪽), "Kion-chiu, the capital of Shinra, was a brilliant centre of art and science, of
architecture and of literary and religious light." (48쪽)

68) William Griffis(1882), 앞의 책, 45~46쪽.

삼국 간의 관계에 대해서도 지대한 관심을 가지고 기술하였다. 그러나 그리피스의 전쟁사에 대한 관심은 고대사에만 한정된 것은 아니다. 이는 중세사를 기술하는 과정에서도 나타나는데, 즉 중국·일본·몽고의 상황 및 한반도를 둘러싸고 발생했던 몽고의 침입에 대한 서술이 중세사의 전체를 이루고 있다고 해도 과언이 아니다. 이러한 현상은 앞서 논의한 로스와 동일한 양상을 보여준다. 이는 동아시아 국가와의 외교 교섭에서 과거의 외교 관계, 그 중에서도 특히 적대적 관계에 대한 이해가 서양인에게는 필수적인 사전(事前) 지식으로 여겨졌기 때문이라고 판단된다.

다음으로 중세사에 대한 그리피스의 견해를 간추려보고자 한다. 중세사에서 그가 가장 주목한 사건은 임진왜란이다. 무려 아홉 장 분량(12~20장)에 걸쳐 전쟁의 발발, 전개, 결말 등을 상세하게 기술하고 있는데, 문제는 전쟁을 바라보는 관점이 일본 측에 지나치게 경도되어 있다는 사실이다.[69] 서양인의 시각에서 이 전쟁은 한국사의 고대와 중세를 가르는 중요한 사건으로 인식되었음에 틀림없다. 또한 이 전쟁이 일본과 한국 간의 국지전이 아닌 동아시아의 판도를 바꿀 만한, 중국(명나라)을 포함한 3국 간의 장기전이었으므로 그 역사적 여파가 지대한 문제로 간주되었을 것이다. 아울러 그리피스가 이 책을 저술하던 당시가 한

---

69) 대표적인 예로, William Griffis(1882), 앞의 책, 150쪽에는 다음과 같이 서술되어 있다. "The possession of Fusan by the Japanese was, until 1876, a perpetual witness of the humiliating defeat of the Coreans in the war of 1592~1597, and a constant irritation to their national pride." 즉 임진왜란 이후 일본인들이 부산을 점유(possession)했다고 묘사한 점, 그리고 임진왜란에서 한국인들의 굴욕적인 패배(the humiliating defeat of the Coreans)가 그들의 국민적 자부심에 끊임없는 자극이 된다고 설명한 점을 들 수 있다.

반도를 놓고 중국과 일본의 긴장이 고조되어 또다시 전운이 감도는 시점이었다는 점도 임진왜란에 대한 기술을 대폭 확장하는 계기가 되었을 듯하다.

그리피스가 한국의 중세사를 작성하며, 고려 및 조선의 정치·철학·문화 면에서의 능동적 역량을 기술하지 않은 것은 역사가로서의 균형잡힌 자세라고 할 수 없다. 고려에서 조선으로 이어지는 도중의 성세(盛世)를 말하기보다 난세(亂世)의 임진왜란에 집중한 것은 결과적으로 한국의 역사를 전쟁사로 단순화하는 오류를 낳고 말았다. 그러나 국가적 역량이 극히 쇠락했던 구한말의 시대 상황에서 미국인이 보는 한국사가 건강한 역사로 기술될 가능성은 현저하게 줄어들었을 것으로 보인다. 여기에 그 자신이 일본을 통한 동아시아의 문명화를 지지하였던 정황을 보태면 임진왜란이 왜 일본 위주로 서술되었는지가 보다 분명해진다.

마지막으로 3부의 근대와 현대사 부분을 보도록 하겠다. 이 부분은 초판을 기준으로 삼자면 39장에서 48장까지 총 10장으로 구성된 부분이다. 그런데 여기서 주목을 끄는 사실은 그가 8년 전에 간행된 달레의 《한국천주교회사》를 '탁월하고(excellent)' '정확한(accurate)' 저작이라고 평가하면서,[70] 39장부터 42장까지의 내용을 '달레의 책에서 발췌한 것(drawn from Dallet)'이라고 밝힌 대목이다.[71] 이에 따라 그는 달레의 저술에 주로 의존하면서 한국의 천주교 전래 과정에 대해서 상술한다. 이는 한국의 근대(modern)가 천주교의 전래, 더 나아가 서양인들과의 교류와 함께 태동했다는 저자의 인식을 반영하는 명백한 예라고 할 수 있다.

다만 그는 천주교의 전래 과정에 주목하면서도 파리외방선교회가 주

---

70) William Griffis(1882), 앞의 책, xviii쪽.
71) William Griffis(1882), 앞의 책, 376쪽.

축이 된 선교사들이 '이교도 국가의 법을 어기고(the laws of this pagan country at defiance)', '위장과 거짓(dissimulation and falsehood)'의 수단을 통해 입국하였으며, '선을 위해 악을 행해도 된다고 본 것은 [신교의] 신약과 [구교인] 천주교의 법을 모독하는 더럽고 혐오스러운 가르침'이라고 비판하였다.[72] 천주교에 대한 이런 날선 비판은 개신교인으로서 천주교의 전래에 대해서 부정적이었던 저자의 종교적 태도에서 기인한 바가 없지 않을 것이다.

43장부터 46장까지는 병인양요(1866), 제너럴 셔먼호 사건(1866)으로 촉발된 한국과 미국 간의 첫 교류, 오페르트 도굴 사건(1868)과 신미양요 (1871) 등 한국과 서양 국가 간에 발생했던 일련의 역사적 사건을 집중적으로 서술하고 있다. 43장의 프랑스 원정(병인양요)에 대해서 그리피스는 주로 프랑스 측 문헌들을 참조했음에도 불구하고 당시 북경주재 프랑스공사인 헨리 벨로네(Henri de Bellonet, ?~1881)의 잘못된 판단을 비판하고 한국인들의 강한 애국심을 언급함으로써 프랑스에 대해 비판적인 견해를 고수하였다. 또한 평양 근교에서 발생했던 미국 제너럴 셔먼호의 방화 사건에 대해서도 '승무원들은 평화적인 통상을 위한 항해라고 하기에는 중무장을 했기 때문에 처음부터 그들의 탐험 의도는 의심스럽고'라고 기술할 정도로 미국의 실수를 일정 부분 인정하고 있다.[73]

또한 이러한 일련의 사건들에 대한 용어 선택을 통해 그리피스의 역

---

72) William Griffis(1882), 앞의 책, 376쪽. 원문 : "the foul and abominable teaching that evil should be done in order that good might come - a tenet that insults at once the New Testament and the best casuistry of the Roman Catholic Church"

73) William Griffis(1882), 앞의 책, 392쪽. 원문 : "From the first the character of the expedition was suspected, because the men were rather too heavily armed for a peaceful trading voyage."

사 인식을 가늠해 볼 수 있다. 그의 통사는 장, 절, 항, 목 등의 제목에서
나타나는 핵심어를 통해 한국사의 주요 인물, 개념, 사건을 파악할 수
있도록 편집되어 있다. 그런데 그는 임진왜란에 대해서는 '일본의 침략
으로 야기된 사건(events leading to the Japanese invasion)'이라고 서술하였
으며, 병인양요에 대해서는 '원정(expedition)', 그리고 미국과의 군사적
마찰이 있었던 신미양요에 대해서는 '전쟁(war)'이라고 기술하였다. 사
전적 의미에서의 '침략'은 어느 집단이 다른 집단을 무력을 앞세워 상대
의 영역에 진입하는 행위를 말한다. 따라서 저자는 임진왜란을 일본이
한국을 '무력'으로 침탈한 사건이라고 설명한 셈이다. 반면에 병인양요
에서 사용한 '원정'의 경우, 이 어휘의 사전적 의미가 특정한 목적을 가
지고 계획된 장기적인 '여정'이므로, 임진왜란의 경우와 달리, 불온한 목
적의 침입 행위로 규정하지는 않은 것이다. 더욱 관심을 끄는 대목은 자
신의 조국인 미국이 촉발한 신미양요를 '전쟁'으로 기술하였다는 점이
다. 이는 저자가 신미양요를, 당시 한국과 미국 간의 관계에 있어서 쌍
방을 대등한 주권 집단으로 규정하여, 그 집단 간에 발생한 일정 규모의
군사적 행위로 인식하고 있었음을 단적으로 보여주고 있다.

　아울러 오페르트의 도굴 사건에 대해서는 문명화된 기독교인의 행동
이 아니라고 힐책하고 있다. 특히 이 사건 직후인 1880년 오페르트가 저
술한《금단의 나라》라는 책을 그리피스 자신이 읽었음에도 불구하고 이
사건에 대해서 철저하게 도굴은 바람직하지 못한 실패한 사건이라고 냉
정한 비판을 가하고 있는 것이다. 또한 신미양요에 대해서도 자국의 정
부 자료들에 의존했음에도 불구하고 미국에 일방적으로 치우치지 않고
서술한 점 역시 주목할 만하다. 이상의 언급에서 알 수 있듯이 그리피스
는 한국과 서양 간의 물리적 마찰 때문에 한국이 '고립의 벽'을 거두고

싫어 하지 않았음을 분명하게 언급하고 있는 것이다.

한편 앞서 언급한 것처럼, 그리피스의《한국, 은둔의 나라》는 초판이 발간되던 1882년부터 1911년까지 총 아홉 번에 걸쳐 증보되었다. 이 과정에서 새로 6장(49장~54장) 분량의 내용이 추가되었다. 전체적으로 이러한 증보판들은 초판이 발간된 이후에 나온 한국 관련 서양어 자료 - 가령, 1885년에 발간된 퍼시벌 로웰(Percival Lowell, 1855~1916)의《한국, 고요한 아침의 나라(Chosön, the Land of the Morning Calm)》그리고 바로

[사진 3] 그리피스가 1927년 일본 동경의 호텔 정원에서 부인과 함께 찍은 사진74)

---

74) *The Phi Beta Kappa Key*, 7 : 2, 1929, 94쪽.

뒷 장에서 논의할 헐버트의 《한국사》과 같은 단행본, *Korean Review, The Korean Repository* 등의 정간물들이 인용되어 있다. 또한 서광범, 박규수, 박은식, 이광수, 이승만, 서재필 등 한국 개화파 및 독립 운동 인사들과 언더우드, 알렌, 헐버트 등 한국에서 활동하던 미국인 선교사들과의 지속적인 교류를 통해 한국에 대한 고급 정보가 지속적으로 그리피스에게 전달되었을 것이라고 판단된다. 이러한 연유 때문에 증보판들에서 새롭게 더해지는 내용들은 미국과의 수교 이후부터 일본에 의한 강제 병합이 이루어지던 때까지의 국내 정치·경제 상황은 물론 한국을 차지하기 위해 열강들 간에 벌어졌던 일련의 사건들에 대해서도 예리한 분석과 전망을 제시하고 있다.

예컨대 49장의 한국 경제 사정에 대한 진술에서는 이전까지의 한국통사류에서 볼 수 없었던 다양한 통계와 수치 등이 구체적으로 제시되고 있다. 또한 농민들의 문맹, 만연한 미신,75) 게으른 양반들 등 한국의 개선이 필요한 사안들에 대해 서양인의 시각에서 정확하게 지적하고 있다. 더욱이 그리피스는 이러한 문제점들을 개선하기 위해서는 외국 사상과 제도의 수용, 개항장을 통한 보다 적극적인 교역 증대, 철도 건설, 탐욕스러운 외국인들에 대한 경계 및 국제 정세와의 조화 등과 같은 대안책도 함께 제시하고 있다. 그리피스의 이와 같은 분석은 매우 냉철하며 타당성이 있다. 사실 분석과 대안의 제시 중 현재에도 반성적으로 수용해야 할 요소가 다분하다.

---

75) 현대 인류학적 관점에서 "미신"은 민속신앙이라는 문화사적 측점에서 학술적으로 연구할만한 가치가 있는 것으로 여겨지고 있지만, 당시만 하더라도 기독교 복음 사상으로 정신 무장을 한 선교사들의 입장에서 "미신"은 타파의 대상이었다.

3) 한국사 인식의 의의와 한계

이제까지 그리피스의 《한국, 은둔의 나라》에 대해서 살펴보았다. 그러면 이 저술이 현재의 우리들에게 남긴 의의는 무엇일까? 첫째로 이 문헌 자체가 앞서 언급된 18세기 이전의 문헌들, 뒤 알드, 달레, 로스 등으로 이어지는 서양인들의 한국사에 비하면 보다 많은 문헌과 내용들을 참조하였으며, 보다 체계적인 형태를 갖춘 한국통사라는 면에서 이전의 한국통사류보다는 진일보했다는 평가가 가능하다. 나아가 통사를 저술한 이후에도 이를 지속적으로 보강하여 현대사를 계속해서 보충한 것은 한국의 역사에 대한 그의 관심이 오랫동안 연속되었음을 알려준다. 그리하여 이 저술은 한국통사의 체계적 서술 기반을 든든하게 다지며 후대의 한국통사인 헐버트의 《한국사》와 게일의 《한국 민족사》에 절대적 영향력을 끼치게 되었다.

둘째, 이 저술은 일본 측 자료에만 국한시키지 않고 중국과 한국의 역사서는 물론 미국, 영국, 프랑스, 독일 등지에서 생산된 다양한 서양어 자료를 최대한 참조하고자 하였다. 그럼으로써 한국 고대사에 대해서는 한·중·일 어느 한쪽에 치우치지 않고 균형 잡힌 서술 태도와 내용을 유지하려고 노력하였다. 아울러 그의 한국사는 일본 자료보다 오히려 서양의 자료를 더 많이 참조하였기 때문에 어떤 면에서는 동아시아 문헌의 범위를 넘는 서양의 시선을 수렴하게 되었다. 국내의 연구사에서는 그리피스가 한국에는 단 한 차례도 방문하지 않았다는 점, 그의 통사가 일본측 자료에 집중적으로 의존하였다는 점, 한국을 잘 모르는 상태에서 지리적 결정론과 타율성론을 지지하도록 만들었다는 점 등을 들어 이러한 특성을 축소하거나 경시해오고 있으나, 당시의 시점에서 서양의 문헌을 그만큼 조사 활용하여 한국사를 기술한 예는 발견되지 않는다.

셋째, 《한국, 은둔의 나라》는 근래의 연구사에 이르기까지 국내외의 한국사 독자 및 연구자에게 무시할 수 없는 영향을 주었다. 특히 긍정적인 면보다 부정적인 면에 치중했던 그의 한국사는 어두운 면을 과도하게 부각시켰다는 지적을 받을 수 있으나 한편으로는 한국인에게는 불편한 사실과 진실을 적지 않게 환기시켰다. 특히 근대사 부분에서는 이런 내용이 더욱 눈에 띈다. 예컨대 농민들의 문맹률과 비위생적인 생활, 만연되어 있는 미신, 타락한 '양반이즘', 힘 없는 왕 등의 묘사가 이를 증명해준다. 더욱 유의할 것은, 그리피스의 냉정한 서술이 한국에 대한 부정적인 인상을 일부러 부각하기 위한 것이었는지 아니면 한국이 당시의 시대적 요청을 받아들여 문명화되고 도덕적인 세상이 되기를 바라는 마음에서 비롯된 것이었는지를 세심하게 고려해야 한다는 점이다. 이에 대한 결론은 단언할 수 없다. 하지만 그가 자신의 기독교 사상을 바탕으로 한국이 장차 근대의 제도와 문물을 적극적으로 받아들여야 한다고 조언했던 것을 참조하면, 한국사의 미래에 대한 그 나름의 대안으로도 해석될 필요가 있다. 어쨌든 그가 당시에 제안한 바는 식민지의 극복 및 근대화 과정을 지나 현재 시점에서도 여전히 논쟁이 될 만한 의미를 포함하고 있다.

주목할 만한 의의에도 불구하고 그리피스의 《한국, 은둔의 나라》 역시 일정 부분 한계를 지니고 있다. 첫째, 그리피스는 한국의 통사를 서술하는데 있어 외부 세력과의 투쟁의 역사에 지나칠 정도로 초점을 맞추고 있다는 점이다. 앞서 논의하였던 로스의 《한국사》 역시 중국 고대 국가, 특히 만주에 기반을 둔 왕조와의 전쟁사가 주요 골자(骨子)를 이루었다면, 그리피스의 《한국, 은둔의 나라》는 일본과의 전쟁, 즉 임진왜란에 방점(傍點)이 찍혀 있음을 확인할 수 있다. 사실 임진왜란은 한일

양국 간의 전쟁이라기보다는 한·중·일이 참여한 동아시아 국제전쟁이었다. 또한 임진왜란은 지구의 건너 편에서 거의 같은 시기에 세계의 해양패권 자리를 두고 벌어진 스페인과 영국 간의전쟁(Anglo-Spanish War, 1585~1604)과 비교하더라도 전쟁에 참여한 인적·물적 규모는 임진왜란이 훨씬 컸다. 당시 동양의 전통·평화적 외교방식에 익숙하지 않았던, 그렇지만 동양인에게 접근할 필요성이 있던 서양인들에게 과거 그 지역에 있었던 적대적 무력 전쟁에 대한 이해는 필수불가결한 요소였던 것이다. 흥미로운 사실은 21세기인 현대까지도 서양인들에게 '전쟁'은 역사서에서 가장 많이 소비되는 소재라는 것이다. 따라서 그리피스의《한국, 은둔의 나라》가 많은 분량을 전쟁 - 근대 이전 동양 3국 간의 임진왜란과 근대 이후 서양인들과의 병인·신미양요 - 에 초점을 맞춘 것은 한 게임과 동시에 한국이 역사를 서술하던 방식, 그리고 많은 전쟁에서 피해자였던 한국인의 정서(情緒)와는 다르다는 점을 지적하고 싶다.

둘째, 비록 이전의 통사에 비해서 많이 줄어 들었지만 역사적 사실에 대한 부정확성이 여전히 반복되고 있다. 예를 들면 위만조선의 멸망 연도인 서기 108년을 107년이라고 한 부분이 있는데 이는 아마도 현도군이 다른 낙랑, 진번, 임둔군보다 1년 늦게 설치되었기 때문에 나타나는 차이라고 판단된다.[76] 이 밖에도 안시성 전투에서 안시성을 안주로 착각한 것,[77] 개성이 강원도에 있다고 한 것,[78] 산 채로 매장한다고 본 고

---

76) William Griffis(1882), 앞의 책, 18쪽. 원문 : "With the planting of the Han banners on the city walls, B.C. 107, the existence of the kingdom of Cho-sen came to an end."

77) William Griffis(1882), 앞의 책, 42쪽. 원문 : "By July all the country west of the Yalu was in possession of the Chinese, who had crossed the river and arrived at Anchiu, only forty miles north of Ping-an city."

78) William Griffis(1882), 앞의 책, 65쪽. 원문 : "With his followers, Kung-wo attacked the city of Kaihow (in the modern Kang-wen province)"

려장에 대한 언급,79) 임진왜란 당시 명과 일본의 휴전 협상 과정에서 일
본 측이 임진강을 대동강으로 착각한 점,80) 예로부터 한반도는 진주(珍
珠)가 유명해서 진주가 전쟁의 원인이 되었다고 한 점,81) 9촌 이내의 왕
족들이 궁궐에 산다고 한 점,82) 팔만대장경이 소장되어 있는 곳을 해인
사가 아닌 통도사라고 착각한 점,83) 주문모가 순교한 나이를 32세로 언
급한 점,84) 이만손을 충청도 유생이라고 서술한 점85) 등은 사실 자체를
정확히 파악하지 못한 명백한 실수이다.

마지막으로 서술 내용에서도 불분명한 부분들이 종종 발견된다는 점

---

79) William Griffis(1882), 앞의 책, 83쪽. 원문 : "*Ko-rai-chang*, though not fully known
in its details, was the habit of burying old men alive".

80) William Griffis(1882), 앞의 책, 110쪽. 원문 : "This demand virtually claimed all
Corea south of the Ta-tong River, in right of ancient possession and recent conquest
and occupation."

81) William Griffis(1882), 앞의 책, 184쪽. 원문 : "In the twelfth century the fame of
these "Eastern pearls,"… [중략] … became the cause of an attempted conquest of
the peninsula, the visions of wealth acting as a lure to the would-be invaders."

82) William Griffis(1882), 앞의 책, 220쪽. 원문 : "The royal family live each in separate
buildings, those above the ninth degree of relationship reside inside the enclosure, all
others live beyond the wall in the city."

83) William Griffis(1882), 앞의 책, 334쪽. 원문 : "The great monastery of Tong-to-sa,
between Kiungsang and Chulla, is noted for its library, in which will be found the
entire sacred canon."

84) William Griffis(1882), 앞의 책, 356~357쪽. 원문 : "The Chinese priest was outlawed
by the government, in a public proclamation. On reading this, the brave man .… [중
략] … voluntarily surrended himself, and received the death-stroke, May 31, 1801,
at the age of thirty-two."

85) William Griffis(1882), 앞의 책, 431쪽. 원문 : "The Ultra-Confucianists, headed by Ni
Mansun, stood ready to oppose it with word and weapon. In swelling Corean rhetoric,
this bigoted patriot from Chung-chong proved to his own satisfaction … [후략]"

이다. 예컨대, 한국의 기원과 관련해서 그리피스는 고조선과 부여의 관계 설정에 있어서 불분명한 기술을 하고 있다. 고조선과 부여를 둘 다 '한국의 기원(founder of Corea)'으로 서술하고 있는데, 고조선의 경우에는 영토적 개념의 기원을, 부여는 민족적 개념의 기원을 의미한 것으로 판단된다. '고대(ancient)'와 '중세(medieval)'라는 표현을 사용했지만 이 기준에 대해서도 분명하게 밝히지 않았다. 조선 시대를 여전히 중세 봉건 사회로 규정하였는데 이에 대한 근거도 제시되지 않았다. 신라, 백제, 발해 등 한국의 고대(ancient)인들은 수준 높은 문명을 이루었으나, 근대(modern)의 한국인들은 매우 본능적이고 야만적인 존재라고 서술하였는데 이에 대해서도 그 이유나 원인에 대한 설명이 나타나 있지 않다. 말하자면 근거를 분명하게 제시하지 않은 상태에서 판단한 내용들이 적지 않은 것이다. 무엇보다 고려 시대에 대한 서술을 거의 누락에 가까울 만큼 미미하게 처리한 반면, 임진왜란에 대해서는 무려 아홉 장 분량으로 대폭 확장한 것 등은 그의 한국사가 특정한 역사적 국면에 치중한 나머지 역사의 흐름에 대한 균형 감각을 잃었다고 지적될 수 있다.

이상 만주 지역에서 활동했던 선교사로서 중국의 원전 자료와 서구의 자료를 적극 활용하여 한국사를 서술한 로스와 일본 지역에서 기독교적 세계관을 가진 초빙교사 신분으로 일본 쪽의 자료를 더 많이 수용한 그리피스의 한국사 서술을 살펴보았다. 이들은 모두 본격적으로 한국의 통사를 집필했다는 점에서 의미가 있다. 그러나 그들이 한국의 자료가 아닌, 중국, 일본 그리고 서구의 자료에 의존할 수밖에 없던 상황으로 인해 한국과 한국 역사에 대한 인식은 다소 피상적이고 왜곡될 수밖에 없었다. 그럼에도 그들의 저서가 서구에서 널리 읽혀져 한국에 대한 피상적 인식이 서양인들 사이에 강력하게 자리잡는 결과를 가져왔다.

제5장

20세기 : 한국 내부에서
서술된 한국통사

19세기 서양인의 한국통사를 대변했던 인물이 로스와 그리피스였다면, 20세기 해방 이전까지의 한국통사를 대표하는 인물은 호머 베절릴 헐버트(Homer Bezaleel Hulbert, 1863~1949)와 제임스 스캇 게일(James Scarth Gale, 1863~1937)이다. 이 두 사람, 헐버트와 게일은 앞 장에서 언급되었던 로스와 그리피스처럼 같은 시기에 출생하고[1] 내한하여 한국사를 저술하는 등 유사한 인생 경로를 보여주고 있다. 즉 1863년생 동갑내기인 미국인 헐버트와 캐나다인 게일은 개신교의 국내 전래와 함께 1886년과 1888년에 각각 조선에 입국하였다. 또한 국내에서의 학술 활동을 바탕으로 삼아 1905년(헐버트)과 1927년(게일)에 각각 한국통사를 발간하게 된다. 19세기의 반복적 패턴처럼 보이는 이런 유사성에도 불구하고 이 두 사람 사이에는 개인사적 배경 외에도 질적으로 다른 시대 상황이 가로놓여 있었다.

실제로 20세기 전반의 한국은 1872년의 개항, 그리고 1882년 미국과의 수호통상조약 체결을 시작으로 서양 각국과의 수교, 그리고 한반도가 전쟁터가 되었던 두 차례의 전쟁인 청일전쟁(1894)과 러일전쟁(1904)을 겪으며 급속도로 이전과는 다른 광범위한 변화를 겪는다. 그렇다면 헐버트와 게일의 통사가 등장하는 배경으로 주목해 볼 수 있는 현상들은

---

1) 영국 스코트랜드 출신 로스는 1842년생으로 30세의 나이에 중국 요령성 영구(營口)로 선교 파송을 받았고, 미국인 그리피스는 1843년생으로 27세의 나이에 일본 후쿠이(福井)에서 교사 신분으로 일본 생활을 시작하였다.

무엇이었을까?

첫 번째로 주목되는 배경은 개신교 계통 선교사들의 광범위한 입국 현상이다. 1882년 조미수호통상조약(朝美修好通商條約)이 체결된 이후 개신교 선교사들은 국내의 저항 없이 합법적으로 입국할 수 있게 되었다. 그 선두에는 미국의 장로교와 감리교가 있었다. 미국 북장로회 선교회(1884년 내한), 미국 남장로회 선교회(1892년 내한)를 위시하여, 호주 장로회 선교회(1891년 내한), 캐나다 장로회 선교회(1898년 내한) 등 네 개의 장로교 계열 선교 단체가 한국에 들어오기 시작하였다. 아울러 미국 감리회 선교회(1885년 내한), 미국 남감리회 선교회(1896년 내한) 등 두 개의 감리회 선교회 선교사들이 연이어 들어와 다양한 활동을 펼치게 된다.

주지하듯 이들은 한국의 근대화 과정에서 정치, 의료, 교육, 언론, 학술 등 다양한 분야에서 역사적 의미를 부여 받을 만한 업적을 남겼다. 1885년에 광혜원(廣惠院)을 세운 미국 북장로교 의료 선교사 호러스 뉴턴 알렌(Horace Newton Allen, 1858~1932), 1885년 연희전문학교를 세운 미국 북장로교 소속 호러스 그랜트 언더우드(Horace Grant Underwood, 1859~1916), 그리고 같은 해 배재학당을 세운 미국 북감리교 계열의 헨리 거하드 아펜젤러(Henry Gerhard Appenzeller, 1858~1902), 같은 감리교 소속으로서 1886년에 이화학당을 설립한 미국인 윌리엄 밴턴 스크랜튼(William Benton Scranton, 1856~1922) 등이 당시 활동하던 주요 인물들이다. 신앙 전파를 우선시했던 천주교 선교사들과는 달리 개신교 선교사들은 선교 활동은 물론 의료, 교육, 언론, 학술 등과 같이 사회 계몽 운동을 병행함으로써 국내인의 반발을 줄였고, 그와 더불어 서양인의 국내 유입을 활성화하는 통로를 열었다. 육영공원의 교사 신분으로 내한한 헐버트와 개신교 선교사로 입국한 게일도 이러한 대열에 속한 인물이었다.

둘째, 헐버트와 게일의 한국통사 작성에 직접적인 영향을 주었던 사실로서, 서양인에 의한 국내 영문 학술지가 출범하였다는 점이다.[2] 정치, 의료, 교육, 언론 등으로 파급되었던 경향과 맞물려 서양 지식인들은 한국 내에서 그들 나름대로 학술적 활동을 공유하는 장(場)을 만들었다. 그러한 역할을 촉진하는 매체로 활용된 것이 학술 단체의 결성과 잡지, 신문의 창간이었다. 외국인이 외국에서 발간한 최초의 한국 관련 잡지로는 1870년부터 조선에 선교사를 파견하던 영국 성공회가 1890년부터 발행한 《모닝 캄(The Morning Calm)》이 있고,[3] 1892년에는 국내에서 최초의 영문 잡지 《코리안 리포지터리(Korean Repository)》가 발간되었다. 1901년에는 《코리아 리뷰(Korean Review)》, 1904년에는 《코리아 미션 필드(Korea Mssion Field)》가 연이어 창간되었다. 이 정간물들은 기본적으로 성서 교리나 선교 지역의 정보 교환을 주목적으로 삼았지만, 이와 더불어 한국에서의 생활, 한국(인)에 대한 연구 등 점차 전문성을 더해가며 다양한 주제의 논문도 함께 수록하였다.

본 장에서 논의할 헐버트는 《코리안 리포지터리》의 부편집인을 역임하였을 뿐만 아니라 《코리아 리뷰》의 창간을 주도하기도 하였다. 헐버트의 《한국사(The History of Korea)》(1905)는 《코리아 리뷰》의 창간호부

---

2) 개화기 당시 서양인들의 출판 상황에 대해서는 윤병조, 〈개화기 한국 기독교 출판 문화 사업이 일반 사회에 미친 영향에 관한 연구〉, 연세대학교 석사학위논문, 1998과 홍승표, 〈일제하 한국 기독교 출판 동향 연구〉, 연세대학교 박사학위논문, 2015를 참조.

3) 정진석, 《한국 잡지 역사》, 커뮤니케이션 북스, 2014, 9쪽. 이 잡지는 서울에서 만든 원고를 런던으로 보내 그곳에서 인쇄한 후 한국 및 영국과 미국 등 서양 국가들에게 배포되었다.

터 시작하여 4년간 연재된 원고를 모아 단행본으로 묶어 발간한 것이다. 게일의 경우도 이와 비슷하였다. 그의 《한국 민족사(The History of Korean People)》(1927) 역시 《코리아 미션 필드》에 연재되었던 글을 다시 엮어 편집 없이 발간한 것이었다. 이 밖에도 왕립 아시아학회 한국지부 (Royal Asiantic Society-Korea Branch)가 설립(1900)됨과 동시에 학술지 Transactions of the Korean Branch of the Royal Asiatic Society (이하 《TKBRA S》)가 발간되면서 보다 학술적 성격이 강화된 잡지가 간행되기도 하였다. 흥미로운 사실은 이들 잡지가 모두 전쟁의 조짐이 고조되던 시기 혹은 전쟁 중에는 휴간되었다는 점이다. 《코리안 리포지터리》는 청일전쟁 중에 휴간했고, 《TKBRAS》도 러일전쟁을 전후로 잠시 휴간했다가 100년이 넘는 오늘날까지도 발간을 지속해 오고 있다.

셋째, 19세기 말 20세기 초가 되면 한반도에서 벌어진 두 차례의 국제 전쟁(청일전쟁, 러일전쟁)의 여파로 한반도가 세계인의 주목을 받는 지역으로 급부상한다. 이 두 차례의 대규모 전쟁의 이면에는 동아시아의 패권을 둘러싸고 서양 각국의 이해관계가 긴밀하게 얽혀 있었다. 특히 청일전쟁은 일본 해군의 영국제 함선과 청나라 해군의 주력인 독일제 함선이 격돌하여 영국과 독일 함선의 성능을 비교할 수 있는 장이 되었으며, 러일전쟁의 경우에는 러시아의 팽창을 경계하는 여타 서구의 시선이 상황을 예의 주시하고 있었다. 이에 따라 서양 각국의 언론에서 수많은 특파원과 취재 기자를 파견하여 한국과 관련된 많은 기사를 작성하였다. 이러한 영향으로 이 시기는 청일·러일 전쟁 관련 서양 문헌들이 쏟아져 나오기 시작하던 시기이기도 하다.[4]

---

4) 청일, 러일전쟁 전후로 이와 관련된 서양 문헌은 많다. 청일전쟁 관련 대표적인 문헌으로는 James Hyde Clark, Story of China and Japan, Oriental Pub. Co., 1894.

따라서 세계의 주목을 집중시킨 국제적 사건을 현장에서 몸소 체험하면서 한국통사를 기술한 헐버트와 게일에게는 결과적으로 한국학 전문가로서 도약할 계기가 된 셈이었지만, 한편으로는 민감하고 시시각각 변하는 국제 정세와 관련한 현대사를 충실하고 객관적으로 기술하기 어려웠으며, 사료를 구하여 차분하게 검토할 여유를 얻기도 쉽지 않았다. 한국이 일제의 식민지로 전락한 시기에 이르면 한국에 머무는 서양인으로서 일본을 의식해야 하는 까닭에 정면으로 정치사에 초점을 맞추기도 어려운 상황이었다. 게일이 주로 정치사보다는 언어, 문학, 선교에 치중했던 데는 이런 배경이 자리잡고 있었을 듯하다.

넷째이자 마지막으로, 헐버트와 게일의 한국 내 특이한 경력 또한 참조해 둘 만하다. 이 두 인물은 러일전쟁 당시 외국 언론의 객원 특파원으로 활약한 경험이 있다. 헐버트는 러일전쟁 당시 미국 뉴욕에 본부를 둔 AP통신사(Associated Press) 등을 포함하여 여러 언론사에서,5) 그리고

Jukichi Inouye, *The Japan-China War*, Kelly and Walsh, 1895. James Allan, *Under the Dragon Flag*, Gardner, W. Heinemann, 1898. Trumbull White, *The War in the East*, P.W. Ziegler & Co., 1895 등이 있다. 한편 러일전쟁 관련 저서들은 Gaston Leroux, *Les Héros de Chémulpo*, F. Juven, 1904. Richard Linthicum, *War between Japan and Russia*, 출판지 미상, 1904. Ernest Brindle, *With Russian, Japanese and Chunchuse*, J. Murray, 1905. Bennet Burleigh, *Empire of the East, or Japan and Russia at War, 1904-5*, Chapman & Hall, 1905. Frederick McCormick, *The Tragedy of Russia in Pacific Asia*, The Outing Pub. Co., 1907 등이 있다. 이 문헌들은 당시 조선의 정세에 대해 내용도 간략하게나마 포함하고 있다. 특히 두 권, *Under the Dragon Flag* 과 *Les Héros de Chémulpo*은 한국어로 번역 출판되었다. 손나경·김대륜 공역,《미 외교관 부인이 만난 명성황후》, 살림, 2011. 이주영 역,《러일 전쟁, 제물포의 영웅들》, 작가들, 2006.

5) 김동진,《파란눈의 한국혼 헐버트》, 참좋은 친구, 2010, 446쪽. 황우선·김성해, 〈한국 근대저널리즘 개척자로서 H. 헐버트 연구〉,《커뮤니케이션학연구》25 : 1, 한국커뮤니케이션학회, 2017, 239~263쪽.

게일은 중국 상하이에서 발간되던 《노스 차이나 데일리 뉴스(The North China Daily News)》의 객원 통신원을 역임하였다.[6] 이 경험이 한국사의 저술과 어떻게 관련되는가를 떠나, 어쨌든 이들이 러일전쟁 무렵에 이미 한국 전문가로 인식되었음을 알 수 있다.

특이한 점은 이 두 사람의 사후(死後)에 그들에 대한 전기(傳記)와 그들이 저술했던 한국통사가 재편집되어 영인본 형태로 출판되었다는 점이다. 헐버트의 경우, 그의 전기와 《한국사》를 재편집한 영인본 출간이 클라렌스 노어우드 윔즈 주니어(Clarence Norwood Jr. Weems, 1907~1996)에 의해 이루어졌다.[7] 이 책은 1962년 Hulbert's History of Korea라는 제목으로 미국과 영국에서 동시 출판되었다.[8] 한편, 게일의 전기를 쓰고 《한국 민족사》를 재편집한 영인본은 한국에서 영국 성공회 신부로 활동했던 리처드 러트(Richard Rutt, 1925~2011)에 의해 1972년 왕립 아시아학회 한국지부 이름으로 출판되었다.[9] 윔즈 주니어와 러트는 둘 다 한국과 깊은 인연이 있는 인물들인데 윔즈 주니어는 한국전쟁 직후 미 군정청에서 일한 경험이 있으며, 러트 역시 70~80년대에 한국에서 머물며 많은 한국 문학 작품들을 영역했던 초기 한국학 연구자이다.

---

6) 유영식,《착한 목자 : 게일의 삶과 선교》권1, 도서출판 진흥, 2013, 866쪽.

7) 윔즈 주니어는 1954년 미국 콜롬비아대학교에서 The Korean Reform and Independence Movement(1881~1898)라는 제목으로 박사학위를 받았다. 이후 뉴욕 소재 맨스필드 주립대학(Mansfield State College)의 교수로 재직하였다. 윔즈 주니어의 아버지는 1909년부터 1940년까지 미국 남감리교 선교사로 내한하여 개성, 원산 등지에서 목사로 활동했던 클라렌스 노어우드 윔즈(Clarence Norwood Weems, 1875~1952)이다.

8) Clarence Norwood Jr. Weems ed., Hulbert's History of Korea 1-2, Hillary House, 1962.

9) Richard Rutt ed., James Scarth Gale and his History of the Korean People, Royal Asiatic Society Korea Branch, 1972.

제1절 호머 베절릴 헐버트의 《한국사》(1905)

1) 헐버트의 생애와 《한국사》의 저술 배경

헐버트는 1863년 미국 동부 버몬트(Vermont) 주 뉴 헤이븐(New Haven) 시에서 태어났다. 그는 이 지역의 목사이자 미들베리대학(Middlebury College) 총장을 역임했던 아버지 칼빈 버틀러 헐버트(Calvin Bulter Hulbert, 1827~1917)와 어머니 메리 엘리자베스 우드워드(Mary Elizabeth Woodward, 1833~1921) 사이에서 태어난 여섯 형제 중 넷째이다.[10] 헐버트 가문은 영국 청교도의 일원으로서 미국에 이주한 철저한 기독교 집안이었다. 이러한 배경에서 자란 헐버트는 어머니의 증조부가 설립한 뉴 햄프셔(New Hampshire) 주 다트머스대학(Dartmouth College)에 1880년에 입학하였다. 졸업 후 뉴욕에서 2년간 연합신학대학(Union Theological Seminary)을 다니던 중 1886년 고종이 세운 근대식 왕립학교인 육영공원의 교사 신분으로 한국에 오게 되었다.[11] 이는 앞서 언급한 그리피스가

---

10) 헐버트에 대한 연구는 윤경로로부터 시작되었다. 그는 1977년에 〈Homer B. Hulbert 연구 : 한국에서의 활동과 한국관을 중심으로〉, 고려대학교 석사학위논문의 발표 이후 〈Homer B. Hulbert의 한국관 연구〉, 《한국사상》 18, 한국사상연구회, 1981a, 124~146쪽. 〈헐버트의 한국에서의 활동과 한국관〉, 《한국 근대사의 기독교사적 이해》, 역민사, 1992, 205~250쪽. 이후 신이레, 〈구한말 선교사 헐버트(Homer B. Hulbert)의 활동 연구〉, 협성대학교 석사학위논문, 2008과 김동진, 앞의 책, 46~52쪽에서 헐버트의 생애가 다시 언급되었다.

11) 헐버트가 신학대학교를 다니던 도중 한국으로 오게 되는 과정에 대해서는 신이

1870년 일본 후쿠이(福井)에 교사로 갔던 것과 유사하다.

한국에서의 헐버트의 행적은 다소 특이하다. 당시 한국에 머물던 여느 선교사들과는 달리 헐버트는 한국과 미국을 지속적으로 오가며 순수한 선교사의 역할보다는 한국 정부를 대신하여 정치 외교적 행보를 보여주기 때문이다. 그는 1886년 7월 한국에 처음 온 이후 육영공원 교사로 근무하다 1891년 12월 계약 기간이 만료되어 미국으로 돌아갔다(1차 내한). 그리고 2년이 채 안 된 1893년 9월에는 감리교 선교사 자격으로 다시 내한하여 현장에서 선교 활동을 펼쳤다. 이 때 감리교 계열의 출판사인 삼문출판사(영어명 : The Trilingual Press)를 운영하며 다양한 학술 활동도 하였다(2차 내한). 이후 러일전쟁이 일본의 승리로 끝나고 조선에 대한 일본의 지배가 기정 사실화되자 고종의 친서를 미국 대통령에게 전달하기 위해 1905년 10월 미국으로 향했다. 그리고 1906년 6월 다시 한국으로 돌아왔다(3차 내한). 그로부터 1년이 되지 않은 시점에서 그는 또 다시 고종의 요청으로 헤이그 만국평화회의에 참석차 1907년 4월부터 7월까지 유럽을 다녀왔다(4차 내한).

이렇듯 친한적인 정치 활동을 펼쳤던 헐버트는 이를 못마땅히 여긴 일본의 요청으로 그해 8월 미국 정부에 송환되어 미국으로 돌아가야만 했다. 그러나 그는 2년 뒤인 1909년 8월 다시 비밀리에 내한하여 당시 한국에 남겨 두었던 자신의 부동산 등을 처분하고 귀국하였다(5차 내한). 그리고는 1949년 40년 만에 대한민국 정부의 초청으로 한국에 왔다가 1주일 만에 한국에서 사망하였다(6차 내한). 5차 내한 이후 거의 40년간(1909년부터 1949년까지) 그는 미국 내의 각종 강연회와 언론 기고 활동을 통해 미국 정부의 대외정책을 비판하고 일제 강점의 부당성을 알

레, 앞의 논문, 9~11쪽을 참조.

리고자 노력했다. 그러면서 한국과 관련된 저술 활동을 지속하였다는
점도 빠뜨릴 수 없는 행적이다.

한편, 헐버트가 주관하여 발간한 출판물과 그 자신의 저술 활동에 대
해서 살펴보면 그가 한국에 대해서 얼마나 많은 관심을 가졌는지를 가
늠할 수 있다. 인쇄된 서적에 헐버트 자신의 이름이 처음으로 활자화된
것은 언더우드의 주도로 만들어졌다고 알려져 있는 《한영자전》이다.12)
그러나 그가 단독으로 집필한 첫 번째 저술은 1889년 육영공원 교과서
용으로 발간한 《사민필지(士民必知)》이다.13) 2차 내한 이후 삼문출판사
를 운영하는 동안 《코리안 리포지터리》의 편집도 함께 맡아 이 잡지에
〈한국어(The Korean Alphabet)〉, 〈이두(The Itu)〉 등 총 16편의 논문을 발표
하기도 하였다.14) 또한 1897년부터 이듬해인 1898년까지 이 삼문출판사
에서 《독립신문》을 발행하기도 하였는데 이때는 그의 남동생 아처 버틀
러 헐버트(Archer Bulter Hulbert, 1873~1933)를 한국으로 불러 들여 《독립
신문》 편집 일을 맡기기도 하였다.

특히 한국사의 저술과 관련하여 그가 이 시기에 활발한 저술과 출판
활동을 보였음을 유의할 필요가 있다. 1901년에는 자신이 직접 편집과
발간 책임을 맡아 영문 월간지인 《코리아 리뷰》를 창간하였는데, 이
《코리아 리뷰》는 헐버트의 저술 활동에서 매우 중요한 역할을 차지한다.

---

12) 한국 최초의 영한사전인 《韓英字典, *A Concise Dictionary of the Korean Language*》
은 1890년 일본 요코하마에서 언더우드, 헐버트, 게일 공동 저자로 발간되었다.
13) 1889년에 한글본 초판이 나왔고, 1895년 백남규과 이명상에 의해 한문본이 의정
부 편사국에서 간행되었다. 《한국민족문화대백과사전》 10, 한국정신문화연구원,
1991, 821-822쪽.
14) 윤나영, 〈헐버트(H. B. Hulbert)의 한국 연구와 역사 인식〉, 인하대학교 석사학위
논문, 2012, 13쪽.

[사진 3] 헐버트15)   [사진 4] 헐버트의 동생16)

그는 거의 이 잡지의 매 호마다 자신의 논문을 발표하여 1906년 이 잡
지가 폐간될 때까지 무려 120여 편의 논문과 평론을 게재하였다. 이 중
창간호부터 4년간 연재하였던 한국사에 관한 글을 묶어 단행본으로 발
간한 것이 바로 이 책에서 논의할 《한국사》이다. 또한 그 이듬해인 1906

---

15) *The International Folk-lore Congress of the World's Columbian Exposition, Chicago,*
   July 1893 1, Charles H. Sergel Company, 1898, 308-309쪽 사이에 실린 사진. 지한
   파 (知韓派) 헐버트는 1차 내한과 2차 내한 중간 미국에 머무는 사이, 1893년 7월
   미국 시카고에서 열린 이 민속학 국제학술대회에 참석하여 한국 민속(담) 관련 논
   문을 발표하였다. 같은 날 같은 장소 같은 패널에서 지일파(知日派) 그리피스는
   일본 민속(담)에 대해서 발표한 기록이 있다 (같은 책, 11쪽). 이 논문집에는 거의
   모든 발표자의 사진이 실려있는데 아쉽게도 그리피스의 사진은 수록되지 않고 논
   문만 실려있다.

16) 1880년부터 1914년까지 미국 뉴욕에서 발행되었던 잡지, *The Chautauquan*, 35,
   1902, 324쪽에 실린 사진. 동생 헐버트는 한국 생활(1897~1898)을 마치고 미국으
   로 돌아와 여러 대학에서 교수로 활동하였다. 그가 남긴 문서(Hulbert Papers)는 현
   재 미국 콜로라도 주 콜로라도대학(Colorado College)에 소장되어 있다.

년에는 이제까지 자신이 여러 잡지에 기고한 원고들을 바탕으로 한국의 역사와 풍물, 그리고 당시 조선이 처한 정치적 상황에 대한 자신의 견해를 밝힌《대한제국 멸망사(The Passing of Korea)》(1906)를 출판하였다. 이 책은《한국사》와 더불어 그의 대표작으로 손꼽힌다. 이 밖에도 중국과 한국을 배경으로 한 소설《안개 속의 얼굴(The Face in the Mist)》(1926), 한국의 민담을 소개한《엄지 마법사(Omjee : the Wizard)》(1927) 등도 저술하였다.[17)

구한말의 정치 외교와 학술 분야에서 뚜렷한 활동이 많았던 까닭에 그에 대한 연구는 전기, 활동, 저작에 걸쳐 비교적 많은 성과가 쌓여 왔다. 1962년에 나온 웜즈의 전기를 시작으로 윤경로의 논문(1977, 1981a, 1981b, 1992)이 국내에서의 그에 대한 연구를 촉발하였고 이후 헐버트의 한국 인식, 저작, 국내 활동 등을 중심으로 몇 가지 연구가 연이어 진행되었다.[18) 헐버트의 대한인식(對韓認識)과 활동을 다룬 손정숙(1995), 헐버트의 한국관을 검토한 이광린(1998), 조선인의 문명화에 대한 헐버트의 입장을 탐색한 오상미(2009), 헐버트의 한국 연구와 역사 인식을 조명한 윤나영(2012) 등은 대체로 헐버트의 한국관 검토를 핵심으로 삼

17) 위 4권은 모두 한국어로 번역 출판되었다. 마도경·문희경 공역, 앞의 책. 신복룡 역,《大韓帝國史序說》, 탐구당, 1973. 신복룡 역,《大韓帝國滅亡史》, 평민사, 1985. 이현표 역,《안개 속의 얼굴》, 코러스, 2011. 이현표 역,《엄지 마법사》, 코러스, 2011. 하지만 헐버트가 발간했다고 알려져 있는《대동기년(大東紀年)》(1903)은 실은 윤기진이 저술한 것이다. 헐버트는 이 원고의 출판을 위해서 중국 상하이 미화서관(美華書館)에 위탁하여 출판을 도와줬을 뿐이다. 따라서 여기에서는 그의 저술 목록에서 제외하였다.

18) 윤경로(1977), 윤경로(1981a), 윤경로,〈Homer B. Hulbert 연구 : 그의 한국에서의 활동을 중심으로〉,《역사교육》29, 역사교육연구회, 1981b, 129~160쪽. 역민사에서 발간되었던 윤경로의 책(1992)은 윤경로(1981a)와 윤경로(1981b) 논문을 수정 없이 재수록한 것임.

았다.19)

이 중 손정숙(1995)은 《코리언 리포지터리》와 《코리아 리뷰》에 수록
된 헐버트의 글을 통계화하여 그가 결국 친한적 인물이었음을 살폈고,
이광린(1998)은 당시 혼란한 국제 정세 속에서의 한국의 독립을 위한 헐
버트의 정치적 활동에 대해서 긍정적으로 평가하였다. 오상미(2009)는
조선의 문명화에 대한 헐버트의 행적에 초점을 맞추어 그 역시 서구 문
명에 의한 식민사관에 일조하되 다만 일본에 의한 식민주의는 반대했다
는 쪽으로 논의를 이끌었다. 이에 비해 윤나영(2012)은 《한국사》와 《대
한제국 멸망사》를 비교 분석하여 헐버트가 비록 친일적인 미국인과는
차이가 있지만 미국식 국가 우월주의 속에서 한국을 후진국으로 간주하
고 미국의 이익을 최우선시했다고 보았다. 이 일련의 연구물들은 한국
을 위해 헌신했던 헐버트의 이면에 본질적으로 서양인의 우월의식과 계
몽적 태도가 뿌리 깊게 자리잡고 있었음을 지적한 것으로 볼 수 있다.
심지어 강세영(2013)은 헐버트의 서신을 집중적으로 검토한 결과 그가
순전히 개인의 부와 명성을 위해 한국을 이용했다는 논지를 펼치기도
하였다.20)

그런데 이상의 연구는 헐버트의 활동과 한국관에 초점을 맞춘 나머지
한국통사의 맥락에서 그의 저서 《한국사》를 집중 고찰하려는 이 책의

<hr>

19) 손정숙, 〈구한말 헐버트(Homer B. Hulbert)의 대한 인식과 그 활동〉, 《이화사학연
구》 22, 이화여자대학교 사학연구소, 1995, 127~147쪽. 이광린, 〈헐버트의 한국
관〉, 《한국근현대사연구》 9, 한국근현대사학회, 1998, 5~21쪽. 오상미, 〈헐버트(H.
B. Hulbert)의 문명국 지도론과 조선〉, 연세대학교 석사학위논문, 2009. (참고로 이
논문은 〈헐버트(H. B. Hulbert)의 조선문명화론〉, 《학림》 32, 연세사학연구회,
2011, 1~49쪽에 재수록하였다). 윤나영, 앞의 논문.
20) 강세영, 〈헐버트의 교육 관련 활동 연구 : 그의 서신 중심으로〉, 한국교원대학교
석사학위논문, 2013.

논의 각도와는 상당히 거리가 있다. 이 점은 이용민(2007)이 제출한 논문역시 예외는 아니다.21) 그는 《TKBRAS》의 창간호에 나란히 실린 헐버트와 게일의 논문을 대조하여, 중국과 한국의 관계에 대한 두 사람의 시각차이를 비교 분석하였다. 당시 헐버트와 게일은 '한국에 미친 중국의 영향'에 대해 발표해 달라는 학회의 취지에 응했으며(1900년 10월) 그 결과, 게일이 '한국의 역사가 중국의 영향을 받지 않은 것이 없으므로 한국은 작은 중국일 따름'이라는 결론으로 나아간 반면, 헐버트는 '한국에미친 중국의 영향은 유럽이 영국에 미친 영향보다 훨씬 적으므로 한국은 그들 고유의 역사와 문화를 이루었다'는 결론으로 나아갔음을 밝혔다. 이용민의 연구는 본고에서 검토하려는 헐버트와 게일을 맞비교했다는 점에서 관심을 끌지만, 그가 주 대상으로 삼은 텍스트가 《TKBRAS》의수록 논문이었다는 점은 이 책과 구별된다.

이상의 선행 연구 업적들과 달리 이 책에서 직접적으로 참조할 수 있는 연구로는 여호규(2010)의 논문이 있다.22) 이 논문은 서양학계의 한국연구사를 세 시기, 즉 첫째 19세기 후반부터 1945년까지는 선교사와 교육자(즉 비전문 역사학자)가 한국사를 저술하던 시기, 둘째 1945년부터 1970년대 전반까지 역사학자에 의해 한국사 연구가 진행되던 시기, 셋째 1970년대 후반부터 1990년대까지 연구자가 증가하고 연구 주제가 다양화되는 시기로 나누었다. 이 중 이 책의 논의와 겹치는 부분은 첫째 단계의 시기인데, 그는 헐버트와 게일이 로스와 그리피스의 결함을 보완하면서 한국사를 저술하게 되었다는 견해를 전제로, 두 사람 모두 한국

---

21) 이용민, 〈게일과 헐버트의 한국사 이해 - 서로의 상반된 사관을 중심으로〉, 《교회사학》 6, 한국기독교사학회, 2007, 161~203쪽.
22) 여호규(2010)의 논문에서는 앞서 논의되었던 로스와 그리피스의 한국사에 이어헐버트의 한국사에 대해서도 언급하였다.

어 발음을 기준으로 삼아 로마자를 표기했다는 점, 한국 측 사료를 다수 활용했다는 점을 긍정적으로 평가하였다. 그러나 한국 사료들을 사전 검증없이 무비판적으로 수용했다는 점은 아쉬운 부분이라고 지적하였다.

반면에 게일의 통사가 문학적이고 종교적 색채가 강한 상태에서 한국사를 이야기하듯 진술한 반면, 헐버트의 통사는 한국사의 전개를 체계화하는 데 심혈을 기울였다고 보았다. 또한 고대사에 대해, 게일이 민담과 설화를 채용하고, 중국의 영향을 강조하되 고조선에서 삼국으로 이어지는 과정을 그대로 수용한 반면, 헐버트는 단군을 시초로 삼되 기자를 이상적인 식민지 개척자로 평가하고,《동국통감(東國通鑑)》이나《동사강목(東史綱目)》등의 역사 인식을 뛰어넘지는 못했으나 삼한과 삼국, 그리고 불교의 수용을 종합적으로 비교 서술한 장점이 있다고 보았다. 여호규가 정리한 위의 내용은 이 책의 논지와 관련하여 경청할 부분이 많다.

2) 저술의 구성과 핵심적 내용

헐버트의《한국사》는 앞서 말한 바와 같이 1901년부터 1904년까지《코리아 리뷰》에 실렸던 글을 모아 1905년에 서울 (당시 漢城) 삼문출판사에서 간행한 것이다. 초판본 이후 재판이나 증보판은 발간되지 않았다. 1962년에 윔즈 주니어가 헐버트에 대한 전기와 재편집된《한국사》를 묶어 2권 분량으로 뉴욕과 런던에서 동시에 간행했다는 사실은 앞서 언급한 바 있다.

《코리아 리뷰》창간호(1901)에 실린《한국사》첫 1장 앞에는 〈서설 (Introductory Note)〉이 함께 수록되어 있는데 여기에는 그가 왜 이 글을 쓰게 되었는지, 그리고 어떤 문헌들을 참조하였는지에 대해서 상세히 서술하고 있다. 이는 저자가 한국의 역사에 대한 연재를 시작할 때부터 이미 '한국의 통사'를 염두에 두었던 것임을 시사하고 있다. 이《코리아 리뷰》 창간호에 실린 〈서설〉의 내용은 훗날 약간의 손질을 거쳐《한국사》의 〈서문(Preface)〉으로 수용되지만 그 개략은 거의 비슷하다.

헐버트는《한국사》〈서문〉에서 자신의 글에 대한 의의를 다음과 같이 설명하고 있다. "내[저자]가 아는 한, 이것이 원사료에 기초하여 한국사를 영어권 독자들에 소개하는 첫 번째 시도이다."23) 한편, 참고문헌과 관련해서《한국사》〈서문〉에서는 매우 간략하게 서술하고 있는 대신 《코리아 리뷰》〈서설〉에서는 한국사를 기술하기 위해 어떤 사료를 참조하였는지를 보다 구체적으로 밝히고 있다.24)

즉, 고대사와 중세사는 주로《동사강요(東史綱要)》(Tong-sa Kang-yo)를 참조했다고 언급하고 있다. 이《동사강요》는《동사통감(東國通鑑)》(Tong-sa T'ong-gam),《동사찬요(東史纂要)》(Tong-sa Chan-yo),《동사회강(東史會綱)》(Tong-sa Whe-gang),《동사보유(東史補遺)》(Tong-sa Po-yu) 등을 편집하여 최근(저술 당시인 19세기)에 만들어진 책이라고 하면서, '주의 깊은 연구와 비판적인 비교'가 가능한 책이라고 평가하였다.25)

그러나 헐버트의《한국사》저술에 가장 근간이 되었다고 밝힌《동사강요》는 논쟁이 많았던 문헌이다. 프랑스 서지학자 모리스 쿠랑(Maurice Courant, 1865~1935)의《한국서지(Bibliographie Coréenne)》(1894~1901)에는

---

23) Homer B. Hulbert, *The History of Korea* vol. 1, Methodist Pub. House, 1905, IV쪽. 원문 : "This is the first attempt, so far as I am aware, to give to the English reading public a history of Korea based on native records" 그러나 헐버트 이전에 이미 서양어 특히 영어로 쓰여진 한국사 저술이 존재했기 때문에 헐버트의 이러한 진술은 과도한 표현이다.

24) *Korea Review*, vol.1, 1901, 29~33쪽.

25) *Korea Review*, vol.1, 1901, 29쪽.

이 책의 서명이 존재하고《코리아 리뷰》에 실린 헐버트 자신의 글에서
도 이 책을 매우 강조하였으나 국내에서는 최근까지 발견되지 않았었
다. 기존의 학계에서는《동사강요》가 안정복의《동사강목(東史綱目)》이
라는 설과《동사강요》가 따로 존재하였으나 실전(失傳)되었다는 설이
상존하였다. 그러나 이러한 논쟁은 소요한(2016)의 논문이 발표되면서
일거에 해소되었다.[26] 소요한은 이 자료는 현재 영국도서관(British Lib-
rary)에 소장되어 있으며 복사본을 입수하여 이《동사강요》의 내용을 분
석했다고 발표했다.《동사강요》는 실존(實存)했던 것이다.

　헐버트는 이《동사강요》에서 발췌하여 한국 고대사를 크게 네 개의
줄기로 나누고,《동국통감》을 활용하여 재차 검증했다고 하였다. 또한
중국 측 사료도 여러 권을 참조했으나 특히 1세기 무렵 한반도의 토착
세력에 대해서는《문헌통고(文獻通考)》를 주로 참조했다고 밝히고 있
다. 따라서 헐버트는 조선 왕조 이전의 역사 서술에서는《동사강요》를
중심축으로 삼고《동국통감》,《문헌통고》및 기타 역사, 지리, 전기 등
을 참고했음을 알 수 있다. 이 밖에도 한국의《연려실기술(燃藜室記述)》,
중국의《대명일통지(大明一統志)》와《위서(魏書)》등도 본문에서 언급
되고 있다. 아쉽게도 일본과의 관계에서 발생한 사건에 대해서 일본 사
료도 참조했다고 하였으나 이에 대한 구체적인 서명은 제시하지 않았
다. 한편, 헐버트가 사료 입수에서 가장 곤란을 느낀 것은 조선 왕조사
에 대한 부분이었다. 당시 저술 시점에서 국가가 편찬하고 보관 중이던
《조선왕조실록》은 외국인이 공식적으로 열람할 수 없는 책이었으라 판

---

26) 소요한,〈헐버트(Homer Bezaleel Hulbert) 선교사의 한국사 연구 : 새로 발굴된《동
　　사강목(東史綱要)》를 중심으로〉,《대학과선교》30, 한국대학선교학회, 2016,
　　103~124쪽.

단된다. 따라서 그는 결국 25년 동안 조선 왕조의 역사에 대해 공부했으나 이름은 밝히지 말아 달라고 간곡히 부탁한 어느 학자에게서 필사본 여러 권을 얻었을 뿐만 아니라 서울에서 대규모 장서를 갖춘 어느 사설 도서관에 출입하며 관련 자료를 이용했다고 밝혔다.27)

결론적으로 헐버트가 참조한 자료들에 대해서 방금 앞에서 논의한 문헌들이 각각 어떤 비중으로 얼마만큼 헐버트의 《한국사》 저술에 적용되었는지에 대해서는 별론(別論)이 필요한 실정이다. 그러나 그는 "한국사에서 사료를 소실시킬 만한 엄청난 재난이 없었기 때문에 한국 사료를 신뢰할 수 있고, 아울러 꼼꼼히 일식(日蝕)을 기록한 것을 보면 그 정확성도 인정할 만"하다는 태도를 취했다.28) 요컨대 그는 한국 사료에 대한 신뢰를 바탕으로 삼아 한국사를 저술한 셈이다. 그러나 현재의 관점에서 보자면 그의 저술 활동은 사료에 대한 비판적 검증을 보다 냉정하고 철저하게 수행하지 않았다는 점에서 여전히 한계를 갖는다고 할 수 있다.

이제 《한국사》의 전체적 구성과 편집 형태를 살펴보자. 우선 편집상의 형태부터 볼 필요가 있다. 이 책의 각 장(chapter)은 제목을 달지 않았다. 대신 각 장의 표기 바로 아래에 서술 내용을 지시하는 핵심어를 10~20개쯤 열거하고 있다. 핵심어가 제목을 대신하도록 한 형태인 것이다. 아마도 간단한 제목으로는 장의 전체 내용을 포괄할 수 없어서 핵심어를 풍부하게 활용하고자 했던 것이 아닌가 한다. 이 핵심어들을 모두

---

27) Homer B. Hulbert, 앞의 책 vol.1, II쪽. 본 서에서 이 "어느 학자(a Korean scholar)"가 누구를 지칭하는지 밝히는 작업은 수행하지 못하였다.

28) Homer B. Hulbert, 앞의 책 vol.1, II쪽. 원문 : "A word must be said in regard to the authenticity and credibility of native Korean historical sources … [중략] … That such records were kept is quite apparent from the fact that the dates of all solar eclipses have been carefully preserved from the year 57 B.C.."

열거할 수 없으므로 여기서는 필자가 간추린 제목으로 제시한다. 각 장을 포함한 전체 구성은 아래의 [표 18]과 같다.

[표 18] 헐버트의 《한국사》 구성

Vol. 1	Preface	Introductory Note			
Vol. 1 Part Ⅰ : 고대 (기원전 2257년~ 890년)	1장 단군조선	2장 기자조선	3장 위만조선	4장 북방 민족	5장 삼한
	6장 삼국의 건국과 신화	7장 삼국의 성장	8장 삼국의 경쟁	9장 삼국의 갈등	10장 삼국의 문화
	11장 삼국 간의 전쟁	12장 백제와 고구려의 멸망	13장 신라의 한반도 통합		
Vol. 1 Part Ⅱ 중세 (890년~1392년)	1장 후삼국의 혼돈과 고려의 건국	2장 태조~ 목종(고려 초기 사회, 거란)	3장 현종~ 문종(거란과의 전쟁, 불교의 번성)	4장 순종~ 의종(무인 정권)	5장 명종~ 고종(최씨 정권의 폭력성, 여몽전쟁)
	6장 고종(여몽 전쟁 패배, 최씨 정권의 몰락)	7장 고종~원종(몽고의 지배, 일본 1차 원정)	8장 충렬왕~ 충숙왕(몽고의 지배 절정, 일본 2차원정)	9장 충혜왕~ 공민왕(고려 왕실의 문란)	10장 공민왕 (홍건적과 왜구의 침입과 신돈의 집권)
	11장 공민왕~ 우왕(신돈의 실각, 이성계의 부상	12장 우왕(우 왕의 실정과 이성계의 집권)	13장 창왕~공양왕(위화도 회군과 고려의 멸망)		
Vol. 1 Part Ⅲ 근대(1392년~ 1904년)	1장 태조~ 문종(조선의 건국)	2장 단종~ 성종(체제 확립)	3장 연산군~ 명종(체제 안정 시대)	4장 선조(붕당의 형성, 임진 왜란 직전 배경)	5장 선조(임진 왜란 초반 전세)
	6장 선조(임진 왜란 한양 함락)	7장 선조(임진 왜란 당쟁 지속, 이순신과 거북선)	8장 선조(임진 왜란 평양성 함락)	9장 선조(임진 왜란 명의 참전, 의병 출현)	

Vol.2	1장 선조(임진왜란 평양성 수복)	1-A장 선조(임진왜란 한양 수복, 휴전 회담)	2장 선조(정유재란, 이순신의 활약)	3장 선조~광해군(전쟁의 종결, 기유약조)	4장 광해군~인조(만주족의 성장, 인조반정)
	5장 인조(이괄의 난, 정묘호란, 인조의 강화도 피신)	6장 인조(병자호란, 인조의 남한산성 피신)	7장 인조(병자호란, 항전과 항복사이의 내분)	8장 인조(병자호란, 삼전도의 굴욕, 인조의 환도)	9장 인조~효종(명청교체기 조정의 분란)
	10장 현종~숙종(당파의 분화, 송시열의 정책)	11장 숙종~영조(장희빈, 당쟁의 심화)	12장 영조~정조(영조의 개혁, 사도세자, 천주교의 전래)	13장 순조~철종(천주교 박해, 홍경래 난)	14장 고종(천주교 탄압, 병인양요, 신미양요)
	15장 고종(개항, 개화파와 민씨 일가 대립, 임오군란)	16장 고종(개화파와 수구파의 대립, 갑신정변, 친청파 득세)	17장 고종(동학 반란, 청일전쟁 발발)	18장 고종(친일파 득세, 갑오개혁)	19장 고종(동학의 진압, 갑신정변 주역 개화파 재집권)
	20장 고종(청일전쟁 종결, 을미사변의 배후)	21장 고종(을미사변 사건개요와 결과, 친일 내각)	22장 고종(아관파천, 독립협회)	23장 고종(친러파 득세, 대한제국 선포, 독립협회와 수구파의 대립, 개신교의 확대)	24장 고종(조선 경제 상황, 러일간의 갈등 시작)
	25장 고종(러일간의 상반된 식민정책)	26장 고종(러일전쟁 직전 상황)	27장 고종(러일전쟁)		
Vol. 2 Index 색인	일반 색인	인명 색인	연대 색인		

헐버트의 《한국사》는 1부 고대(13장), 2부 중세(13장), 3부 근대(28장) 등 총 3부로 구성되어 있다.29) 이는 한국사의 시작인 고조선부터, 통일

---

29) Vol. 2에서 원문은 27장이 마지막 장으로 되어 있지만, 편집자의 실수로 추정되는

신라와 고려가 교체되는 10세기까지를 '고대(ancient)', 1392년 고려가 기울 때까지를 '중세(medieval)', 조선 왕조 이후 1897년 대한 제국이 성립되는 시기까지를 '근대(modern)'로 설정한 것이다. 고대와 중세는 둘 다 13장으로 비슷한 분량이나 근대는 28장에 이를 만큼 상세하다. 고대, 중세, 근대의 시대 구분은 당시 서양식 시대 구분 방식에 따른 것으로 판단되나, 그가 시대를 구분한 기준 연도에 대한 명확한 근거는 분명하게 밝히지 않았다. 즉, 어떤 이유로 기원전 2257년부터 기원후 890년까지를 고대로, 890년부터 1392년까지를 중세로 설정한 것인지부터가 모호하다. 한국사의 출발로 본 기원전 2257년은 정작 원문의 끝에 부기된 연대 색인 〈Chronological Index〉에서는 기원전 2332년을 단군조선의 기원 연대로 명기한 것과도 일치하지 않는다.[30]

내용 면에서 1부 고대 편을 좀 더 자세히 살펴보면, 단군조선, 기자조선, 위만조선, 삼한, 삼국을 축으로 삼아 신라에 의한 한반도 통일까지를 다루고 있다. 《동사강요》와 《동국통감》을 참조해서 작성했을 것으로 추정되는 이 부분은 애초 한국 사료를 바탕으로 삼았기 때문에 우리에게 익숙한 내용들이 각각의 장면처럼 분할되어 서술되고 있다.

1장은 단군조선에 대한 언급이다. '환웅이 숨을 불어 넣어 웅녀에게 아이를 잉태시키다.', '왕이 된 단군이 문명을 일으키다', '요하까지 분포된 단군 조선', '하나라에 치수를 가르쳐주다', '첨성단, 팽오의 비석, 단군 무덤' 등이 순차적으로 서술되어 있다.[31] 영어권 독자에게 단군조선

1장과 1-A장이 있기 때문에 총 28장으로 해야 타당하다.

30) 참고로 기원전 2257년은 중국 순(舜)임금 즉위년이며, 890년은 궁예와 견훤이 왕으로 칭한 892년과 가깝다. 고려의 건국 연도는 917년이다.

31) 이는 헐버트의 《한국사》를 번역 출간한 마도경·문희경 공역, 앞의 책 권1, 24~30쪽에 실린 1장의 소제목을 인용하였다.

을 쉽고 간결하게 장면화하여 보여 주도록 편성되어 있는 것이다. 그러
면서도 단군조선의 기원, 단군의 역할, 단군조선의 영토, 단군조선을 증
빙할 수 있는 유적을 짜임새 있게 차례로 배치하였다. 끝부분에 기념 유
적을 별도로 든 것은 유적을 통해 단군조선의 실재를 증명하려는 의도
에서 나온 것이다. 요컨대 그는 단군조선을 한국 역사의 출발로 보면서
이 지역에 문명을 최초로 일으킨 인물이 단군이라 보았다. 단군신화를
맨 첫머리에 둔 것은 기존의 한국 사서를 응용한 것이지만 한편으로는
한국인이 생각한 민족의 기원을 수용한 결과이기도 하다.

2장은 기자조선을 다루고 있다. '경국지색 달기[의 포악함]', '무리 5천
을 이끌고 한반도로 들어온 기자', '의심스런 기자조선의 정체', '오랜 독
립 국가 고조선', '뛰어난 문명 전파의 능력을 가진 기자', '삼강오륜과
세속오계의 뿌리, 오항(五恒)', '통치의 첫번째 기술, 지역민의 활용', '경
작지와 수도 평양의 정비', '요동의 과반이 조선 땅', '기자 후손의 구체
적인 기록', '기자조선과 중국의 관계', '진나라의 멸망과 유민의 이주'로
단락화 되어 있다.32) 1장처럼 단일한 주제를 분절하여 전하는 방식은 이
책의 끝까지 지속된다.

1장 단군조선에 대한 기술을 2장과 비교하면 2장의 기술 내용이 보다
확대된 것을 알 수 있다. 저자는 기자조선에 관한 역사서의 기록이 빈약
하기 때문에 간략하게 설명할 수밖에 없다고 하였지만, 기자에 관한 이
모저모의 기록을 두루 포함하고자 하였다. 기자의 후손이라 자칭하며
평양에서 간행된 기자 후손 가문의 기록을 '신빙성이 떨어지지만 그래
도 유일한 기록이므로' 요약하여 서술한 것도 이러한 태도에서 나온 것
이라 보인다.33) 한국사 인식과 관련하여 그는 기자야말로 '한국사에서

---

32) 마도경·문희경 공역, 앞의 책 권1, 31~44쪽.

가장 이상적인 인물'로 보았다. 기자조선의 영토가 실증되지 않은 상황이므로 기자가 중화사상에 입각해 조작되었을 가능성을 남겨두면서도, 기자가 한반도에 문자와 인륜, 법률, 세법(정간법), 중국의 선진적 기술 등을 정착시킨 개척자라고 평가하였다. 특히 아래의 인용문은 헐버트의 기자에 대한 평가이자 동시에 헐버트의 한국(사)에 대한 시각과 인식을 확인시키고 있다.34)

> He was a genuine civilizer. … [중략] … He was the ideal colonizer, for he carried with him all the elements of successful colonization which, while sufficing for the reclamation of the semi-barbarous tribes of the peninsula, would still have left him self-sufficient in the event of their contumacy. His method was brilliant when compared with even the best attempts of modern times.
>
> 그[기자]는 진정한 문명인이었다. … [중략] … 그[기자]는 이상적인 식민지 개척자였다. 그는 성공적인 식민 개척을 위해 만반의 준비를 갖춘 한편, 한반도 토착 부족을 교화할 준비를 했기 때문에 토착민이 고집을 피우며 따르지 않더라도 스스로 만족했다. 그가 쓴 방법은 오늘날 유럽 열강의 식민지 전략과 비교할 때 훨씬 뛰어난 것이다.

인용문은 우매한 토착민을 교화시키는 능숙한 식민 개척자로서의 기자를 예찬하는 부분이다. 이에 따르면 헐버트는 민족의 혈족적·영토적 기원으로서는 단군조선을 상정하면서도 진일보한 문명의 출발로서는

---

33) Homer B. Hulbert, 앞의 책 vol.1, 10쪽. 원문 : "It is difficult to say whether any reliance can be placed upon it but as it is the only source of information obtainable"

34) Homer B. Hulbert, 앞의 책 vol.1, 8쪽과 마도경·문희경 공역, 앞의 책 권1, 37쪽을 가감하여 인용함. 원문 : "Without doubt the most striking character in Korean history is the sage Ki-ja"

기자조선을 고평(高評)하고 있는 것이다. 이런 평가는 이 책이 출판된 1905년 현재의 시점에서 헐버트의 한국 인식을 돌아보게 만든다. 미국을 비롯한 선진적 서양 문명이 토착 한국인에게 전파되려면 기자와 같은 능력과 전략을 가져야 한다는 결론으로 나아갈 수 있기 때문이다.

2장에서 눈여겨 볼 내용 중 또 하나는 고조선이 단군과 기자를 거치는 동안에 시종일관 중국에 복속되지 않은 독립국이었다고 파악한 견해이다. 독립적인 민족과 국가의 전개, 이것은 헐버트의 한국사를 관통하는 기본적인 인식이다. 이는 《한국사》의 마지막 부분(2권 27장)에서 '한국인은 고대부터 동질적인 민족을 이루었으며, 10세기 이전[고려의 통일로 짐작됨]부터 강력하게 단결하여 이후 민족 분열을 맞이한 적이 없었다'고 한 견해와 호응한다. 또한 '외세의 침략이 오히려 한국 민족을 단결시키고 국가의 동질성을 높이는 데 기여'하였다고 총평한 것은 한국사 내부에서 한국사의 면면한 흐름을 존중한 결과라고 해석될 수 있다.[35)]

이후 그는 기자조선을 대체한 위만조선의 성립과 한(漢)의 침입 그리고 한사군의 설치(3장), 토착 부족으로서의 예맥(濊貊), 옥저(沃沮), 읍루(挹婁), 말갈(靺鞨), 여진(女眞)(4장)을 거쳐, 한반도 남부에 존속했던 삼한(三韓)(5장)을 기술하고 있다. 한사군의 위치와 주민의 생활에 대해서는 '한국의 문헌에는 이들의 존재를 이해할 만한 정보가 거의 없으나 중국의 《문헌통고(文獻通考)》에서 설명한 바를 따랐다.'는 진술이 섞여 있다.[36)] 이 4장과 5장은 한민족 형성 과정의 초기 상황에 대한 헐버트의

---

35) Homer B. Hulbert, 앞의 책 vol.2, 373쪽.
36) Homer B. Hulbert, 앞의 책 vol.1, 18쪽. 원문 : "Very little can be gleaned from purely Korean sources, but a Chinese work entitled the Mun-hon Tong-go deals with them in some detail."

인식을 반영하고 있다. 9세기에 고려가 삼국을 통일한 단계에서야 비로소 고대가 끝난다는 것이 그의 판단이었다. 따라서 그는 단군, 기자, 한사군으로 이어지는 기본적 계통 외에, 한반도 북동부의 토착 부족으로서의 예맥과 옥저, 그리고 만주까지 분포되었던 말갈, 읍루, 발해, 거란, 한반도 남부에 별도로 존속되었던 마한, 변한, 진한을 설명하고자 했다. 이들이 경쟁하고 흡수되는 과정을 거쳐 부여와 삼국으로 정리되어 간다는 것, 그리고 말갈, 읍루, 발해 등의 영토가 한국사의 전개에서 관련이 깊다는 것을 인식하고 있었던 것이다. 이 중 남부의 삼한에 대해서는, 북부 지방의 민족과는 믿기 힘들 만큼 매우 달랐다는 점, 이름과 지명 등의 언어적 관습이 현저하게 달랐다는 점을 근거로 삼아 삼한 부족의 남방기원설을 부각시켰다. 이는 고조선의 북방 계통과 삼한의 남방 계통이 기원적으로 달랐음을 인식한 결과라 하겠다.

　이후 삼국에서 통일신라를 거쳐 고려의 통일에 이르는 6~13장의 내용은 현재 국내의 한국사에 대한 이해와 거의 비슷하다. 이색적인 것은 설명 과정에서 삼국의 순서를 진한으로부터 형성된 신라, 부여에서 갈라진 고구려, 고구려로부터 파생한 백제 순으로 잡았다는 것이다. 신라를 우선시하는 사관은 아마도 《동국통감》에 반영된 조선 유학자의 일반적 견해를 수용한 것으로 판단된다. 신라에 대한 우호적 기술도 여러 군데서 확인된다. 일본과의 관계를 다룬 대목들을 먼저 보자. 그는 대마도가 기원 후 500년 이후에야 일본에 점유된다는 사실을 들어 그 이전에는 신라에 대한 의존도가 높았을 것이라 추정하고 있다. 신라에 대한 대마도의 의존은 기존 학계에서 쟁점이 되었던 소위 임나일본부설과 전혀 다른 견해이다. 헐버트의 《한국사》에서도 신라와 일본 간의 분쟁은 몇 차례 등장한다. 첨해왕(沾解王) 3년(249년)에 신라 장수 석우로(昔于老)의 발언에 자극을 받은 일본이 신라를 공격하려다 석우로의 사과로 인해 중지한 사건,[37] 344년에 신라의 공주를 왕비로 달라고 요구하다 거절당하자 침범해 온 사건[38] 등이 그 예이다. 그러나 일본이 한반도 남부를 오래도록 점령했다는 기사는 발견되지 않는다.

그는 삼국의 차이를 설명하는 대목에서, 고구려는 활기차고 사나우며 군사력이 강한 나라로, 백제는 호전적이지만 군사력이 약했던 나라로 본 반면, 신라는 평화를 추구한 나라였기 때문에 훗날 당나라가 신라를 지원했을 것이라 추정하였다. 실제로 헐버트가 《한국사》에서 고구려의 경우 주로 중국(북위, 수, 당)과의 전쟁 및 멸망 과정에 대한 기술에 중심을 맞춘 것에 비하면 신라는 불교의 중흥, 우산국 정벌, 가야 복속, 당나라와의 협조와 대결 등 신라의 역량과 지혜를 드러내는 방향에 초점을 맞추었다. 이에 비하면 통일신라 이후에 형성된 남북국 시대, 곧 북쪽의 발해에 대한 설명이 매우 소략하다. 성덕왕 12년에 걸걸중상(乞乞仲象)이 말갈 연맹을 이끌며 묘향산 부근에 '진(震)'이라는 나라를 세웠는데 이후 부여, 옥저를 규합하여 왕국으로 발전시켰고 그의 아들 대조영이 대를 이어 발해의 왕으로 책봉되었다는 정도에 그치고 있다. 바로 이어 발해의 확장과 신라의 국경선에 대한 내용이 진술되지만 이 또한 신라를 중심으로 한 문맥에서 간단히 언급된 수준이다. 그는 발해를 책 전체에서 한 쪽 정도 분량으로만 다룸으로써 결과적으로 한국사에서 발해의 위상을 소홀히 다루게 되었다.

한편 삼국의 성립, 성장, 충돌 과정을 설명하며 그는 정치적 사건, 전쟁과 영토 전쟁, 국가 간의 갈등을 주요 사료로 빈번하게 등장시켰지만,

---

37) Homer B. Hulbert, 앞의 책 vol.1, 59쪽.
38) Homer B. Hulbert, 앞의 책 vol.1, 63~64쪽.

한편으로는 박혁거세 신화, 주몽 신화 등의 건국 신화, 홍미를 끌 만한 특이한 설화(연오랑과 세오녀, 소금장수 을불, 바보 온달, 선덕여왕의 지혜, 토끼의 간 이야기 등)를 역사와 결합시켰다. 역사와 설화의 결합은 독자의 홍미를 높이면서 동시에 역사를 신비한 매력으로 감싸게 하는 효과가 있다. 그는 이외에도 신앙, 법률, 제도, 문화를 이따금씩 소개하면서 삼국이 성취한 문화적 역량을 드러내고자 하였다. 신라의 불교 도입, 이차돈의 순교, 거칠부의 《국사》 편찬, 우륵의 가야금, 설총의 이두 발명 등이 그러한 예이다.

삼국의 갈등, 전쟁, 멸망, 통일에 이르는 긴 설명을 거쳐 2부 중세가 시작된다. 수·당과의 전쟁, 고구려와 백제의 멸망, 통일신라의 성립과 쇠퇴 등 전쟁과 국가 경쟁을 확대하여 서술한 점은 이후로도 헐버트의 《한국사》에서 지속되는 경향이다. 2부 중세, 즉 고려 시대를 다루면서 거란·몽고·홍건적과의 전쟁, 이성계의 반란과 조선의 성립을 중요하게 다룬 것도 이런 흐름을 반영한 것이라 할 수 있다. 그런데 전체 13장에 이르는 2부 중세 부분은 1부에 비해 국가 간의 판도와 경쟁이 복잡하지 않았던 시기이다. 따라서 헐버트는 후삼국 최후의 승자로 왕건과 고려의 건국을 든 다음, 고려 국내의 왕조사를 중심 흐름으로 삼고 국외적으로 고려가 직면했던 전쟁을 시대에 맞추어 설명하는 방식을 택하였다. 국가 간 전쟁의 경우, 거란의 침입과 격퇴(약 한 쪽 분량), 원의 등장과 고려 침략, 전쟁의 경과, 원의 고려 점령과 점령 하의 고려(약 세 쪽 분량)가 대부분을 차지하고 있다. 고려 말에는 왜구 출몰과 만행의 기사를 여러 차례 삽입하면서 이성계의 등장과 조선 성립의 전제가 되는 기류를 설명하였다.

국가 간 전쟁에 대한 서술 분량에 비하면 국가 간 문화 교류에 대한 기록은 상대적으로 매우 적은 편이다. 중국인 쌍기(雙冀)의 건의에 의한 과거제 시행(광종 대), 거란의 격퇴 이후 시기에 고려를 찾아온 각국 사신들, 승과(僧科)의 시행과 중국·일본으로부터의 불경 수입(선종 대) 등이 간간히 다루어지고 있는 정도이다.

앞서 말한 것처럼, 헐버트 《한국사》의 2부 중세는 고려 국내의 정치사 전개가 주요한 흐름으로 설명되고 있다. 첫 장(1권 2부 1장)에서는 왕건이 후삼국 최후의 승자가 되는 과정을 상세히 서술한다. 경쟁자였던 백제의 견훤과 신라의 왕을 너그러이 받아준 관용의 인물로 왕건을 칭송한 이후, 다음 장부터는 대체로 재위한 국왕의 순서에 따라 국내의 주요 정치사, 문화사를 배열하였다. 왕건이 남긴 《훈요십조(訓要十條)》, 혜종의 등장과 장인인 왕규의 반란, 정종의 불교에 대한 의존과 폐해, 광종의 등장과 쌍기의 건의에 의한 불교 억제, 경종 대의 고전 교육 강화와 과거제의 엄정한 시행, 성종이 시행한 빼어난 정책들과 유교·불교 간의 균형이 거란의 침입 이전에 기술된 고려사의 줄기이다. 이어지는 거란과의 잦은 전쟁 과정은, 거란의 침입, 평양성 포위와 고려의 패퇴, 거란의 퇴각, 문반과 무반이 다투는 국내의 혼란, 강감찬의 귀주대첩, 불교와 유교의 대립, 만연한 불교와 그 폐해, 국호를 요로 바꾼 거란의 침입을 거쳐, 금이 요를 정복한 1124년(인종 13년)까지 그 내용이 이어진다. 이후는 무신의 난 발발과 전개를 비교적 간단히 서술한 다음, 최충헌의 등장, 원의 성립, 그리고 기나긴 항전과 원의 고려 지배가 서술되고 있다.

고려 후기는 대체로 원 지배기에서 어떻게 고려 왕조가 몰락의 과정을 겪는가에 초점을 맞추었다. 충숙왕, 충혜왕을 비롯한 국왕의 무절제한 생활과 폭정, 지진이나 월식 등 공민왕 대에 나타난 불길한 징조들, 빈번한 왜구의 침입과 홍건적의 내침, 신돈의 장난 등 대다수의 사건이

망해가는 고려를 묘사하고 있다.

그에 비해 고려의 마지막은 조선을 향한 여정처럼 그려진다. 신돈을 견제하고 왜구를 무찌른 이성계의 활약을 부각시키는 등, 마치 이성계의 영웅담처럼 읽히도록 고려 말의 역사가 재구성되어 있는 것이다. 이런 시각과 태도는 물론 조선의 유학자들이 작성한 사료, 즉《고려사》, 《동국통감》, 《동사강목》 등 거의 모든 역사책에서 공통적으로 나타나는 현상이다. 따라서 고려의 역사에 관한 한 헐버트의《한국사》는 '조선의 유학자들'이 해석한 고려의 역사를 거의 그대로 수용한 것이라 할 수 있다.

조선 유학자의 관점에서 해석된 고려사를 헐버트가 수용한 증거는 불교에 대한 비판적 시선과 유학자에 대한 상대적 존중 현상에서도 감지된다. 고려 초기부터 고려 말기에 이르도록 불교에 대한 기사는 거의가 부정적이다. 왕건이 남긴《훈요십조》의 1-2 항목이 '불교를 국교로 삼고, 사찰을 많이 지으라'는 것이었음에도 헐버트의《한국사》에서는 '왕건이 불교를 믿되 절제하기를 권고'한 것이라 기술하였다. 이후 불교와 관련된 기사는, 불교 세력에게 휘둘린 정종과 이를 견제하고자 했던 유학자 쌍기, 점차 미신화 하면서 왕의 마음을 사로잡으려 했던 승려들, 만연한 불교와 국가적 폐해, 불교계의 꼭두각시가 되었던 의종, 사찰과 승려의 타락, 국운을 쇠약하게 만든 요승 신돈 등으로 점철되어 있다. 이런 부정적 서술을 따르자면 자연히 의천·지눌·일연 등의 고승이나, 외침에 맞서 정성을 들였던 팔만대장경 등은 헐버트에게 중요한 의미를 지닌 사건 또는 사료로 채택될 수가 없었다.

반면에 불교 국가였던 고려에서 유학을 지켜 낸 인물에 대해서는 우호적인 기술이 엿보인다. 광종 대의 쌍기, 경종 대의 유학 경전 장려, 성종 대의 유불 균형 정책, 김부식의 《삼국사기》 편찬, 고려 말에 충절을 지킨 유학자 이색과 정몽주, 그리고 불교 세력을 대체한 유교 국가 조선의 등장이 서술의 주를 이룬다는 사실이 이를 증명한다. 이 중 김부식의 《삼국사기》 편찬을 다루는 부분에서는, 이 책이 한국 고대사의 보고이며 이를 주도한 김부식은 '한국사의 아버지'라고 평가한다. 불교와 유교의 관계, 고려의 인물과 사건에 대한 해석이 《동국통감》, 《동사강요》와 얼마나 일치하며, 《한국사》에 가감된 헐버트의 고유한 견해는 무엇이었는지를 현재 치밀하게 설명하기는 어렵다. 그러나 개신교 신자인 헐버트의 관점에서 불교에 대한 다소 부정적인 기사를 거부하지 않았을 개연성은 충분하다.

3부는 근대라고는 했지만 사실은 조선 시대를 전적으로 다루고 있다. 시대 구분으로서의 근대는 매우 복잡한 개념이지만, 헐버트는 아마도 편의상 조선을 근대로 설정하고 있는 듯하다. 그리고 그가 《한국사》를 집필하면서 가장 공을 들인 부분도 이 시기라고 판단된다. 앞의 [표 18]에서 보듯이, 근대는 총 27장으로 구성되어 있을 만큼 상세한 편이다. 특히 전란사와 개항 이후 격동의 역사에 대한 서술을 대폭 확대하였다. 임진왜란, 정유재란에 대해서는 총 9장(1권 3부 4장~9장, 2권 1~3장), 정묘호란과 병자호란에 대해서는 약 4장을 할애하였으며, 고종 대의 역사는 총 14장에 이를 만큼 대폭적으로 확장하였다.

조선사를 기술하는 과정에서 헐버트가 시대 구분의 일차적 기준으로 삼은 것은 재위한 국왕의 연대기적 순서였다. [표 18]에서 보이듯, 한 장에 대략 2~3명의 국왕이 재위하는 동안 일어난 역사적 사건, 인물, 현상 등을 분절하여 수록하였다. 다만 고종 대의 역사에 대해서는 3부의 14장 첫머리에서 다음과 같이 기록하고 있다.[39]

The events of the present reign, which began in Januagry 1864, are fresh
in the memory of many still living, and the account here given is taken
largely from statements of eyewithnesses of the scenes therein describes.

1864년 1월[1863년 12월을 잘못 파악함]에 즉위한 왕의 재위 기간 중
일어난 사건들은 현재 살아 있는 사람들의 기억에 생생하게 남아 았다. 따
라서 이 책에 쓰인 내용들은 대체로 현장의 목격자들의 진술을 토대로 한
것이다.

이는 고종 대의 역사 서술이 문헌 사료가 아니라 증언과 목격담을 기
반으로 해서 작성되었다는 뜻이자 그만큼 생생하고 세부적인 내용을 담
고 있음을 의미한다. 따라서 3부는 고종 대를 기준으로 삼아 그 이전과
이후로 나누어 정리해 볼 수 있다.

우선, 고종 대 이전의 조선사 기술에서 눈에 띄는 것은 임진, 정유, 병
자의 대규모 전쟁을 기준으로 조선 전기와 조선 후기가 매우 대조적으
로 평가되고 있다는 점이다. 1권 3부 1장에서 포괄하고 있는 '태조, 정
종, 태종, 세종, 문종' 대의 기록을 보자. 태조의 도성과 도읍 건설 그리
고 불교 배척, 태종 대의 갑인자(금속활자) 주조, 세종 대의 대마도 정벌
과 사군육진(四君六鎭) 개척, 그리고 세계 어느 곳에서도 유례를 찾아볼
수 없는 한글의 창제가 주요 기사로 등장한다. 말하자면 국가가 순조롭
게 정비되는 과정과 문화적 역량이 축적되고 있는 사실을 기술하고 있
는 것이다.

단종, 세조, 예종, 성종 대를 다룬 다음 장의 경우도, 세조의 왕위 찬탈
을 분명하게 언급하고 있지만 오히려 세조의 각종 개혁 정책과 치적을
부각하고 있으며, 예종 대의 《경국대전》 완성, 성종 대의 제도 정비, 불

---

39) Homer B. Hulbert, 앞의 책 vol.2, 202쪽.

교 혁파, 치세를 향한 제도 개혁, 그리고 서거정이 주도한 《동국통감》을 기리고 있다. 헐버트 자신이 참고문헌으로 활용했던 이 책에 대해서는 '한국에서 가장 뛰어난 역사 문헌'이라고 하면서 저자로 간주한 서거정을 '한국사에 능통한 역사학자'라고 기술하였다.

연산군, 중종, 인종, 명종 대 역시 후한 역사적 평가를 담고 있다. 연산군의 포악과 폭정을 기술한 다음에 반정으로 등극한 중종과 그의 재위 기간에 일어난 일들, 곧 불교의 제압, 한국의 공자로 추앙된 조광조의 활동, 성세의 도덕적인 백성들, 최세진의 《운회옥편(韻會玉篇)》의 편찬을 특기하였다. 그러나 인종 이후는 대윤과 소윤의 갈등, 역병과 기근, 왜구의 침범 등을 예시하며 점차 불길한 징조들을 서술하였다.

조선 전기에 대한 헐버트의 서술이 긍정적이고 건강한 조선에 강조점을 두었던 반면, 조선 후기의 서술은 이와는 사뭇 대비된다. 임진, 정유, 병자의 전쟁을 차례로 겪은 조선 후기사에서 헐버트는 끊임없는 당쟁과 지배 계층의 혼란, 숙종 대의 당파 그리고 천주교의 전래, 영조 대의 개혁 정책(탕평책, 암행어사, 민생 정책), 노론과 소론의 대립, 정조 대의 천주교 확장, 역병, 그리고 1791년부터 시작된 천주교 박해를 주요 사건으로 뽑았다. 순조 대 이후의 사건 역시 천주교 박해(신유박해 1801, 기해박해 1839), 홍경래의 난(1811), 프랑스 함대의 침입과 갈등, 영불 연합군에 의한 북경 함락(1860)이 핵심적 사건으로 기록되었다. 고종 대에서도 대원군의 천주교 탄압과 밀려오는 외세, 병인양요, 신미양요가 서술의 주요한 흐름을 이루고 있다.

따라서 조선 전기에 비하면 조선 후기사는 대체로 혼란한 시대라는 인상을 주고 있다. 단순화 하자면 당쟁, 천주교 탄압, 서구의 유입 등으로 정리될 수 있는 시대인 것이다. 여기에서 영조·정조 연간의 문화적

르네상스나 문화적 역량(생산력 향상, 인구 증가, 서적 간행)은 완전히 배제되었다. 예외적으로《사씨남정기》가 지어졌다는 등의 절목(節目)이 보이기는 하지만, 조선 전기를 문화적 상승의 시대로 기술한 데 비해 조선 후기는 그야말로 하강의 시대인 것처럼 서술하고 있는 것이다. 이는 아마도 천주교와 서구 문명에 대해 부정적이었던 조선 후기에 대한 헐버트의 인식이 개입된 결과라고 이해될 수도 있을 것이다.

한편, 국가적 혼란의 정점에 놓였던 임진, 정유, 병자년의 전쟁을 상세하게 기술한 반면에 그는 한국인의 위기 극복 역량에도 주목하는 태도를 유지했다. 무려 10장에 달하는 임진왜란, 정유재란은 마치 한 편의 독립된 드라마를 보는 것처럼 기술되어 있는데, 이 혼란한 전쟁의 무수한 등장 인물 가운데 단연 주인공으로 부조된 인물은 이순신이었다. 주목할 점은 헐버트가 전란기에도 당파 싸움을 고질적인 폐해로 계속해서 지적하고 있다는 점과 승패의 현장에서 비장하게 활동했던 조선의 신료와 장수들(송상헌, 신립, 이항복, 유성룡, 신각, 곽재우, 고경명, 정인홍, 권률, 조헌 등)에게 후한 평가를 아끼지 않았다는 점이다. 시각에 따라서 임진왜란은 일본과 중국 그리고 그 사이에 낀 조선의 전쟁으로 해석될 수도 있고, 일본과 중국의 장수가 주인공이 되도록 묘사될 수도 있었다. 그러나 헐버트는 이 전란기의 주인공을 주로 조선인으로 보았고 또 그렇게 기술했다.

조선인과 조선의 역량에 귀를 기울인 그의 경향은, '평화로운 시기를 오래 누렸던 조선과 오랜 막부 전쟁으로 인해 군사력이 강해졌던 일본을 맞비교하기는 부적합하므로 조선이 유약했다는 비난은 근거가 없다'는 평론적 논설을 도출하였다.40) 또한 붕당 정치의 폐해가 전쟁을 악화

---

40) Homer B. Hulbert, 앞의 책 vol.1, 342쪽. 원문 : "The only need of a standing army

시킨 원인 중의 하나이지만 명나라의 원군을 지원받기 전에 조선 스스로 일본군을 격퇴할 절호의 기회가 있었다고 평가하기도 했다. 이렇듯 전란사를 기술하는 동안 헐버트가 선택한 주요 사건과 인물들은 한국인의 사료와 증언에 주로 기대었던 듯 보인다. 이는 그리피스가 고니시 유키나가(小西行長), 가토 기요마사(加藤清正) 및 중국 장수의 활동에 주목하여 기술했던 역사적 인식과는 현저히 차이가 나는 대목이다.

3부의 마지막, 즉 고종 대의 역사는 앞서 말한 것처럼 현존 인물의 증언과 목격을 활용하면서 기술하였다고 되어 있다. 그렇다면 고종 대 이후의 개화 과정과 외세의 쇄도, 그리고 일본의 식민지로 향해 가던 이 시기에 대해 헐버트는 어떻게 기술하였을까? 그가 1886년에 고종이 설립한 육영공원의 교사로 초청되어 왔다는 것, 1893년 이후 서울에서 삼문출판사를 운영하며 한국학 관련 기고문을 썼다는 점에 유의하면 그가 한국을 옹호하는 입장에 서 있었음을 알게 된다. 실제로 그는 무력과 불법을 앞세웠던 프랑스, 미국에 대해서도 비판적인 태도를 보였으며, 차근차근 진행되었던 일본의 한국 점거를 감정적 단어의 사용을 최대한 배제하며 냉정한 시선으로 기술하였다. 특히 명성황후가 시해된 을미사변에 대해서는 두 장에 걸쳐 사변의 경과, 사변의 처리 과정을 꼼꼼하게 다루었다. 이는 그가 일련의 사건들을 일본의 부당한 침략 행위로 이해한 결과라 할 수 있다.

험난한 열강의 시대에 무력할 수밖에 없었던 고종과 한국에 대해 헐버트가 애정과 연민을 가졌을 가능성은 충분하다. 그러나 조선, 미국, 일

---

was to guard herself from such attacks. The arts of peace flourished, the country was peaceful, there is little reason to believe that she [Cho-sun] was sunken, as many have averred, into a state of shameful effeminacy."

본, 러시아, 청이 외교적으로 복잡하게 얽혀 있던 시기이자 역사가가 마땅히 지녀야 할 객관적 입지 때문인지 개화기에 대한 그의 서술은 비교적 객관적 사실을 전면에 배치하는 양상으로 구성되어 있다. 실제로 그는 개화와 수구, 조선과 일본, 일본과 청, 일본과 러시아 사이에 일어났던 사건들을 사실에 입각해서 기록하고자 하였다. 약간의 예외가 있다면 개신교의 선교 사업에 대해서만큼은 긍정적 입장에서 서술했다는 점이다. 개신교 선교단의 창립 20주년 기념 행사를 기사화 하면서 '세계에서 가장 성공한 사업 중 하나이자 미래에도 큰 성과를 거둘 것'이라고 전망한 것은 그 자신의 선교사적 신분이 한국사 이해와 저술 활동에도 깊이 개입되어 있었음을 입증한다.41)

그는 4년여 간의 긴 연재물 《한국사》의 마지막 장(2권 27장) 끝 부분에서 한국의 역사에 대해서 다음과 같이 총평을 하고 있다. 독립적인 민족으로서 조선의 유구한 역사, 외세에 대항하여 단결하며 동질성을 유지해 온 국가임을 추켜세우면서도, 국가 권력을 장악했던 지배층이 이기심으로 물들었고, 인도·유럽어족에 비해 조선이 속한 우랄·알타이 어족이 개인과 개성, 그리고 현재를 존중하는 진보적 시간관이 부족하다는 견해를 밝혔다. 그는 조선과 조선 주변에서 구세계가 무너져 내리면서 이제 새 술을 담을 새 부대가 필요하다고 보았다. 마지막 한 줄에서 '조선이 계속해서 빼어난 역사를 만들어 나갈 것을 희망한다'고 한 문구 속에는 선진적인 서구 문명을 포용하여 새 문명을 개척하기를 바라는 헐버트의 염원이 담겨 있다.42) 기자조선에 대한 평가에서 나타났듯이,

---

41) Homer B. Hulbert, 앞의 책 vol.2, 372쪽. 원문 : "We need say no more here than that this field is rightly considered as being one of the most successful in the world and as giving promise of great things in the future."

42) Homer B. Hulbert, 앞의 책 vol.2, 374쪽.

해석에 따라서 이 구문은 서구와 기독교에 대한 간접적 지원으로 해석
될 여지가 있다.

3) 한국사 인식의 의의와 한계

헐버트의《한국사》는 헐버트 이전의 한국통사들과는 여러 가지 면에
서 차이를 가지고 있다.

첫째, 헐버트의《한국사》는 서양인에 의해 쓰여진 한국통사 중에서
최초로 한국 내부에서 한국의 사료를 주자료로 활용하여 기술된 통사라
는 의의를 가진다. 이는 앞 장에서 논의한 로스와 그리피스의 저술과 확
연히 차이를 보이는 점이자 이들에 비해 한 걸음 발전된 한국통사라고
할 수 있다. 이 문헌은 한국 내부에서 한국인이 기술한 한국사를 주자료
로 삼았기 때문에 이전의 한국통사에 비해 한국 내부의 주요 사건, 인
물, 그리고 역사를 경영하는 주체로서 한국인의 역량이 집중적으로 부
각되고 있다. 이전까지는 다루지 않았던 단군조선의 실체를 규명하려는
시도가 대표적 예이다. 우리는 헐버트가 단군의 존재에 대해서 비록 '역
사적 사실'에 비중을 두기보다는 '신화적인 존재'로서 단군을 다루고 있
으나 단군의 유적지들에 대해서 자세히 언급함으로써 서양인으로서는
처음으로 단군을 역사적 실체로 언급하고 있다는 점에 큰 의미를 두고
자 한다.

또한 헐버트 이전의 한국통사에서는 거의 거론되지 않았던 고려 시대
가 처음으로 조명되었다는 점이다. 헐버트 이전의 서양인들은 고려 왕
조가 초기부터 원나라에 완전히 복속되어 버렸다고 판단하였고 그 결과
고려에 대한 기술이 극히 미미하였다. 그러나 헐버트는 고조선부터 통
일신라에 이르는 고대사 부분과 고려 시대 부분을 거의 동등한 분량(각

각 13장씩)으로 서술하고 있다. 이는 헐버트의 고려에 대한 인식이 기존의 서양인들과는 차이를 보이고 있다는 점을 시사한다. 헐버트의《한국사》는 묻혀 있던 고려의 역사를 세계사 속에 알리는 데 지대한 역할을 한 것이다.

둘째, 그의 한국사에는 재음미 되어야 할 자료와 장면들이 상당 부분 포함되어 있다. 마도경·문희경 공역의 서문에서도 밝혔듯이 '실제로 이 책에는 고조선의 강역 설정, 이순신의 진면목, 병자호란 막바지에 청과 조선 사이에 오간 서신들, 명성황후 시해 사건을 다룬 히로시마 법정의 판결문 등 우리가 흔히 접하지 못했던 중요하고 흥미로운, 그러면서도 권위 있는 자료들이 상당수 포함되어' 있는 것이다.43) 역사적으로 중요한 사실들과 그에 관한 사료들을 상당히 풍부하게 수록함으로써 헐버트의《한국사》는 한국사의 의미심장한 국면들을 부각하고 새롭게 인식할 수 있는 토대를 제공해준다. 아울러 신화나 설화, 문학 작품 등 문화사를 한국사의 전개에 과감하게 수용함으로써 결과적으로 한국사의 다양한 색깔과 아울러 역사를 읽는 재미를 보강하였다.

셋째, 헐버트가 지적한 한국 사회의 한계, 예를 들어 관료들의 이타성의 결여, 과거 지향적 시간관, 서구 문명이 동아시아에서 작용하는 실질적 영향 등은 그 당시 시점에서뿐만 아니라 오늘날에도 냉정하게 판단해보아야 할 문제들이다. 실제 헐버트는 조선 전기를 서술하는 데 있어서는 한국에 대하여 매우 긍정적으로 평가하고 있다. 그러나 조선 후기의 서술에 있어서는 헐버트가 한국에서 체험으로 터득한 한국인에 대한 부정적인 인식들이 곳곳에서 발견된다. 아직까지도 한국에 대한 서구의 시각이 헐버트의 역사 인식에서 크게 벗어나지 못하고 있는 만큼 이 문

---

43) 마도경·문희경 공역, 앞의 책 권1, 9쪽.

헌에서 언급한 각각의 사안들에 대한 발전적 논쟁이 필요하다. 이를 통해 기존의 한국사 기술에서 그 의의가 축소되거나 왜곡되었던 사항들을 재검토하고 재평가하여 한국에 대한 부정확한 인식을 바로잡는 계기가 마련되어야 한다. 헐버트의 저서야말로 그 역할을 수행할 때 필수적인 기초 사료가 될 수 있는 것이다.

여러 가지 장점과 의의에도 불구하고 헐버트의 《한국사》 역시 몇 가지 한계를 가지고 있다. 우선 기존의 한국통사와는 달리 한국에서 생성된 문헌들을 기저에 두고 《한국사》를 서술하였지만, 그 사료에 대한 보다 정밀한 분석 능력이 부족했다는 점을 지적하고 싶다. 예컨대 그가 주로 참조한 《동국통감》과 《동사강요》 역시 부정확한 사실과 역사 해석이 적지 않다. 특히 고려 시대를 비중있게 다루었음에도 불구하고 위 두 문헌에 따라 고려에 대한 '조선 유학자'의 부정적인 시각을 고스란히 수용한 점은 이 저서가 갖는 대표적인 한계이다. 편중된 시각으로 서술된 고려 시대의 불교에 대한 몰이해나 고려가 내세운 통치 이념으로서의 불교가 갖는 의미에 대한 인식 부족이 헐버트의 《한국사》에는 그대로 투영되었다.

또한 헐버트 개인의 역사 인식이었든 혹은 그를 도운 어느 조선 유학자의 견해를 수용한 것이든, 헐버트의 《한국사》는 작위적이라는 인상을 줄 정도로 조선 전기와 조선 후기를 극명하게 대비시켰다. 예를 들면 조선 후기에 대해서는 비생산적 당쟁의 심화, 천주교에 대한 잔인한 탄압, 개화파와 수구파 간의 이전투구식 대립 등을 들어 건강했던 조선 전기 사회가 후기에 들어서면서 급격히 쇠퇴했다고 본 반면 조선 후기가 성취했던 역량에 대해서는 거의 무시에 가까울 만큼 경시하는 시각을 보였다. 이는 어쩌면 한국의 근대화가 늦어지게 된 원인을 강조하려고 한

나머지 역사의 실체를 간과한 것이라고 비판될 수 있을 것이다.

이와 더불어 그 자신이 분명하게 의식하지 못했다고 할지라도 식민주의를 옹호하는 편에 기울어 있음을 암시하는 부분이 발견된다. 예를 들어 러시아의 영향력이 확대되는 시기에 헐버트는 조선의 일반 백성들이 '늘 러시아를 믿지 못했고, 부드러운 듯 묵직한 러시아의 손길보다는 오히려 거친 일본의 손길을 더 선호하였다'라며 조선의 외세에 대한 의존성을 당연시 여기는 서술을 하였다.44) 또한 러시아의 영향력을 우려하여 내린 조선의 결정에 대해 "조선 정부는 자신의 '친구들'에 대해서까지 이해관계를 따져 약게 행동한 셈"이었다고 묘사한 바 있다.45) 서구 문명이 동아시아를 압도하던 당시의 시점에서는 이런 시각을 벗어나는 것 자체가 불가능한 것이었을 수는 있겠으나, 오늘날의 관점에서 비판하자면 그는 '서구(미국)', '기독교(개신교)', '문명(근대화)'이라는 세 가지의 핵심 개념을 한국사를 재단(裁斷)하는 절대적인 기준으로 삼았다. 이러한 기준은 로스나 그리피스의 저서에서도 나타난다. 그러나 이들은 한국의 외부에서 한국 자료가 아닌 중국이나 일본의 입장이 주로 반영된 굴절적 프리즘을 통해서 한국을 보았기 때문에 그들의 저서에서 온전히 균형잡힌 한국통사 서술을 기대하기는 어려운 상황이었다. 이에 비해 한국 내의 사료를 주요 자료로 활용했음에도 불구하고 헐버트가 식민주의와 제국주의를 옹호하려고 했던 데는 태생적 한계가 개입된 것으로 보인다. 이 때문에 윤나영은 헐버트를 '서구 중심적 역사관'을 가

---

44) Homer B. Hulbert, 앞의 책 vol.2, 325쪽. 원문 : "The general populace was always suspicious of her, however, and always preferred the rougher hand of Japan to the soft but heavy hand of Russia."

45) Homer B. Hulbert, 앞의 책 vol.2, 316쪽. 원문 : "The Korean Government has been nearly as astute as Turkey in playing off her "friends" against each other."

진 인물로 평가하였고, 심지어 강세영은 헐버트가 한국을 위해서 행한 활동들이 단순히 '개인의 부와 명예를 추구'하려는 데 목적이 있었다고 까지 보았다.46)

마지막으로 헐버트의 한국사도 역사적 사건의 발생 연도나 지리적 위치에 대한 오류 - 특히 고대사 부분에서 - 가 적지 않게 발견된다. 한(漢)나라 유민들이 위만조선으로 유입되던 해를 기원 전 107년이라고 한 점(16쪽), 고조선의 준왕이 위만에게 왕위를 빼앗기고 남쪽으로 망명하는 해를 기원전 193년으로(44쪽), 가락국의 멸망을 532년이 아닌 527년이라고 한 것(80쪽)처럼 연도에 대한 실수가 더러 보인다. 한나라가 한반도를 낙랑과 대방이 아닌 동부와 평주로 나누어 관리했다고 한 점(46쪽), 김수로의 사당을 무덤으로 착각한 점(50쪽), 수나라가 고구려에 쳐들어오기 전에 집결한 곳이 압록강이라고 서술한 점(89쪽) 등은 내용상의 오류라 볼 수 있는 것들이다.47)

---

46) 윤나영, 앞의 논문, 48쪽. 강세영, 앞의 논문, 89~91쪽.
47) Homer B. Hulbert, 앞의 책 vol.1, 16, 44, 46, 50, 80, 89쪽.

제2절 제임스 스카스 게일의 《한국 민족사》(1927)

1) 게일의 생애와 《한국 민족사》의 저술 배경

제임스 스카스 게일(James Scarth Gale, 1863~1937)은 캐나다 온타리오 주(Ontario Province) 필킹턴(Pilkington)이라는 작은 시골 마을에서 영국 스코틀랜드에서 캐나다로 이주한 아버지 존 게일(John Gale, 생몰년도 미상)과 네덜란드계 미국인 어머니 마이애미 브라트 게일(Miami Bradt Gale, 생몰년도 미상) 사이의 6남매 중 다섯째 아들로 태어났다.[48] 그는

---

[48] 게일의 생애에 대해서는 Richard Rutt, 앞의 책. 조정경, 〈J. S. Gale의 한국인식과 재한 활동에 관한 일연구〉, 이화여자대학교 석사학위논문, 1985, 6~10쪽(참고로 이 논문은 《한성사학》 3, 한성사학회, 1985, 61~115쪽과 동일한 것이다). 주홍근, 〈선교사 기일의 생애와 한국 기독교에 끼친 공헌〉, 피어선신학교 신학연구원, 인디아나 크리스천대학 공동학위과정, 석사학위논문, 1985, 1~14쪽. 김봉희, 〈게일 (James Scarth Gale, 奇一)의 한국학 저술활동에 관한 연구〉, 《서지학연구》 3, 한국서지학회, 1988, 138~142쪽. 유영익, 〈게일(James Scarth Gale)의 생애와 그의 선교사업에 대한 연구〉, 《캐나다연구》 2, 연세대학교 동서문제연구원 캐나다연구센터, 1990, 135~141쪽. 고춘섭 편, 《연동교회 100년사》, 연동교회, 1995, 127~136쪽. 임문철, 〈J. S. 게일의 한국사 인식 연구 : A History of Korean People 을 중심으로〉, 연세대학교 석사학위논문, 2003, 12~22쪽. 민경배, 〈게일-한국을 사랑하고 한국 문화를 아낀 선교사〉, 《한국사시민강좌》 34, 일조각, 2004, 69~73쪽. 한국고등신학연구원 편, 권혁일 역, 《한국의 마테오 리치 제임스 게일》, 한국고등신학연구원, 2012, 210~219쪽 등이 있다. 대부분 대동소이하다. 특이한 점은 게일의 출생지에 대해서 세 가지 의견이 있다. 리처드 럿트는 필킹턴이라고 하였고, 조정경과 김봉희는 엘로라(Elora)를 지목하였다. 마지막으로 유영익과 임문철은 알마(Alma)

1882년 고등학교 진학을 위해 집에서 150여 킬로미터 떨어진 세인트 캐서린(St. Catharines)에서 지냈고 1884년 토론토대학교(University of Toronto)에 입학, 문학을 전공했다. 대학 시절 1년간 영국과 프랑스에서 잠시 수학하였다. 이후 졸업하던 해인 1888년 게일은 만25세의 젊은 나이에 동대학의 YMCA에서 후원하는 평신도 선교사의 자격으로 한국에 오게 된다. 캐나다 출신 선교사로서는 최초의 내한이다. 대대로 보수적인 장로교 계열의 개신교 집안에서 성장했음에도 불구하고[49] 신앙적인 면에서 비교적 자유로운 사상을 지녀서 어느 교파에 편중되지 않았다는 점은 게일이 지닌 특이한 면이라 할 수 있다.[50]

게일의 한국 생활은 크게 두 시기로 구별하면 보다 선명해진다. 전반부 시기는 한국에 온 해(1888년)부터 서울의 연못골교회(현 연동교회)의 목사직을 맡기 전(1900년)까지이다. 약 12년 동안 게일은 해주, 부산, 대구, 경주, 원산 등 한반도의 여러 지역은 물론, 선교 활동을 겸한 장기간의 만주 여행을 통해서 '선교사의 조선인화' 노력을 충실히 이행하였다.[51] 이러한 이유로 게일은 당시 정동 지역에 모여 본국에서의 생활 방식을 유지하고 있던 동료 선교사들을 비판하곤 했다. 또한 그는 '선교사의 조선인화'의 일환으로 한국 생활 초기부터 한국인과 한국 문화, 한국 사회를 이해하기 위해서 많은 노력을 기울였다. 이후에 이루어지는 일

라고 비정하였다. 그러나 엘로라와 알마는 둘 다 필킹턴 지역(군 단위)에서 속해 있으면서 서로 근접해 있는 작은 마을이기 때문에 행정구역의 변동과정에서 발생하는 착오인듯 하다. 게일의 생애는 물론 게일과 관련된 모든 것은 유영식 교수가 평생에 걸쳐 작업한 2,000여쪽(2권) 분량의 역작,《착한 목자》 1-2, 도서출판 진흥, 2013에 총망라되어 있다.

49) 유영식, 앞의 책 권1, 21~23쪽.
50) 민경배, 앞의 논문, 70~71쪽.
51) 유영식, 앞의 책 권1, 70쪽.

련의 문학 작품 및 성서들의 번역과 한국학 연구 활동의 기반이 이러한
과정을 통해 마련되었다고 평가하기도 한다.52) 유영식은 게일이 영-한,
한-영 번역 작업을 많이 할 수 있었던 연유(緣由)에 대해서 원산에서 머
물렀던 1892년부터 1895년까지 거의 매일 2시간씩 '중국의 고전(Chinese
Classics)'을 읽으며 한자와 한글 공부를 병행하였기 때문에 가능했던 것
이라고 밝히고 있다.53)

후반부는 게일이 드디어 방랑자적인 선교 활동을 마감하고 연못골교
회의 초대 목사로 부임하던 1900년부터 이 교회에서 은퇴하던 1927년까
지의 한국 생활이다. 이 시기 게일의 행적을 보면, 교육과 출판 활동 그
리고 각종 사회 단체와 개신교 종교 단체에 대한 적극적인 참여가 주종
을 이룬다. 연동여학교와 경신학교를 설립하고 교육협회(현 대한교육협
회의 전신)의 창립을 주도하였으며 《그리스도 신문》, 《예수교 신보》,
《코리아 미션 필드》, 《The Bible Magazine》 등 여러 신문과 잡지 발행에
도 적극적으로 참여하였다. 또한 성서회, 황성기독교청년회(현 한국기독
교청년회) 그리고 조선예수교장로회 등 개신교 조직의 창립을 주도하고
회장직을 역임하기도 하였다.

그러나 한국 생활 전반부에 비하면 후반부의 행적은 그가 비판했던
정동의 선교사들과 크게 다르지는 않았던 듯하다. 한국 생활의 전반부
로 보자면 그는 평신도 선교사로 생활하며 본국의 후원자로부터 적절한
지원을 받을 수 없는 형편이었다. 기존의 서양인 선교사들이 형성한 제
도권에 들지 않은 상태였던 것이다. 반면에 정식으로 목사 안수를 받고
연못골교회의 담임 목사로 부임한 이후부터는 그 자신도 청교도적인 사

---

52) 김봉희, 앞의 논문, 138~139쪽.
53) 유영식, 앞의 책 권1, 90쪽.

고방식을 유지하되 기존의 선교사와 유사하게 목회와 선교 활동을 펼칠 수밖에 없었다.

선교 활동 외에도 게일은 한국에 대한 저술을 풍부하게 남겼다. 40여 편이 넘는 번역서와 단행본 그리고 국내외 신문 잡지에 기고한 글들을 합하면 총 400여 편이 넘을 정도로 방대한 양이다.54) 이 중에서도 언급할 만한 가치가 있는 것들은 다음과 같다. 전반부 시기, 한국에 온 지 3년 만에 언더우드, 헐버트와 공동으로 한국 최초의 영어사전인《韓英字典(한영자전)》55)을 편찬하였다. 또한 그의 첫 번역서로서《천로역정》56)을 헐버트가 운영했던 삼문출판사에서 발간하기도 했다. 이 작품은 한국 근대 최초의 번역 소설이라는 타이틀을 가지고 있다. 아울러 원산에 머무는 동안 한문 공부를 하면서도 또 다른《韓英字典(한영자전)》57)의 초고를 완성하여 일본 요코하마로 건너간 후, 당시 영국 런던, 미국의 뉴욕 그리고 일본의 요코하마에 지사를 둘 정도로 국제적인 출판사였던 켈리 앤 왈쉬(Kelly & Walsh)에서 게일 자신 단독의 이름으로 출판하였다.

특히 필자가 주목하고 싶은 저술은 그가 번역한《동국통감(東國通鑑)》이다.《동국통감》은 앞으로 논의될《한국 민족사》에서 주요하게 활용되는 참조 문헌이기 때문이다. 게일은《코리아 리포지터리》에 1895년 9월호, 그리고 그 이듬해인 1896년 1월, 3월, 5월호까지 총 4회에 걸쳐

---

54) Richard Rutt, 앞의 책, 373-384쪽과 유영식, 앞의 책 권 1의 453~474쪽에는 게일의 저술을 총망라한 표가 실려 있다. 두 목록에는 약간의 차이가 있다.

55) Horace Grant Underwood,《韓英字典 : A Concise Dictionary of the Korean Language》, Kelly & Walsh, 1890. 이 사전은 1897년 게일 자신이 단독으로 출판한 사전과 한글 서명은 같으나, 영어 서명은 다르다. 각주 57을 참조.

56) James Scarth Gale 역,《천로역정》, Trilingual Press, 1895.

57) James Scarth Gale,《韓英字典 : A Korean-English Dictionary》, Kelly & Walsh, 1897.

《동국통감》을 번역, 연재하였다. 아쉽게도 이 잡지의 어디에도, 그리고
《동국통감》을 단행본으로 출간하는 과정에서도 서문을 남겨두지 않았
기 때문에 그가 수 많은 한국의 역사서 중에서 어떤 이유로 《동국통감》
을 선택했는지는 분명하지 않다. 다만 《동국통감》이 고려 시대까지의
한국사를 비교적 충실하게 기술한 조선 왕조의 공식 역사서로서 인증을
받아 왔기 때문에 게일도 이를 주자료로 참조한 것이 아닌가 추정된다.
참고로 《동국통감》은 앞서 논의하였던 헐버트 역시 매우 중요한 기초
자료로 삼았다는 점을 지적하였다. 이는 이 책이 17세기 이후 계속해서
조선의 학자, 중국의 문인들, 그리고 로스, 헐버트를 비롯한 개화기 서양
인들에 이르기까지 폭넓게 읽힌 역사서였다는 점을 시사하고 있다.

  후반부의 저술에서도 전반부와 마찬가지로 성경의 한글화 작업은 꾸
준하게 지속되었다.[58] 또한 한글 그 자체에 대한 그의 관심이 전반부 저
술의 주를 이루었다면, 후반부에는 한글로 쓰여진 문학 작품, 특히 고전
소설, 시가, 민담 등을 번역하는 단계로 진화하는 것을 확인할 수 있다.
예컨데 1917년 9월부터 1918년 4월까지 《코리아 매거진》에 연재되었던
《춘향전(Choonyang)》, 《한국의 민담(Korean Folk Tales)》(1913) 그리고 단
행본으로 출판된 《구운몽(The Cloud Dream of the Nine)》(1922) 등은 현재
까지도 한국 문학 연구자들에게 중요한 연구 자료가 되고 있다.[59] 더욱

---

58) 전반기 시절 게일은 1892년 사도행전과 1895년 요한복음의 한글 번역사업에 참여
   하였다.
59) 대표적인 예로 이상현, 〈제임스 게일(James Scarth Gale)의 한국학 연구와 고전서
   사의 번역〉, 성균관대학교 박사학위논문, 2009. 이상현, 〈《춘향전》 소설어의 재편
   과정과 번역 : 게일(James Scarth Gale) 〈춘향전〉 영역본(1917) 출현과 그 의미〉,
   《고소설연구》 30, 한국고소설학회, 2010, 375~417쪽. 참고로 게일의 춘향전 영역
   본은 단행본으로 출판되지는 않았다. 게일이 저술한 민담집과 관련해서는 오윤
   선, 〈한국 설화 영역본의 현황과 특징 일고찰〉, 《동화와번역》 21, 건국대학교 동

이 당시 한국의 국내 현안 문제를 조망한 《전환기의 한국(*Korea in Transition*)》(1909)이나 본 절에서 논의할 《한국 민족사》 등을 보면 그가 가졌던 한국에 대한 관심이 문화, 문학, 정치를 거쳐 한국사에 이르기까지 다양한 분야로 확대되었음을 알 수 있다. 각각의 저술 목적이 어떠했든 결과적으로 그의 저술들이 런던, 뉴욕, 토론토 등지에서 활자화되어 판매됨으로써 한국을 전 세계에 알리는 역할을 수행하였다.

한편, 게일이 한국학에 대한 선구자적 역할을 하였던 만큼 그에 대한 국내외 연구도 적지 않은 성과를 거두어 왔다.60) 먼저 게일에 대한 본격적인 연구의 시발점은 한국인이 아닌 외국인에 의해서 마련되었다. 한국에서 20여 년을 거주한 대한성공회 소속 신부 리처드 럿트(한국명 노대영)는 게일의 전기와 1927년에 단행본 형태로 출간 되었던 게일의 《한국 민족사》 원문을 재편집하여 1972년에 왕립 아시아학회 한국지부에서 출간하였다. 이는 게일의 생애를 꼼꼼하게 정리하여 전기 연구의 기초를 마련해 주고 아울러 《한국 민족사》를 그의 주저로 자리매김한 데서 매우 소중한 의의를 지닌다.

이후에 한국에서 이루어진 게일에 대한 연구는 크게 4가지로 나뉜다. 우선 번역가로서의 게일에 대한 연구이다. 고전 소설, 시가, 연행일기 등

화와번역연구소, 2011, 207~239쪽. 임정지, 〈고전서사 초기 영역본에 나타난 조선의 이미지 : Korean Tales와 Korean Folk Tales의 경우〉, 《돈암어문학》 25, 돈암어문학회, 2012, 7~36쪽. 오윤선, 〈19세기말 20세기초 영문 한국 설화의 자료적 가치 연구〉, 《우리문학연구》 41, 우리문학회, 2014, 145~179쪽 등이 있다.

60) 유영식, 앞의 책 권1, 8~19쪽. 이와 관련해서 유영익은 게일에 관한 최초의 연구는 John McNab의 논문 (Ambassador to the Hermit Kingdom, *In other Tongues*, The Thorn Press, 1939, 100~114쪽)이라고 명시하고 있다. 게일에 대한 국내의 소개는 일제 시대 잡지 《朝光》 1937년 4월호 92~102쪽에서 게일 사망 이후 게일을 추모하는 특집 기사를 다룬 적이 있다. 여기에는 윤치호의 글도 포함되어 있다.

한국 고전 문학 자료를 영어로 번역한 결과에 대한 고찰이 연구사의 높은 비중을 차지하고 있다.[61] 다른 하나는 서양인들을 위한 한국어 교재, 사전 편찬, 성경의 한글 번역 작업과 관련된 일련의 논문들이 있다.[62] 세 번째로는 신학자로서의 게일과 그의 저서를 집중적으로 조명한 연구를 들 수 있다.[63] 마지막으로 이 책의 논지와 직결되는 것으로서,《한국 민족사》그리고 그의 한국에 대한 인식을 고찰한 논저들이 눈에 띈다. 여기서는 네 번째 갈래를 보다 구체적으로 살펴보기로 한다.

게일의 《한국 민족사》와 그의 한국에 대한 인식을 비교적 초기에 다룬 논문은 조정경(1985)이다. 이 논문에서의 주요 논지는 다음 세 가지이다. 첫째,《한국 민족사》의 고대사 부분을 집중 분석한 결과, 게일이 '한국을 중국의 종속(從屬)' 국가로 인식했다는 점이다. 연구자는 그 이유로서,《한국 민족사》저술의 기초 자료였던 《삼국사기》와 《동국통감》이 중국 중심의 사관을 바탕으로 삼았기 때문에 게일 또한 그 영향권 안에

---

61) 각주 59를 재참조.

62) 이영희, 〈게일(Gale)의 《한영자뎐》 분석적 연구〉, 《국어사연구》 5, 국어사학회, 2005, 49~76쪽. 김승우, 〈한국시가(詩歌)에 대한 구한말 서양인들의 고찰과 인식-James Scarth Gale을 중심으로〉, 《어문논집》 64, 민족어문학회, 2011, 5~41쪽. 백주희, 〈J. S. Gale의 《노가재연행일기》 영역본 일고〉, Journal of Korean Culture 27, 한국어문학국제학술포럼, 2014, 283~313쪽. 이상현, 〈문화의 맥락을 번역하기 : 게일의 한국 고소설 번역과 그 통국가적 맥락-〈게일 유고〉(Gale, James Scarth Papers) 소재 고소설 관련 자료의 존재 양상과 그 의미에 관하여〉, 《비교한국학》 22 : 1, 국제비교한국학회, 2014, 11~53쪽. 권순긍, 〈한국 고전소설의 외국어 번역 양상과 의미〉, 《코기토》 77, 부산대학교 인문학연구소, 2015, 193~220쪽 등이 있다.

63) 민경배, 〈게일의 선교와 신학 : 그의 한국정신사에의 합류〉, 《현대와신학》 24, 연세대학교 연합신학대학원, 1999, 149~172쪽. 안교성, 〈게일 목사의 신학사상의 특성과 그 유산〉, 《한국교회사학회지》 34, 한국교회사학회, 2013, 219~251쪽 외 다수가 있다.

머물렀다고 보았다.[64] 둘째, 연구자는 리처드 럿트의 《한국 민족사》에 대한 평가, 곧 '게일의 역사 서술 목적이 현재의 한국 민족을 잡다한 문화사와 인물 위주로 묘사하는 것이었으므로 그의 역사 기술에서는 종합적이고 치밀한 서술이 결여되었다'고 한 발언에 공감을 표시하였다.[65] 그러나 이에 대한 조정경 자신의 견해에 대해서 구체적인 근거는 충분하게 뒷받침되지 않았다. 셋째, 게일의 활동 추이를 살핀 결과, '1910년 합방 이후 내지는 1919년 3.1 운동 이후에야 비로소' 게일이 그 동안의 '친일적' 성향을 버리고 적극적으로 '반일적' 입장을 취하게 되었다고 주장하였다.[66]

  게일의 한국 역사 인식에 대한 논의는 조정경 이후 10년이 지난 1995년에서야 한규무의 논문으로 이어졌다.[67] 이 논문은 매우 짧은 분량 탓에 게일의 한국 인식에 대한 심도있는 논의는 이루어지지 못했다. 다만 잡지 《조광(朝光)》의 1937년 4월호를 통해서 게일이 직접 교류를 하였거나 만나본 적이 있는 사람들인 윤치호, 정태응(鄭泰應, 1879~1957) 등의 말을 인용하며 게일에 대한 간접적인 평가를 시도하였다. 그 다음으로 들 수 있는 연구는 임문철(2003)이다. 이 논문은 게일의 저서 《한국 민족사》의 본문 내용을 심층적으로 분석하여 게일의 한국사에 대한 인식을 집중적으로 분석한 것이다.[68] 그때까지 《한국 민족사》 영어 원문의 국역본이 전혀 없는 상황이었으므로 원문의 핵심 내용을 추려 한국어로

---

64) 조정경, 앞의 논문, 12쪽.
65) 조정경, 앞의 논문, 12쪽.
66) 조정경, 앞의 논문, 21쪽.
67) 한규무, 〈게일(James S. Gale)의 한국 인식과 한국 교회에 끼친 영향〉, 《한국기독교와역사》 4, 한국기독교역사연구소, 1995, 161~176쪽.
68) 임문철, 앞의 논문.

정리함으로써 자료에 대한 접근을 보다 용이하게 해 준 공로가 있다.

마지막으로, 유영식(2013)의 성과를 주목할 만하다. 그는 각종 사진과 원문 서신을 포함하는 방대한 자료와 치밀한 고증을 통해서 게일 연구의 수준을 한층 끌어올렸다. 게일에 관한 거의 모든 자료와 해석을 종합 정리함으로써 이전에 없던 완성도를 보여준 성과라 평가할 수 있다. 기초 자료의 수집, 전기의 재구성, 주요 활동, 저작의 내용 정리와 평가에 이르기까지 충실함이 돋보이는 저술이다. 다만, 신학자이기도 한 연구자 자신이 신학에 중점을 맞추어 기독교적 박애와 복음를 몸소 실천한 인물로서 게일을 부각시키고자 하였으므로, 《한국 민족사》에 나타난 게일의 역사관, 한국 인식은 상대적으로 소략하게 처리되었다.[69]

2) 저술의 구성과 핵심적 내용

게일의 《한국 민족사》는 1924년 7월부터 1927년 9월까지 《코리아 미션 필드》라는 기독교 계열 잡지에 매달 한 장(章)씩 총 38회에 걸쳐 연재한 것을 단행본으로 묶은 것이다.[70] 그리고 이 단행본은 대한기독교서회의 전신인 The Christian Literature Society of Korea에서 출판되었다.[71]

---

69) 유영식은 1996년 게일에 대한 연구로 박사학위를 받았을 뿐만 아니라, 그 이후에도 20여년에 걸쳐 게일만을 연구한 정도로 게일 연구에 있어서는 최고의 권위자라 불리울 만하다. "James Scarth Gale-Missionary, Scholar and Writer," the Impact of Canadian Missionaries in Korea : a Historical Survey of Early Canadian Mission Work, 1888-1898. University of Toronto 박사학위논문 (1996) 종교학전공 (Center for Religion Studies).

70) James Scarth Gale, *History of the Korean People*, The Christian Literature Society of Korea, [1927]. 이 책의 원문은 한국기독교사연구회가 1986년에 영인한 《The Korean Mission Field》 1-36 중에서 권19(1924년)~권22(1927년)에서 찾아 볼 수 있다.

《코리아 미션 필드》는 1905년 11월 창간 때부터 1941년 11월 폐간될 때까지 매달 외국 선교사들의 선교 활동을 비롯하여 한국의 문화, 한국에서 발생한 사건의 기사를 게재함으로써 해외에 한국을 소개하는 데 큰 역할을 했던 잡지이다.

연재물을 수렴한 단행본이었으므로 《한국 민족사》는 형태적으로 볼 때 여타의 단행본에서 보이는 서문이나 목차, 색인 등을 달지 않은 대신, 잡지에 연재되었던 총 38장을 가감 없이 그대로 인쇄하였다.[72] 그에 따라 단행본 전체의 쪽 표시마저 일관성이 없거나 아예 쪽 표시 자체가 생략되어 있는 부분도 있다. 각 장 역시 별도의 제목은 없으며, 세분화된 절목(문단별로) 안에 핵심 사건, 인물, 현상 등과 같은 핵심어를 부기하여 주요 내용을 파악할 수 있도록 하였다. 심지어 책의 후반부인 33~34, 36~38장에서는 절목의 구분조차도 생략되었다. 다만, 1972년 리처드 럿트가 게일의 초판본을 재편집하는 과정에서 한국의 역사를 크게 다섯 시기로 나누었는데, 첫째, 기원(1~6장), 둘째, 삼국 시대(7~12장), 셋째, 통일신라(13~15장), 넷째, 고려(16~22장), 마지막으로 이씨 왕조(23~38장)로 나누어 일목요연하게 정리하였다.

---

71) 대한기독교서회 공식 사이트 (http://www.clsk.org/history.php?bo_table=intro, 2018년 10월30일 접속)에 의하면, 대한기독교서회는 1888년 삼문출판사로부터 그 기원을 찾을 수 있다. 1890년 삼문출판사에서 The Korean Religious Track Society가 분리되어 설립되었다. 1891년 한국 명칭을 '죠선셩교서회'(朝鮮聖教書會)로 변경하였다. 1907년에는 이 조직을 '죠선예수교서회'(朝鮮耶蘇教書會)로 개칭한 후 1918년에 이르러 영어 명칭인 'The Christian Literature Society of Korea'로 바꾸었다. 이후 1937년에 '조선기독교서회'로, 1948년에는 '대한기독교서회'의 이름으로 오늘날까지 이르렀다.

72) 1927년에 발간된 이 단행본에는 26장(XXVI)이 연이어 2개가 있고 27장(XXVII) 다음에 이어져야 할 28장(XXVIII)의 생략되고 29장(XXIX)이 나온다.

형태상의 또 다른 특징은 중국과 한국의 고유 명사, 지명, 인명 등이 모두 한국식 발음으로 영어 표기화(Romanization)가 되어 있으며 한자까지도 활자로 인쇄되어 병기되었다는 점이다. 따라서 기존의 뒤 알드(레지), 로스, 그리피스, 헐버트 등의 한국통사에서 불분명한 출처, 파악 곤란한 고유명사 등이 논란거리가 되었던 것과는 달리, 게일의 《한국 민족사》는 참고한 동양 문헌의 원제목과 지명, 인명 등의 고유명사를 정확하게 파악할 수 있다는 장점을 가지고 있다.

한편, 해방 이전 서양인의 한국사 저술이 대부분 그러했듯이 게일이 한국사를 집필하는 데 어떤 참고문헌을 주로 활용하였는가도 이 책을 이해하는 필수 요건이라 할 수 있다. 저술 과정에서 한국인의 도움을 받았을 것으로 추정되지만 구체적으로 확인할 수는 없다. 참조한 문헌의 수집과 이용 과정도 아직은 모호한 상태이다. 이 역시 주변인의 도움을 받았을 가능성이 높다. 저서에 언급된 문구를 기준으로 삼자면 게일의 《한국 민족사》는 매우 다양한 자료를 활용한 것으로 나타난다. 아래는 본문에서 언급된 자료를 추출하여 분류한 결과이다.

[표 19] 게일의 《한국 민족사》에서 언급된 참고문헌

국가	분류	서명
한국	불서	금강반야바라밀경, 팔상록, 조선불교통사
	총서(백과류)	신증동국여지승람, 증보문헌비고
	역사서	삼국사기, 고려사, 동국통감, 국조보감(이상 관찬서) 삼국유사, 동사강목, 해동역사, 대동기년(윤기진) 동사연표 (어윤적) (이상 사찬서) / 고금기(不傳)
	천문지리 및 기행서	증정남한지, 택리지, 노가재연행록, 해행총재, 해유록, 통문관지
	야사, 잡기	대동야승, 성호사설, 연려실기술, 대동기문, 기문총화

국가	분류	서명
중국	개인 문집	계원필경(최치원) (이상 통일신라) 동국이상국집(이규보), 춘정집(변계량), 익재집(이제현), 포은집(정몽주) (이상 고려) 양천집(권근), 삼봉집(정도전), 퇴계선생집(이황), 율곡전서(이이), 동고유고(이준경), 징비록(유성룡), 우복집(정경세) (이상 조선전기) 월사집(이정구), 반계수록(유형원), 이계집(홍양호), 해은집(강필효), 금릉고사문집(남공철), 운양집(김윤식) (이상 조선후기)
	시문 선집 및 시화집	동문선, 고문진보, 명심보감, 동몽선습, 동시정선, 대동시선, 열성어제, 순오지(홍만종), 국조인물지(안종화)
	경전, 제자서, 역사서 등	강희자전, 사서오경, 효경, 이아, 주례, 노자, 장자, 소학, 천자문, 사략, 삼국지연의
일본	총서	조선고적도보, 조선금석총람
서양	연표 및 기타	A Chronological Index (Horace Newton Allen, 1858~1932), The Chinese Reader's Manual (William Frederick, Mayers, 1831~1878)

[표 19]에서 보듯이, 그가 인용한 문헌 중에는 관찬(官撰) 사서인 《삼국사기》, 《고려사》, 《동국통감》, 《국조보감》 등을 비롯하여 사찬(私撰) 사서인 《동사강목》, 《해동역사(海東繹史)》도 포함되어 있다. 표면적으로 보자면 조선시대 이전의 주요 한국사 저술이 두루 참조된 모습이다. 백과전서에 해당하는 책들도 참조되었다. 《신증동국여지승람(新增東國輿地勝覽)》과 《증보문헌비고(增補文獻備考)》 외에 이긍익의 《연려실기술》까지 다양하게 포함되어 있다.

무엇보다 게일의 《한국 민족사》의 참고문헌이 지닌 특색은 개인의 문집과 시문 선집이 자주 등장한다는 점이다. 시문 선집으로서 《동문선(東文選)》, 《명심보감(明心寶鑑)》, 《고문진보(古文眞寶)》, 《동시정선(東詩精選)》, 《대동시선(大東詩選)》과 같은 문학 작품집이 효과적으로 이용되었다. 이 점은 그의 《한국 민족사》가 정치사 중심의 역사 서술보다 폭을 넓혀 문화사와 문학사를 포괄하고자 했던 의도를 증명하는 것이다. 수십 인에 이르는 문인과 그들의 문집을 적극적으로 수렴한 것도 같은 맥락으로 이해된다. 주요 문인과 대표작을 한국인의 역사에 과감하게 수용함으로써 결과적으로 그의 한국사는 한국인이 이룩한 정신 문화를 부각시키는 데 기여하였다. 이러한 점 때문에 리처드 럿트와 조정경은 '개인사 중심' 혹은 '잡다한 문화사'라고 저평가하였으나[73] 이는 이전의 역사 서술과는 또 다른 새로운 시도, 영역의 확장이라는 점에서 긍정적으로 평가해야 한다. 따라서 게일이 문화사적 성격이 강한 통사로 한국사 서술의 방향을 잡은 데에는, 정치사를 주된 흐름으로 삼은 헐버트의 저서가 이미 간행되었기 때문에 결과적으로 중복된 서술을 피하고자 하는 그의 의도도 있다고 추론된다.

그렇지만 이렇게 방대하고 다양한 문헌을 게일이 혼자서 수집하고 거기에 더해 독파했을 가능성은 현저히 낮다. 문사철(文史哲)을 평생토록 공부한 조선 시대의 학자라 해도 게일이 참조한 문헌의 분량은 읽기에 적은 것이 아니다. 따라서 게일이 얼마만큼 꼼꼼하고 심도 있게 자료를 이해했는가에 대해서도 검증이 필요하지만, 어떻게 그 자료를 모았으며, 어떤 방식으로 저술에 적용했는가도 고찰되어야 할 차후 과제라 할 수 있다.

이 중 어떻게 자료를 모았는가에 대한 문제와 관련하여 주목할 만한 실마리가 있다. 그가 특정한 문고에 의존하여 참조 문헌들을 찾았을 수 있기 때문이다. 실제로 그의 참조 문헌은 조선고서간행회에서 간행한 《조선군서대계(朝鮮群書大系)》의 목록과 대부분이 겹쳐진다. 조선고서간행회는 조선에 머물던 일본인들이 1908년에 설립한 단체이다. 그들은 1909년부터 1916년까지 28종 83책을 모아 《조선군서대계》로 정리하였

73) Richard Rutt, 앞의 책, 8쪽과 조정경, 앞의 논문, 12쪽.

다.[74] 게일이 《한국 민족사》를 1924년 7월부터 1927년 9월까지 집필하였
으므로 약 10년 전에 나온 《조선군서대계》를 이용했을 개연성은 충분하
다. 일제 총독부가 주관하여 발행한 한국사 관련 자료들, 예컨대 《조선
고적도보》(1915~1935), 《조선금석총람》(1919) 등도 그의 저서에서 언급
되는 이유이기도 하다.

[표 20] 게일의 《한국 민족사》 구성

기원	1. 단군 신화와 기자조선	2. 도교	3. 부다(불교)	4. 공자(유교)	5. 주(周), 진(秦)의 관습	6. 한(漢) 왕조와 한사군
삼국	7. 고구려와 신라의 건국 신화	8. 백제의 건국 신화	9. 3세기 고구려와 중국의 삼국전쟁	10. 4세기 불교의 전래	11. 5세기 문화와 사상	12. 6세기 신라의 번영
통일 신라	13. 7세기 신라에 의한 삼국통일	14. 8세기 통일 신라의 문화와 당(唐)과의 교류	15. 9세기 통일 신라의 번영			
고려	16. 10세기 고려의 건국	17. 11세기 고려의 문화	18. 12세기 고려와 송(宋), 몽고의 성장	19. 13세기 이규보	20~21. 13~14세기 몽고의 지배	22. 14세기 신돈, 고려의 멸망
조선	23. 14세기 조선의 건국	24~26. 15세기(태조~성종) 문화의 안정, 세종, 이황	27~29. 16세가(연산군~선조) 이율곡, 이순신	30~32. 17세기(광해군~숙종) 송시열, 김창집	33~34. 18세기(영조) 안정복, 홍양호	35. 18~19세기(정조~순조) 정조, 천주교
	36~38. 19세기(헌종~고종) 대원군, 조선의 멸망					

74) 최혜주, 〈한말 일제하 재조일본인의 조선 고서 간행 사업〉, 《대동문화연구》 66,
성균관대학교 대동문화연구원, 2009, 417~448쪽.

　이제《한국 민족사》의 내용이 어떻게 짜여져 있으며 어떤 특징이 있
는지를 보기로 한다. [표 20]은 전제 38장의 내용을 필자가 임의로 간추
려 재정리한 것이다.

　1장에서 6장까지는 한국 민족의 기원에 대한 설명이다. 특히 1장에서
기술되는 부분이 가장 논쟁적인 사안을 형성하고 있다는 점에서 주목할
만하다. 이 시기에 대한 게일의 핵심적 견해는 단군과 기자 부분의 기술
에 집중된다고 해도 과언이 아니다. 게일은 단군이 '신비한(mysterious)'
존재이고 기자는 '현명한(sage)'한 존재 인식하였다. 게일은《삼국유사》,
《삼국사기》,《고려사》,《신증동국여지승람》,《동사강목》,《동국통감》
등을 모두 읽었음에도 불구하고 단군을 신화적 존재로 취급함이 타당하
다고 판단하였다. 그러나 게일은 환인이 '하나님(God)', 환웅이 '성령
(sprit)' 그리고 단군이 '신인(god-man)'으로 이어질 수 있어서 이러한 양
상이 기독교의 삼위일체설과 매우 유사하다고 지적하였다. 이는 기독교
사상 속에서 자라고 교육받은 게일의 입장에서는 자연스러운 발상이라
고 할 수 있겠다. 반면 기자에 대해서는 중국 주나라의 문물을 가지고
와서 국가의 기틀을 다진 자로 보았다. 이에 대한 근거로 주나라 시기의
정전법이 기자조선에도 도입되었다는 점을 지적하고 있다.[75]

　그러나 여기서 중요한 것은 게일이 단군과 기자의 존재를 모두 존중
하는 태도를 보이며 역사적으로 유의미한 인물로 바라보았다는 점이다.
고대사에서 가장 핵심적인 논쟁은 소위 고조선에 대한 기사(記事)이며,
그 중에서도 단군의 존재, 아울러 기자와 위만, 한사군으로 이어지는 고

---

75) 게일은 본문에서 직접적으로 언급은 하지 않았지만 이러한 기술은 게일이 어윤적
　　이 1915년에 저술한《東史年表》를 참조했음을 시사한다.《東史年表》에는 주
　　(周)나라의 정전법에 대해 언급되어 있기 때문이다.

조선 역사의 계승 양상일 것이다. 게일은 단군의 존재를 고조선 건국에 있어서 핵심적인 역사적 인물로 인정하는 것에는 회의적이었다. 그러나 단군의 존재를 언급했다는 자체만으로도 여타의 서술가들과는 달리 자신의 사관을 형성함에 있어서 한국 측의 민족적 인식과 사료들을 충분히 고려하고 있었음은 분명한 사실이다. 즉 게일은 중국이나 일본 측 사료에 전적으로 의존했던 로스나 그리피스 이전까지의 역사 서술에 비해 진일보하고 확충된 사관으로 역사를 기술할 수 있었던 셈이다.

1장이 한국의 국가 형성과 관련된 사안에 대하여 기술한 부분이라면 2장부터 6장까지는 한국 민족의 사상적 기원에 대하여 언급한 부분이다. 게일은 도교(노자), 불교(부처), 유교(공자)가 고조선 이래로 그의 저술 당시까지 한국인의 사고방식에 절대적 영향력을 미치는 것으로 인식하였다. 여기에서 그는 동양의 고전을 통해서 알 수 있는 동양 사상에 대한 자신의 해박한 지식을 유감없이 발휘하였다. 중국의 고전인 사서오경은 물론, 노자의《도덕경》, 부처의 생애를 다룬《팔상록》, 유교 사상을 전파하는《명심보감》등을 언급하면서 중국의 철학 사상이 한국에 그대로 전수되었다는 점을 강조하고 있다. 그 중에서도 특히 유교의 영향이 매우 컸다는 점을 주목하는데, 요순 시대부터 시작하는 한국의 월력, 사농공상 네 계층과 환관의 존재, 일부다처제, 부모와 노인 공경, 순장 제도 등이 모두 그와 관련된 것들이다. 게일은 이러한 한국인의 정신적 체제가 당시까지도 면면히 유지되고 있다고 보았다. 즉 요순 시대부터 시작되어 주, 진 시대의 중국 문명을 기본으로 한국의 사상 및 체제가 시작된 것이라고 보는 것이 한국사 기원에 대한 게일의 시각이다.

이러한 사항에 대하여 조정경은 이러한 게일의 역사 기술이 전적으로 중국의 영향을 받은 것임을 주장하고 있으며, 그 이유에 대해서는 게일

이 참조한《동국통감》의 영향일 것으로 추정한다.76) 이러한 분석은 일
견 타당한 면을 지니고 있다. 그러나 게일의 역사 서술 전체를 참조할
때 그러한 경향은 고대사 부분에만 국한된다는 사실 역시 간과해서는
안 된다.

7장에서 12장은 삼국 시대에 대한 서술이다. 우선 삼국의 건국 신화를
모두 언급하고 있는데 특히 백제의 건국 신화는 앞에서 언급된 통사류
-로스, 그리피스, 헐버트-에서는 다루지 않았던 내용이다. 또한 다양
한 사건과 인물, 유적에 초점을 맞춘 생동감 있는 기술이 주를 이루고
있다. 건국 과정은 삼국의 신화를 수록하고 논평하는 선에서 그치고 있
다. 특이한 점은 서양의 신화나 역사와 관련지어서 그 유사점이나 특징
적인 점을 언급하고 있다는 점이다. 인물의 묘사 부분에서는 가령 삼국
의 역사서를 펴낸 김부식의 경우 송(宋)나라 소동파나 왕안석이 활동했
던 시기에도 중국에서 널리 알려진 문인이자 훌륭한 무인이며 종교인으
로 기술하고 있다.77) 또한 백제의 왕인(王仁)78)을 유교 경전을 일본에
전파한 장본인으로서 한반도를 넘어서 일본 지역에까지 사상적 영향을
준 중요한 인물로 묘사한다. 더욱이 한국인의 성정을 고찰하는 과정에
서 한국인의 충절과 희생 정신의 상징으로 박제상과 그의 처에 관한 이
야기를 수록하기도 하였다. 한편 통치자에 대한 기술에서는 광개토대왕

---

76) 조정경, 앞의 논문, 15쪽.

77) *The Korea Mission Field* 권20(January, 1925), 2쪽. 각주 70에서 상술한 것처럼, 게
일의《한국 민족사》는 애초 1924년부터 1927년까지 잡지에 연재되었던 것을
1927년 단행본으로 묶어 출판한 것이다. 이 단행본에는 일련된 쪽 표시가 없다.
따라서 본 서에서는 독자들의 편의를 위해 인용문의 각주 표시는 1986년 한국기
독교사연구회에서 편집한 영인본의 서지 정보를 사용하겠다.

78) *The Korea Mission Field* 권20 (April, 1925), 77쪽. 흥미롭게도 게일은 왕인을 "Dr."
라고 표기하였다.

과 장수왕 등의 업적을 간략하게 언급하고 있다.

유적에 대한 기술은 정치적인 요소보다는 문화적인 면에 집중하는 경향이 강했다. 심지어 고구려의 광개토대왕비나 신라의 진흥왕순수비에 대해서도 그들의 정복 사업에 관한 서술보다는 비석 그 자체의 형태나 구성에 대해서 더 많은 관심을 보였다. 심층적인 기술이 이루어지는 부분은 자신이 직접 답사한 바 있는 초기 고구려의 수도라고 추정되는 지역인 강서우현리(江西遇賢里) 고분과 쌍영총(雙楹塚)에 대한 설명이다. 물리적인 규모나 배치 등에 대한 기술은 물론 조성에 필요한 기법이 얼마나 탁월했는지에 대하여 상세한 언급이 이루어졌다. 특히 쌍영총에 대한 설명에서 그 예술적 가치를 지극히 높이 평가하는 대목은 게일이 얼마나 이 유적에 대하여 찬사를 아끼지 않았는지를 적나라하게 드러내주는 부분이다.

13장에서 15장까지는 통일신라 시대에 대한 서술이다. 게일은 여기에서도 한국 민족의 '우수한 문명(superior civilization)'과 '고도의 성취(high attainment)'에 대한 칭찬으로 시작하고 있다.[79] 즉, 삼국을 통일한 김유신, '한국 문학의 아버지'라고 지칭한 최치원, 첨성대를 만든 선덕여왕 시기의 문화적 번성과 불국사, 석굴암 등에 대해 높이 평가하고 있다. 특히 게일은 신라 시기에 만들어진 사찰을 비롯하여 수많은 불교 유적과 왕릉 등을 직접 둘러보고 이 시기 신라의 문화는 동시대의 서양에서도 이루지 못했던 번영을 이루었다고 평가하였다. 게일은 신라가 이토록 찬란한 문화를 이루고 번영을 이룰 수 있었던 이유에 대해서 불교를 지목하고 있다.[80]

---

79) *The Korea Mission Field* 권20 (July, 1925), 139쪽.
80) *The Korea Mission Field* 권20 (September, 1925), 183쪽. 원문 : "Religion was indeed

그러나 게일은 소위 '통일신라'라는 개념을 확립하지는 않았다. 통일
이라는 사실은 한반도 내의 관점에 입각한 것으로 그 주체가 신라일 경
우에 성립한다. 그러나 당이 고구려와 백제를 멸망시킨 주체로서 간주
되는 시각에서는 고구려와 백제가 소멸하고 신라만이 존속했다고 볼 수
있을 것이다. 그러한 차원에서 게일이 이전 시기의 신라를 통일 이후에
도 계속 신라로 명명했다는 점은 게일이 지닌 역사적 관점의 일단(一短)
을 보인 것이라 할 수 있다.

한편 고려 시대는 16장부터 22장까지에서 기술되고 있다. 앞 시기의
삼국 시대와 뒤의 조선 시기에 비하면 분량이 적다. 이 시대는 크게 두
시기로 세분화할 수 있는데 고려의 건국 과정과 몽고의 지배체제로 편
입되기 전까지의 고려 문화(16장~19장)와 몽고의 지배 기간부터 고려가
멸망하던 시기까지(20~22장)로 나눌 수 있다.

먼저 16~19장에서 통일신라 말부터 고려 초에 이르는 한반도의 정치
적 혼란기에 대하여서는 설명하지 않았다. 단지 각 인물들의 일화를 통
해 궁예는 '나쁜 인물(one very bad)', 왕건은 '좋은 인물(one very good)',
마지막으로 견훤에 대해서는 정체가 불분명하고 '야비한 인물(a nonde-
script, contemptible)'로 소개하고 있다.[81] 대신 고려 시기에 도입된 과거
제도의 우수성에 대해 기술하고 있다. 게일은 고려의 과거 제도가 '수천
년 동안 한국 문명의 핵심을 이루고 있었던 것'으로 소개하고 있다.[82]

one of the heart treasures of the state. Literature, ceremony, poetry, music, likewise."

81) *The Korea Mission Field* 권20 (October, 1925), 229쪽.

82) *The Korea Mission Field* 권20 (November, 1925), 235쪽. 원문 : "It was he who
suggested, and outlined and put into action, the Government Examinations called
Kwagu (科擧) that for a thousand years constituted the centre of Korea's
civilization."

그러면서 천 년 이상 존속되었던 과거 제도를 통해 한국이라는 나라가 '칼이 아닌 붓이 요정의 지팡이가 되어 학자의 메아리가 울리는 땅 (Korea's land rang with the echoes of the scholar; the pen, not the sword, being the fariy's wand)'이 되었다고 묘사하였다. 이를 입증하기 위해서 최충, 곽여, 이자현, 이규보 등의 시를 소개하면서 한국 문화 특히 문학의 훌륭함을 언급한다. 이규보의 경우, 특별히 19장 전체를 할애하면서 그의 무덤을 방문한 일화와 그의 작품들을 자세히 서술할 정도로 각별한 관심을 표시하였다. 신라가 불교를 숭상하고 번성시켰다면 고려 시대부터는 문인들의 활약으로 이루어진 고려 문화의 우수성을 존중하는 자세로 서술을 계속한다.

20~22장은 몽고의 지배를 받던 13세기부터 고려의 멸망까지를 이야기하고 있다. 여기서도 다른 장과 마찬가지로 고려와 몽고 간의 전쟁이나 몽고에 대한 고려인들의 항전에 대한 언급은 없다. 다만 이제현의 필력으로 '고려가 몽고의 속령이 되는 것'을 모면한 사실에 대해 기술한다.[83] 아울러 이존오에 대해서도 언급하면서 그의 문학이 남긴 완숙함과 예절 바름을 영국의 시인 제프리 초서(Geoffrey Chaucer, 1343~1400) 시대 서양 문화와의 대비를 통해 극찬하고 있다. 이와 같이 게일은 고려의 문화, 예술, 종교의 탁월함이 전적으로 중국의 영향에 기인하는 것이라기보다는 고려인들만의 특색을 잘 살린 데 있다고 서술하였다. 그 증거로 풍부한 서적, 자기, 비석에 새긴 비문 등을 언급하였다.

마지막으로 조선 시대는 23장부터 38장까지의 부분에서 기술되어 있다. 이 시기의 기술은 이전 시기보다 상당히 많은 분량을 차지한다. 다

---

[83] *The Korea Mission Field* 권21 (March, 1926), 51쪽. 원문 : "I learn that the Imperial House meditates making Korea a province of the Empire."

만 이 시기의 기술은 그 성격상 두 부분으로 구분될 필요가 있다. 우선 19세기 이전까지의 기술(23장~35장)은 그 이전 시기 기술 내용에 비해 참조할 수 있는 자료의 양과 성격에서 확연히 차이를 보인다. 따라서 이 시기까지의 서술은 주로 왕을 기준으로 놓고 그 시기에 있었던 사건과 인물을 중심으로 작업을 진행하는 일관적인 양상을 보인다. 이는 고려 시대까지의 기술이 보여주는 다소 산만한 서술 양상과는 분명 차이가 있다. 한편 36장에서 38장까지 정조의 사망(1800년) 이후 1905년 러일전 쟁까지를 다루고 있는 부분에서는 기존의 기술 양상과는 전혀 다른 면모가 부각된다. 형식적인 면에서 소제목을 달지 않았을 뿐더러 내용적인 면에서는 당시의 사회적 현황, 즉 왕실과 집권 세력 중심의 정치사적 측면이 집중적으로 부각된다. 아울러 서양 세력의 개입과 그로 인한 조선 왕조의 대처 양상 및 관계 형성 과정 등까지가 상세하게 기술되었다. 이는 게일이 철저한 문헌 고증과 현장 답사를 중심으로 이루어졌던 고려 시기까지의 서술방식에서 벗어나 당시의 현대사에 대해서는 자신의 직간접 체험을 바탕으로 한 역사 기술 방식을 채용했다는 점을 보여주고 있다.

좀 더 구체적으로 살펴보면 조선 건국에서 임진왜란 전까지는 주로 태조의 일신에 대한 동정적 평가, 태종과 세종을 거쳐 성종에 이르기까지의 치적, 불행했던 연산군에 대한 서술 등이 주요 뼈대가 되어 당시의 정치적, 사회적, 문화적 양상들을 대략적으로 기술하는 선에 그치고 있다. 그럼에도 당시의 인쇄술, 한글, 성균관 설립 및 운용, 서원의 역할 등 무(武)보다는 문(文)을 존중하는 문화적 숭앙(崇仰) 경향 등이 다채롭게 언급되고 있음을 주목할 필요가 있다. 또한 임진왜란 이후에 중요하게 언급되는 인물은 송시열(宋時烈, 1607~1689)과 김상용(金尚容, 1561~1637)

이다. 유가의 정신적 지주로서 송시열을 높이 평가하고 있으며 전란에
도 자신의 절개를 굽히지 않고 유가적 도도함을 고수한 김상용에 대해
서도 비교적 자세히 언급한다. 이상의 기술에서는 게일이 조선의 정신
적 기틀이었던 유가 사상에 대하여도 고려 시기의 불교 사상과 함께 매
우 긍정적으로 평가하고 있었음을 알 수 있다.

한편 그 이후의 시기에 대해서 게일은 다시 왕을 중심으로 한 역사적
사실들의 기술에 집중한다. 소현세자와 봉림대군의 상반된 평가, 영·정
조 시기의 기술이 주를 이룬다. 특이하게도 조선 시대 후반이 문화적 융
성기였다는 세간의 인식과는 달리, 게일의 기술에서는 영·정조 시기에
이룬 문화적 발전에 대한 구체적인 언급을 찾아보기 힘들다. 대신 안정
복(安鼎福, 1712~1791), 홍양호(洪良浩, 1724~1802)에 대해 서술하며 한국
지식인들의 아름다운 심성과 당시 지식인들의 기독교에 대한 인식이 어
떠했는가를 설명해 주고 있다. 또한 천주교 전래와 열성적인 조선인들
의 신앙심에 대해서도 언급한다.

36장의 헌종, 철종 그리고 고종으로 이어지는 시대에서는 본격적인
현대사의 기술이 시작된다. 게일은 대원군과 고종, 명성황후의 관계와
일련의 사건에 대해서는 상당히 자세한 부분까지 서술하고 있다. 이 부
분에서는 당시의 정치적 상황과 외교 관계의 기사들이 세세하게 기록되
어 있는데, 근대적인 문물의 수용과 당시 서구 사회의 새로운 정치 체제
및 국가 개념이 한국에서 확립되기에는 시기상조라고 인식하고 있었음
을 보여준다.[84] 더욱이 게일은 당시 동학 혁명을 계기로 일본이 침략적

---

84) *The Korea Mission Field* 권22 (August, 1927), 169쪽 원문 : "Korea was not yet
ready for such a flood of change, not yet in touch with this measure of modern life.
This the innovators did not seem to know or understand."

인 야욕을 드러내면서 정세가 한층 불안정해졌고 청일전쟁의 승리로 고
조선부터 당시까지 조선의 정신적 지주이자 종주국, 친우였던 중국과의
관계가 급변하였음을 주목하고 있다.[85]

A little later, war was declared by Japan and China was defeated
hopelessly in several engagements. The order, the discipline, the excellent
methods of the Japanese drove all before them and changed the face of the
Far East in a single day. Behold how Korea's fortunes were reversed. Here
was her revered suzerain, her mother state, her "guide, philosopher and
friend" from time immemoral reduced to nothing ; while Japan, hardly
recognized as yet, had arisen to be a world power.

일본이 전쟁을 선포하고 얼마 후에 중국은 희망없이 패배하였다. [일본
군대의] 지휘 계통, [군인들의] 훈련 그리고 뛰어난 [전쟁]전술이 중국의
군대를 압도했고 어느날 극동의 정세는 변하였다. 조선의 미래가 어떻게
역전되었는가를 보라! 태고적부터 존경받았던 종주국, 모국(母國), 안내자,
철학가, 그리고 친구였던 중국이 이제는 순간 아무 것도 아닌 것이 되었
다. 한편 지금까지 거의 미미한 존재였던 일본은 세계 강대국으로 등장하
였다.

결론적으로 게일은 한국 역사에 대한 자신의 인식을 명백하게 드러내
면서 《한국 민족사》의 책(실제는 3년 2개월에 걸친 연재물)을 마감하고
있다. 우선 조선에 대하여 게일은 조선이 중국이나 일본과는 다르며 동
아시아 문명의 한 축으로서 그 역할을 훌륭히 담당해 오고 있었다고 평
가한다.[86] 이는 조선이 유가를 숭앙하여 예와 효, 충 등의 핵심적인 개
념을 적절하게 구현했다는 긍정적인 평가를 한 것이다. 이와는 다른 차

---

85) *The Korea Mission Field* 권22 (September, 1927), 194쪽.
86) *The Korea Mission Field* 권22 (September, 1927), 197쪽

원에서, 게일은 다시 한국의 운명이 정치적 격변을 거치면서 자신들이 숭앙하던 유가적 가치를 급격하게 상실했다고 평가했다. 이와 더불어 서양 세력이 자신들의 가치관과 사유를 일방적으로 강요함에 따라 원래 조선이 지니고 있었던 긍정적이고 지속 가능한 힘의 원천을 훼손함으로써 조선 사회의 쇠락이 도래한 것으로 결론짓고 있다.[87]

3) 한국사 인식의 의의와 한계

20세기의 한국통사를 저술한 헐버트와 게일은 모두 거의 같은 시기에 한국에 왔다. 헐버트의 한국통사는 1901년부터 1904년까지 《코리아 리뷰》에 실렸던 글을 모아 그 이듬 해인 1905년 서울에서 영어로 간행한 것이다. 반면 게일은 그로부터 20여년이 지난 1924년부터 1927년까지 총 38번에 걸쳐 《코리아 미션 필드》에 연재한 한국 역사를 단행본으로 묶어 발간하였다. 게일의 《한국 민족사》는 해방 이전까지 그리고 이 책에서 논의한 서구인들의 한국통사 중에서 가장 늦은 시기의 저술이다. 게일의 저술은 헐버트의 《한국사》를 포함하여 이전의 통사류와는 여러 가지 면에서 또 다른 의의를 가지고 있다.

첫째, 가장 중요한 의의라고 할 수 있는데, 이전까지 서구인들의 한국통사류가 정치사 혹은 전쟁사에 중점을 두었다면, 게일의 《한국 민족사》는 제목에서 시사하는 것처럼, 한반도에 살고 있는 민족 혹은 사람들이 이룬 문화사적 자취를 기술하는 데 방점을 두었다. 게일의 입장에

---

87) *The Korea Mission Field* 권22 (September, 1927), 197쪽. 원문 : "We weep over old Korea, a victim, not no much of political agencies, as of the social and intellectural revolution that has come from the west."

서 보면, 헐버트에 의한 통사가 이미 나와 있으므로 자신이 굳이 비슷한 형태의 한국통사를 다시 저술할 필요성은 없으리라 판단했을 것이다. 이전부터 정치사보다는 문화사에 관심이 많았던 게일은《한국 민족사》를 통해서 당시로서는 매우 독특한 시각-즉 정치사나 전쟁사 등은 가능한 한 배제한 채 인물이나 문화사적인 요소 등을 역사적 인자로 삼는-에서 한국사를 새롭게 구성하였다. 특히 문화 유적에 대한 서술은 게일 자신의 현장 답사를 바탕으로 하였기 때문에 당시 그 누구도 흉내낼 수 없는 생생한 기술이 이루어졌다. 따라서 기존 3명의 한국통사보다도 문화사적인 면에서 훨씬 다양하고 보다 많은 정보의 확장이 이루어졌다고 평가할 수 있다. 100여 년 전 게일이 시도했던 한국 역사에 대한 문화사적 접근은 현시대 스테디 셀러(steady seller)인 유홍준의《나의 문화유적 답사기》와 견줄 만하다.

둘째, 게일의 기술에서는 한국의 문화가 긍정적이고 찬란한 면모를 지니고 있다고 강조하였다. 게일이 한국을 중국에 종속된 지역으로 인식했다는 조정경과 같은 기존의 주장은 본문의 내용을 세세하게 검증하지 않은 결과이다. 게일의 본문에서는 한국이 중국의 절대적 영향을 받았다고 하는 종속적이고 부정적인 견해보다는 한국 문화가 독자적인 특색을 갖추고 있는 찬란한 유산이라는 긍정적인 평가가 본문 곳곳에서 나타나고 있다. 게일은 고대사 부분에 있어서 문화적인 면을 집중 분석, 거론함으로써 중국 중심 사관을 극복하고 삼국 시대를 위시하여 조선 시대까지를 관통하는 다양한 한국 문화의 장점을 집중 조명했다. 예컨대 한무제가 설치한 한사군에 대해서는 정치적인 사건의 서술보다는《조선고적도보》를 인용하여 찬란했던 낙랑 문화를 상세히 소개하거나,[88]

---

88) *The Korea Mission Field* 권19 (December, 1924), 247쪽.

5세기의 유럽은 '자정(midnight)'이라면 한국은 '정오(noon)'라고 표현하면서 광개토대왕비를 비롯한 고구려의 문화는 물론, 백제와 신라의 문화에 대해서 매우 긍정적으로 서술하였다.[89] 또한 고려와 조선 시대에 있어서도 당대 문인들의 수준 높은 문학 작품들을 소개하기도 하였다. 결론적으로 게일의 본심은 한국의 문화가 중국의 지대한 영향을 받았음에도 불구하고 한국 민족 자신들만이 이루어 놓은 문화가 있다는 점을 존중한 것이다. 또한 중국이나 북방 민족으로부터 지속적으로 괴롭힘을 당했음에도 불구하고 자신들의 국가를 지금도 유지하고 있다는 점을 상기하였다. 더욱이 유교와 불교가 한국 민족 정신의 원천인데 실상 이 둘은 서양과는 달리 상호 간의 갈등으로 인해 전쟁이나 상대에 대한 박해를 가한 적도 없다는 점 역시 강조하고 있다.

셋째, 한국에 익숙하지 않은 서양 독자들에게 지루하지 않고 보다 더 쉽게 한국에 대한 이해도를 높이기 위한 노력이 엿보이고 있다는 점이다. 이를 위해서 본문 전체를 관통하고 있는 색다른 두 가지의 서술 기법이 나타난다. 먼저, 동양 특히 한국에서 발생한 사건이나 일화를 서양의 역사나 구약 성경에 나오는 사건, 인물, 일화에 비유하는 방식을 사용했다. 예를 들면, 마한(백제의 전신)과 로마의 멸망이 같은 시기에 발생했다고 한 점, 고구려의 주몽을 한국의 로빈 후드라 칭한다든지, 고구려 국내성 근처의 왕릉을 이집트의 피라미드와 비교하거나, 신라의 순도와 아도는 기독교 역사에서 성 암프로스와 성 어거스틴과 필적한다고 한 것, 궁예의 잔인성을 헤롯왕과 비유하거나 궁예의 실각과 왕건의 창업을 이스라엘 왕국의 1대 왕 사울과 2대 왕 다윗으로 비유하는 서술 등이 있다. 이러한 사례들은 본문에서 수없이 발견된다. 또 하나의 방식은

---

89) *The Korea Mission Field* 권20 (May, 1925), 95~96쪽.

한국의 역사 속에서 발견되는 좋은 시구나 문장들을 영어로 번역하여 배치하였다는 점이다. 이는 게일 이전까지 서양인에 의해 쓰인 한국통사나 한국 풍물지 그 어디에도 없는 내용들이다. 예를 들면 〈황조가〉, 이제현의 글, 박제상 부인의 덕을 위로하는 시, 을지문덕이 지었다고 알려져 있는 〈여수장우중문시(與隋將于仲文詩)〉, 최치원, 이인로, 최충, 곽유와 이자현이 주고 받은 시, 우탁, 권보, 최해, 이숭인, 변계량, 이율곡, 안정복, 홍양호 등의 시와 문장들이 등장하고 있다. 이러한 서술 방식들은 현재 국내에서 발간되는 외국인을 위한 한국 역사 소개서나 한국통사서를 기술하는 데 있어서 시사하는 바가 크다.

마지막으로 게일의 《한국 민족사》가 가지는 한계를 지적하자면, 우선 게일의 기술은 시대 순을 원칙으로 하고는 있으나 사건이나 인물에 대하여 정확한 순서에 입각하여 편년체적으로 기술한 것은 아니다. 가령 게일은 신라의 시호를 서술하는 도중에 갑자기 조선 시대 세종의 시호를 이야기하거나, 신라와 당 태종에 대한 일화를 언급하다가 갑자기 영조대 홍양호의 '반절비'에 대해서 서술하기도 한다. 또한 고려 시대의 과거 제도 도입을 언급하다가 갑자기 시대를 넘어서 조선 시대 최립에 대하여 묘사하기도 하였다. 이러한 서술 방식은 독자들에게 혼선을 줄 위험이 있다. 아울러 중국과 조선을 계속 연계함으로써 독자들이 서술의 주요 맥락을 파악하는 데 혼돈을 겪게 하며, 결국 앞서 언급한 선행 연구에서 나타난 바와 같이, 조선을 중국의 속령으로 오해하도록 하는 부분들이 산재해 있는 것이다. 그럼에도 불구하고 우리는 게일이 하고자 하는 서술의 주된 흐름을 적절히 포착함으로써 그 본질을 정확히 간파할 필요가 있는 것이다.

호머 헐버트와 제임스 게일의 통사는 모두 서구 세계에 한국이라는

나라와 한국의 역사 그리고 한국적 이미지를 크게 확산시키는 데 기여
했다. 그들은 한국 현지에서 오랜 시간을 생활하며, 직접 한국의 실정을
경험했기 때문에 서술 내용이 이전보다 구체적이고 실제적이다. 그들은
동시대에 유사한 조건에서 한국을 관찰했다. 이러한 관찰이 가능했던
이유는 그들이 가진 한국에 대한 애정이 밑받침이 되지 않고는 불가능
했다. 물론 그들이 지닌 서양인 선교사로서의 태생적 한계가 없는 것은
아니지만, 기본적으로 친한적인 시각에서 한국사를 서술했다. 그렇기 때
문에 그들이 비판했던 부분에 대해서는 다시 한번 성찰적 자세로 검토
해 볼 필요가 있을 것이다.

제6장

결 어

이상 해방 이전까지 서양인들이 남긴 한국에 대한 고문헌, 그 중에서도 특히 한국통사가 시대의 흐름에 따라 어떻게 서술되었는지 살펴보았다. 이를 위한 사전 작업으로서 16세기부터 1945년 이전까지 단행본 형태로 발간된 한국 관련 서양어 고문헌 461종의 현황을 시기별, 저자별, 언어와 생산지별로 분석하였다. 시기별로 보면 16세기에서 18세기까지 한국 관련 문헌들의 수량이 매우 적으며, 19세기부터 점차 늘어나다 20세기에 들어서면 급격히 증가하는 현상을 확인하였다. 이는 한국을 차지하려는 외부 세력들의 치열한 경쟁 구도 속에서 한국에 대한 관심이 이전에 비해 폭증하는 시기와 일치하고 있는 것으로 밝혀졌다. 20세기의 문헌들의 경우에는 청일전쟁과 러일전쟁 시기를 전후하여 집중되어 있음을 알 수 있다. 이러한 추세는 러일전쟁 이후 다시 감소하는 형세로 돌아서는데, 이는 한국이 일본에 강제적으로 병합되고 이후 1, 2차 세계대전을 거치면서 한국이 서구인들에게 더 이상 중요한 인식의 대상으로 간주되지 않았기 때문으로 판단된다.

저자별 분석의 경우, 분석 대상 352명 중에서 37%에 해당하는 130명이 미국 출신이라는 점을 확인하였다. 이는 많은 수의 국가가 존재하는 유럽과는 달리, 하나의 국가로서 대륙의 상당 부분을 차지하고 있는 미국인의 숫자가 상대적으로 많았다. 그렇지만 보다 더 중요한 이유는 19세기, 정확히 말해 1876년 개항 이후 조선에 들어오는 미국 출신 개신교 선교사들이 여타 국가 출신보다 압도적으로 많았다는 점에 그 원인이 있다. 이러한 경향은 언어별, 직업별 분석에서도 유사하게 나타난다. 특히 언어를 기준으로 삼자면, 미국과 같은 언어권인 영국에서 생산되는 문헌들이 전체 461종 중에서 무려 71.6%를 차지하고 있는 것도 같은 이유인 것으로 파악된다.

다음으로 전체 문헌들 중에서 한국사 관련 문헌만을 추출하여 이들이 어떤 방식으로 기술되었는가를 검토하였다. 그 결과, 초기에는 동아시아 역사에 대한 종합적인 접근 차원에서 한국을 부분적이고 피상적인 존재로 인식하기 시작했음을 알 수 있었다. 즉 16세기 서양과 동양이 바다로 연결되던 항해의 시대부터 18세기 전까지는 한국사에 대한 서양인들의 인식이 한국의 역사 서술을 감당하기에는 매우 미미했다고 추정된다. 그마저도 동아시아의 중국과 일본에서 전해 들은 간접 체험에 의존한 결과였다. 이때까지만 해도 이들은 중국과 일본의 문헌들을 본격적으로 검토할 만한 능력이나 여력이 없었다. 대표적인 문헌으로 프로이스의 《일본사》(1593~1597?), 구즈만의 《선교의 역사》(1601), 리치-트리고의 《그리스도교 중국 원정》(1615), 로드리게스의 《일본 교회사》(1620?), 세메도의 《대중국지》(1641?), 마르티니의 《만주족의 전쟁사》(1654), 멘도사의 《만주족의 중국 정복사》(1670) 등을 들 수 있다. 시작 단계의 이러한 불충분함으로 인해서, 서양인들의 한반도 역사 기술은 지극히 부분적이거나 왜곡되기가 쉬웠으며 한국에 대한 인상마저 대체적으로는 부정적이었다. 첫 단추가 잘못 끼워진 것은 한국으로서는 불행한 일이었다. 왜냐하면 이러한 서양인들의 기본적인 시각과 인식은 이후에도 쉽게 개선되지 않았기 때문이다.

중국과 일본에서의 경험과 이 지역에서 생성된 사료들을 바탕으로 하여 한국의 역사가 비로소 독립적인 존재로서 절목화되기 시작한 것은

18세기에 이르러서이다. 뒤 알드가 편집한 《중국사》(1735)가 대표적이다. 사실 이 저서조차도 2개의 소단원, 〈조선 왕국에 관한 지리적 관찰〉과 〈조선의 약사〉만이 한국사에 대한 서술을 전담하였다. 비록 한국사만으로 독자적인 단행본이 되지는 못하였지만, 그렇다해도 독립된 단원마저 없었던 이전의 문헌들에 비하면 이 책은 한층 발전된 한국사 저술에 속한다고 평가될 수 있다. 아울러, 이 저서는 '레지 신부의 기록에서 발췌함'이라는 부제를 달아 뒤 알드가 아닌 레지의 기술이 원전으로 작용했음을 밝힌 것, 한국사 서술에 있어서 최초로 사료의 출처 - 비록 겨우 3종의 중국 측 사료이긴 하지만 - 를 언급하고 있다는 점에서도 보다 충실한 면모를 보였다. 그러나 뒤 알드의 《중국사》는 한국사를 중국의 부속사로 치부하면서 전체 분량 중 극히 적은 부분에서만 한국사를 기술하였다. 여전히 한국사의 비중이 부족한 것이다. 또한 중국 측의 사료만을 참조하였기 때문에 이전의 문헌들과 유사하게 '한국은 중국의 속국'이라는 편향된 시각을 유지하였다.

결과적으로 18세기 뒤 알드까지의 한국사 관련 역사 서술은 '한국사'에 독립적인 위상을 부여하지 못하였다. 당시까지의 저술은, 동아시아에 중국과 일본 외에도 '한국'이라는 나라가 존재한다는 것을 서양 세계에 소개하는 정도에 머물렀기 때문에 동아시아 전체 판도 내에서 한국과 관련된 개괄적인 정보를 보고하는 수준에 그쳤을 뿐이다. 이에 따라 역사, 정치, 경제, 문물, 지리 등 다양한 내용들이 박물지적인 차원에서 이들의 저서 속에 포섭되었다. 즉, 이런 성격의 저서들은 전형적인 역사서라기보다는 개괄적 박물지의 단계를 벗어나기 어려웠던 것이다.

19세기로 넘어간 이후에 생성된 한국통사는 로스의 《한국사》(1879)와 그리피스의 《한국, 은둔의 나라》(1882)가 있다. 이 두 개의 통사는 여전히 한국 외부에서 서술된 '한국사'라는 한계를 지니고 있다. 저자들은 각각 만주와 일본에서 거주하며 한국에 대해서는 문헌을 통해서만 자료를 참조할 수 있었다.

이중 로스의 《한국사》는 한국의 역사를 삼국 시대 이전까지의 '고대'와 고려와 조선을 묶은 '근대'로 구분지었다. 한국사의 주요 부면을 전면적으로 서술한 성과와 더불어, 부차적으로는 박물학적 지식을 보충하는 방식으로 이루어졌다. 이는 이전의 역사서에서 나타나는 박물지적 서술에 비해 보다 진화된 형태로 나아간 것이다. 요컨대 로스의 《한국사》는 서양어로 쓰여진 최초의 본격적인 '한국통사'라고 평가될 수 있겠다. 물론 로스의 《한국사》 역시 중국 측 사료들을 주요 참고문헌으로 삼고 있다는 점, 한국의 역사를 기술하면서 만주의 이민족들 – 거란과 여진 – 의 역사와 구분짓지 못했다는 점, 한국의 역사를 일관되게 중국 정통 왕조와의 대립과 전쟁의 관점에서 서술하였다는 점 등에서 여전한 한계를 지니고 있다. 그러나 그의 독특한 시각, '독립된 존재로서의 한국사'가 아닌 '만주사 속에서의 한국사'를 뒤집어 헤아려 보면, 한국의 역사를 만주로 확장할 수 있게 해줌으로써 역사를 바라보는 새로운 시야를 열어줄 수 있지 않을까 한다. 어쨌든 이 책이 동아시아의 역사 속에서 한국사에 독립적 위상을 마련하였으며, 서양인에게 한국사 이해를 확산시키는 중요한 역할을 담당했다는 점만은 확실하다.

다음으로 그리피스의 《한국, 은둔의 나라》는 로스의 《한국사》와 비교할 경우, 한국의 역사에 대한 서술이 한층 세련되고 심화된 저술이라고 판단된다. 로스가 중국 만주에서 중국 측 사료를 참조하여 한국사를 저술하였다면, 그리피스는 일본에 머물던 몇 년간의 생활을 바탕으로 일본에서가 아닌 자신의 모국인 미국에서 그리고 일본 측 사료만이 아닌 동아시아 3국의 사료들과 당시 서양인에 의해 생성된 선행 자료들을 함께 참조하여 한국사를 저술하였다. 또한 내용 면에서도 중국 왕조와의 관련선 상에서만 파악하던 기존의 흐름에서 벗어나, 한국 자체의 역사를 기본 축으로 삼으면서도 중국, 일본 등 동아시아 3국 간의 국제 관계에 대해서도 설득력 있게 서술하였다. 아울러 역사적 사건에 대한 저자 자신의 비판적 소견을 포함시킴으로써 사료와 비평을 유기적으로 결합한 장점을 갖추었다. 이 책이 박물지적 성격을 완전히 벗어났다고 보기는 어렵지만, 한국사에 대한 심도 깊은 저술이었음을 의심할 여지는 없다.

로스와 그리피스의 단계를 지나, 20세기에 이르러서야 비로소 한국 내부에서 한국 문헌들을 중요 참고문헌으로 삼은 '진정한' 한국통사가 출현하였다. 헐버트의 《한국사》(1905)와 게일의 《한국 민족사》(1927)가 그것이다. 로스와 그리피스의 저서가 비록 통사적 비중이 높아졌다고 하더라도 여전히 박물지적 성격을 겸했음은 이번 분석을 통해서 확인되었다. 이에 비해 헐버트는 순전히 한국 역사의 통시적 흐름만을 주목한 최초의 본격 통사라고 평가할 수 있다. 이 저서에는 한국 역사의 기원에서부터 저술 당시의 근현대사까지를 집중적으로 기술하되 앞의 두 저서처럼 박물지적 내용은 담겨 있지 않다. 이와 더불어 헐버트의 저술 이후 20여 년 후에 발간되는 게일의 《한국 민족사》역시 통시적 차원에서 한국 역사를 중점적으로 다룬 본격적인 저서라고 평가할 수 있다. 차이가 있다면, 헐버트의 《한국사》가 정치사를 중심으로 서술된 한국통사라면 게일의 《한국 민족사》는 문화사에 초점을 맞춘 한국통사라고 할 수 있다.

사실 게일의 통사에도 박물학적 색채를 띠는 내용들이 더러 포함되어 있기는 하다. 그러나 이러한 요소들은 대부분 문학과 문화의 범주로 조절되어 있기 때문에 지리, 기후, 특산물을 소개하는 박물지적 양상과는 차이가 있다. 게일의 관점에서 보자면 그는 한국사의 전개를 근간으로 삼으면서 역사를 흥미롭고 다채롭게 읽어낼 수 있도록 문화의 영역을 대폭 수용하였다. 그런 맥락에서 보자면 게일의 저서는 정치사와 사회사의 흐름을 중시한 헐버트에 비해 역사에 대한 집중도가 떨어질 수밖에 없는 한계를 지니지만, 한편으로는 역사를 문화사의 전개와 더불어 폭넓게 이해할 수 있도록 배려한 장점도 동시에 지닌다.

이 책은 16세기 이후부터 20세기까지 서양인들이 남긴 한국 관련 문헌들을 한데 모아 이 중에서 한국의 역사을 다룬 문헌들만을 추출하여 통시적인 차원에서의 분석을 처음으로 시도하였다. 이제 이들이 저술한 한국사가 한국사 연구에서 어떤 의의를 지니는가에 대해 응답하지 않을 수 없을 것 같다. 이에 대한 필자의 대답을 몇 가지로 정리하면 다음과 같다.

첫째, 한국학계는 그동안 1945년 이전까지 발간되었던 서양 문헌들을 종합적으로 연구하는 데 충분한 성과를 완수하지 못했다. 그러나 이러한 책들은 현재까지도 다양한 분야에서 한국사 더 나아가 한국에 대한 서양인의 인식에 영향을 미치고 있다. 되돌아보면, 이 문헌들은 한국과 서양을 잇는 통로 역할을 하였다. 저자들은 은둔의 세계로 칭해졌던 한국에 대해 한국의 역사, 문화 등을 자신의 언어로 서양 세계에 알림으로써 한국이 지녔던 미지의 이미지를 걷고 세계와 소통할 수 있는 토대를 제공하였다. 당시 한국은 중국 대륙과의 왕래를 제외하고는 지리적으로 고립되었을 뿐만 아니라 중국, 일본 등의 강대국 틈바구니에서 스스로를 알릴 수 있는 역량을 갖추지 못한 상황이었다. 더욱이 내적으로도 유가 사상과 외세 배척의 풍토가 강하여 외부로의 진출 자체를 꺼리는 경향이 강했다. 개방과 함께 서양의 근대화에 전념했던 일본과는 달리, 한 국은 중국 편향적인 외교에 집중함으로써 고립을 심화시킬 수밖에 없는 환경이었다.

둘째, 이 저서들은 한국인에게 자국사의 안과 밖을 함께 고찰할 수 있는 토대를 제공한다. 외부의 시각을 통해 기술된 역사를 검토함으로써 당시의 역사적 상황을 보다 객관적으로 인식할 수 있으며, 이를 통해 우리의 과거와 현재 그리고 미래를 조명 혹은 조망할 수 있을 것이다. 객관적인 자기 검증이 미래를 향한 확실한 디딤돌이라고 한다면, 이들 저서들은 외부 세계에서 해석된 자신을 반성적으로 성찰하면서 성숙된 미래의 모습을 갖추는 데 도움을 줄 것이다.

셋째, 서양인의 한국사 관련 저술은 한국의 긍정적 측면뿐 아니라 부정적인 면에 대해서도 냉정한 비판을 가하고 있다. 부정적인 부분은 저자들이 외국인 혹은 선교사이기에 지닐 수밖에 없는 편견에서 기인하기도 하였지만, 한국 사회가 안고 있는 고질과 병폐 또한 엄연하게 존재했음을 주목해야 마땅하다. 즉 그들의 견해를 '편견'이나 '한계'로 치부할 것이 아니라, 오늘을 반성하는 거울로 삼을 것을 제안할 필요가 있다. 그들의 비판 안에서 우리의 부끄러운 자화상을 발견할 수 있기 때문이다. 우리는 개항 이후 지난 150여 년이라는 비교적 짧은 시간에 식민지, 해방, 전쟁, 산업화, 민주화 등의 역경들을 모두 경험한 격동의 시기를 거쳤다. 이러한 과정 속에서 지난 과오에 대한 반성과 발전적 대안 모색 및 제시의 기회가 여러 차례 있었다. 그러나 안타깝게도 서양인들의 저술에서 언급되었던 그들의 냉정한 비판은 여전히 해결하지 못한 한국 사회의 현재 문제로 남아 있기도 하다. 해당 문헌들에 기술된 단편적인 사항들은 지나간 역사의 일부로서 단순히 무시되어야 할 성격의 것들이 아니다.

넷째, 서양인들의 시각에서 중요하게 다루어졌던 역사는 전쟁사로서, 특히 한·중·일의 전쟁사는 고대에서 근대에 이르기까지 한국의 통사를 관통하고 있는 가장 중요한 사건들이었다. 유사 이래 한반도에 대한 관심과 분석은 국가 자체보다는 주변 열강들의 이해관계가 얽힌 국제 전쟁에 집중되는 경향이 있다. 그러한 차원에서 한반도와 주변 국가들의 흥망성쇠를 직접적으로 보여 주는 전쟁의 양상이야말로 서양인들의 시각에서는 가장 중요한 역사적 사건이었을 것이다. 해당 문헌들에는 고대의 대표적인 전쟁인 한(漢)과 수(隋) 대 고구려의 전쟁, 중세 시기 원(元)의 침입에 대한 고려의 힘겨운 항전, 근대에 들어 발생한 명(明)과 일본 간의 전쟁으로 인식된 임진왜란과, 청(淸)에 대한 조선의 굴복(병자호란) 등이 자세히 언급되고 있다. 이는 한반도를 놓고 중국, 일본, 러시아 간의 대립 양상이 고조되고 있던 저술 당시 상황과도 밀접한 관계가 있다. 최근 조선(북한)과 미국 간 핵무기와 관련해서 벌어지고 있는 일련의 외교전을 중국, 러시아, 일본 등 주변 강대국을 포함한 전 세계가 주목하고 있는 이유 역시 과거와 전혀 다르지 않다. 현재의 사건이 곧이어 역사가 되기 때문이다.

이처럼 한국인이 쓴 한국사와 서양인이 쓴 한국사는 본질적으로 그 시각과 해석이 달라질 수밖에 없다. 자국의 유구한 역사에 대해 애정을 저버릴 수 없는 내부인의 자국사 서술과는 달리, 외부인이 바라본 한국의 역사는 국제적 관계, 실용적 목적, 현재 자국에 대한 영향을 중요한 판단 기준으로 삼기 때문이다. 전쟁사 중심의 역사 서술이 시사하는 바대로, 외부인의 한국사는 그만큼 국제적 이해관계를 중시하며 실용적 관점에 충실한 것이다.

‘왜 역사를 기술하는가’ 하는 문제는 역사학의 기본적 질문 중 하나이다. 역사란 그것을 기록하는 자의 위치와 시각에 따라 선택되는 사실과 내용이 달라지고, 서술 시각도 현저히 차이가 나는 것은 의문의 여지가 없다. 누가 무엇을 위해 역사를 기술하는가에 따라, 그리고 어떠한 사료를 채택하였는가에 따라 우리가 진실이라고 믿는 ‘역사’가 달라진다. 한국을 포함한 동양은 매우 오랜 기간 역사를 기술하는 전통을 축적해 왔다. 통감(通鑑)과 같이 역사를 통한 반성과 귀감을 위한 저술이 있었는가 하면 냉정한 눈으로 역사를 있는 대로 기록하면서 그 동력을 살피려는 사기(史記)류의 저술도 있었다. 그 성격이야 어떻든 두 입장은 공통적으로 역사의 면면한 흐름을 기술하는 것이었다고 할 수 있다.

우리 내부의 시각에서 기술된 김부식의 《삼국사기》나 안정복의 《동사강목》 등은 자국의 역사가 어떻게 이루어져 왔는지를 가능한 사실대로 기록하면서 역사 발전의 동력을 가늠코자 하는 목적으로 이루어진 것이다. 반면 외부의 시각, 특히 우리가 연구 대상으로 삼았던 서양인들에 의해 기술된 한국사는 그 출발점부터 다르다. 이것은 ‘이방인(Alien) 사학’이라고 칭할 수 있는데, 이는 근본적으로 철저하게 ‘실용주의적 노선’을 따른다. 즉 외부인의 역사 서술은 역사 기술을 통한 반성이나 후세를 위한 귀감 제공 차원보다는 단순히 그들이 원하는 것 – 그것이 기독교의 포교이든, 정치·경제적 이득을 취하고자 함이든 – 을 얻기 위한 목적으로 자신들에게 필요한 부분만을 기술함으로써 자신들의 이익을 극대화하기 위해 수행되었다. 결국 그들은 자신들의 이득을 취하기 위하여 한국을 알고자 했던 것이지 당시 한국을 외부에 알리기 위한 학술적 목적만으로 역사를 기술한 것이 아니다. 때문에 역사 서술을 바라보는 시각이 냉철하고 객관적이어야 하며, 냉정하고 균형 있는 자세를 잃지 말아야 하는 이유가 여기에 있다.

이 책은 궁극적으로 역사 기술을 균형 있고 냉철하게 바라볼 것을 제
안하고자 한다. 기존의 역사 서술이 지닌 폐쇄적 배타성은 차치하더라
도 향후의 역사는 보다 포괄적이고 개방적인 시야를 가져야 할 것이다.
가령 내부의 역사 서술이 절대적으로 진실에 가까운 것이며, 외부의 시
선으로 이루어진 서술은 오류가 많아서 학문적인 가치가 떨어진다고 보
는 시각을 견지한다고 가정해 보자. 우리가 앞서 살핀 다양한 문헌의 내
용 중에는 분명히 객관적이고 정확하게 당시 정세를 파악한 부분이 적
지 않았다. 그럼에도 불구하고 내부의 시선만을 중시하여 이들을 외면
하는 것이 진정한 역사 서술로 평가될 수 있을까? 반면, 주관적일 수밖
에 없는 내부의 역사 서술보다는 외부에서 바라본 역사 서술만을 선호
하는 입장 역시 긍정적인 태도라 할 수 없을 것이다. 역사는 보편적 진
실을 기록하는 작업이다.

그러나 예나 지금이나 그 '보편성'은 '힘의 논리'가 적용되는 개념이
다. 누구의 입장에서 보편적 진리인가? 내부에서는 내부의 보편성이 있
고, 외부에는 외부의 보편성이 있다. 문제는 양자의 보편성이 서로 다른
지향을 가지고, 타협하지 못하는 경우가 많다는 것이다. 내부 역사 서술
의 진실과 외부 역사 서술의 진실이 정반대의 주장을 할 때, 우리는 그
들이 말하는 진실을 어떠한 자세로 바라보아야 하는가? 만약 내부의 역
사서술이 외부의 진실에 귀 기울이고, 외부의 역사 서술이 내부의 목소
리를 경청한다면, 두 가지 진실 사이의 거리가 조금은 좁혀질 수 있을
것이다. 때문에 우리는 사실 관계를 명확히 하여 객관적으로 역사를 기
술하는 입장을 견지하되, 이제는 외부의 시각이 제공하는 보편 타당성
과 합리성을 비판적으로 수용하는 자세를 가다듬을 필요가 있다. 이러

한 태도로 기술된 역사 서술은 내적인 사실 관계의 엄밀성과 안팎의 비판적 견해를 적극적으로 수용하는 포용성이 가미된, 그야말로 명실상부한 '진실의 기록' 작업이 될 것이다.

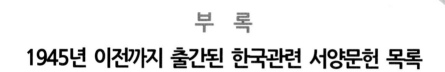

부　록
1945년 이전까지 출간된 한국관련 서양문헌 목록

[1945년 이전까지 출간된 한국관련 서양문헌 목록]

연도	서명	저자	출판지	출판언어	저자 직업	주제
1593~1597?	História de Japão	Fróis, Luís	필사본	포르투갈어	종교인 (천주교 예수회)	일본일반
1601	Historia de las missiones	Guzman, Luis de	필사본	스페인어	종교인 (천주교 예수회)	동아천주교선교
1615	De Christiana expeditione apud Sinas suscepta ab Societate Iesu	Ricci, Matteo	Roma	라틴어	종교인 (천주교 예수회)	중국천주교선교
1620?	História da Igreja do Japão	Rodrigues, João	필사본	포르투갈어	종교인 (천주교 예수회)	일본일반
1641?	Relação da propagação da fe no reyno da China e outros adjacentes	Semedo, Alvaro	필사본	포르투갈어	종교인 (천주교 예수회)	중국천주교선교
1654	De bello Tartarico historia	Martini, Martino	Antwerp	라틴어	종교인 (천주교 예수회)	중국역사
1668	Journael, van de ongeluckighe voyagie van't jacht de Sperwer	Hamel, Hendrik	Amsterdam	네덜란드어	선원	한국일반
1670	Historia de la conqvista de la China por el Tartaro	Palafox Mendoza, Juan de	Madrid	스페인어	종교인(천주교)	중국역사
1735	Description géographique, historique, chronologique, politique, et physique de l'empire de la Chine et de lat Tartarie Chinoise	Du Halde, Jean-Baptiste	Paris	프랑스어	종교인 (천주교 예수회)	중국역사
1775	The navigator's guide, to the Oriental or Indian Seas	Dunn, Samuel	London	영어	학자(수학)	동아항해
1792	Erdbeschreibung von Asien	Borheck, August Christian	Dussel	독일어	학자 (철학/신학)	동아지리
1794	The oriental navigator	Huddart, Joseph	London	영어	학자(수로학)	동아항해
1797	Voyage de la Pérouse autour du monde	La Pérouse, Jean-François de Galaup	Paris	프랑스어	군인(해군)	동아항해

연도	서명	저자	출판지	출판언어	저자 직업	주제
1803	*Tribulaciones de los fieles en la parte oriental de la Asia*	Valdés, Manuel Antonio	Mexico City	스페인어	군인(육군)	동아천주교선교
1804	*A voyage of discovery to the north Pacific Ocean, 1795~1798*	Broughton, William Robert	London	영어	군인(해군)	동아항해
1817	*Journal of the proceedings of the late embassy to China*	Ellis, Henry	London	영어	외교관	동아항해
1817	*Narrative of a voyage, in his majesty's late ship Alceste, to the Yellow Sea, along the coast of Corea*	McLeod, John	London	영어	군인 (해군군의관)	동아항해
1818	*Account of a voyage of discovery to the West Coast of Corea and the Great Loo-Choo Island*	Hall, Basil	London	영어	군인(해군)	동아항해
1818	*Voyage of His Majesty's ship Alceste, along the Coast of Corea, to the Island of Lewchew*	McLeod, John	London	영어	중복	동아항해
1820	*Voyage to Corea, and the Island of Loo-Choo*	Hall, Basil	London	영어	중복	동아항해
1823	*Il costume antico e moderno*	Ferrario, Giulio	Firenze	이탈리아어	종교인(천주교)	아시아일반
1826	*Handbok i physiska och politiska, äldre och nyare geographien*	Palmblad, Vilhelm Fredrik	Uppsala	스웨덴어	학자(역사학)	아시아지리
1827	*Puteshestvie v Kitaĭ chrez Mongoliiu, v 1820 i 1821 godakh*	Timkovskiĭ, Egor Fedorovich	St.Petersburg	러시아어	외교관	동아여행
1832	*Nippon*	Siebold, Philipp Franz von	Leiden	독일어	의사	일본일반
1832	*San kokf tsou ran to sets, ou, Aperçu général des trois royaumes*	Klaproth, Julius von	Paris	프랑스어	학자(언어학)	한국여행

연도	서명	저자	출판지	출판언어	저자 직업	주제
1833	The journal of two voyages along the coast of China in 1831~1832	Gützlaff, Karl Friedrich August	New York	영어	종교인(개신교)	동아항해
1834	Journal of three voyages along the coast of China in 1831, 1832 and 1833	Gützlaff, Karl Friedrich August	London	영어	중복	동아항해
1834	Report of proceedings on a voyage to the northern ports of China, in the ship Lord Amherst	Lindsay, Hugh Hamilton	London	영어	사업가	동아항해
1835	Translation of a comparative vocabulary of the Chinese, Corean and Japanese languages	Medhurst, Walter Henry	Batavia	영어	종교인(개신교 조합교회)	동아언어
1848	Narrative of the voyage of H.M.S. Samarang, during the years 1843~46	Belcher, Edward	London	영어	군인(해군)	동아항해
1848	The Middle kingdom	Williams, Samuel Wells	New York	영어	학자(동양학)	중국일반
1858	Fregat Pallada	Goncharov, Ivan Aleksandrovich	St.Petersburg	러시아어	작가	동아항해
1859	The new glories of the Catholic church	Wiseman, Nicholas Patrick	London	영어	종교인(천주교)	동아천주교선교
1861	The China pilot	King, John W.	London	영어	군인(해군)	동아항해
1868	Vie de Monseigneur Berneux	Pichon	Le Mans	프랑스어	종교인(천주교)	천주교신부전기
1870	Travels of a naturalist in Japan and Manchuria	Adams, Arthur	London	영어	학자 (의사/생태학)	동아자연사
1870	Journeys in north China	Williamson, Alexander	London	영어	학자(화학)	중국여행
1874	Histoire de l'Eglise de Corée	Dallet, Charles	Paris	프랑스어	종교인 (천주교 파리외 방선교회)	
1875	The Eastern seas	Bax, Bonham Ward	London	영어	군인(해군)	동아항해
1876	The earth and its inhabitants, Asia	Reclus, Elisée	London	영어	학자(지리학)	동아지리

연도	서명	저자	출판지	출판언어	저자 직업	주제
1876	The Mikado's Empire	Griffis, William Elliot	New York	영어	학자(동양학)	일본일반
1877	Corean primer	Ross, John	Shanghai	영어	종교인(개신교 조합교회)	한국언어
1877	Journal d'une mission en Corée	Koei-Ling	Paris	프랑스어	외교관	한국왕조
1877	China, historical and descriptive with an appendix on Corea	Eden, Charles H.	London	영어	작가	중국일반
1878	A directory for the navigation of the Indian archipelago and coast of China	Findlay, Alexander George	London	영어	학자(지리학)	동아항해
1879	Korea and the ten lost tribes of Israel	McLeod, N.	Yokohama	영어	학자(역사학)	한국개신교선교
1879	History of Corea	Ross, John	Paisley	영어	중복	한국역사
1880	Notes and sketches from the wild coasts of Nipon	St. John, Henry Craven	Edinburgh	영어	군인(해군)	동아항해
1880	Dictionnaire Coréen-français	Missions Étrangères de Paris	Yokohama	프랑스어	종교단체(파리 외방선교회)	한국언어
1880	Ein verschlossenes land	Oppert, Ernst	Leipzig	독일어	사업가	한국일반
1881	Grammaire coréenne	Missions Étrangères de Paris	Yokohama	프랑스어	중복	한국언어
1882	Corea, the hermit nation	Griffis, William Elliot	Lon/NY	영어	중복	한국일반
1883	Vie de Mgr Daveluy	Salmon, Charles	Paris	프랑스어	학자(문학)	천주교신부전기
1885	La Corée avant les traites	Jametel, Maurice	Paris	프랑스어	학자(지리학)	한국여행
1885	Corea, without and within	Griffis, William Elliot	Philadelphia	영어	중복	한국역사
1885	Chosön, the land of the morning calm	Lowell, Percival	London	영어	학자(천문학)	한국일반
1885	La Corée	Tournafond, Paul	Paris	프랑스어	종교인(천주교)	한국일반
1886	Les Coréens	Rosny, Léon de	Paris	프랑스어	학자(동양학)	한국일반
1886	Tchao-sien-tche : Mémoire sur la Corée	Scherzer, Fernand (tr.) (trans.)	Paris	프랑스어	외교관(통역)	한국일반
1886	Land und leute in Korea	Gottsche, C.	Berlin	독일어	학자(지리학)	한국지리

연도	서명	저자	출판지	출판언어	저자 직업	주제
1887	*Religion and fatherland or the martyrs of Corea*	Isoleri, Antonio	Philadelphia	영어	종교인 (천주교 신부)	한국천주교선교
1888	*Vie de Just de Bretenières*	Hulst, Monseigneur d'	Paris	프랑스어	종교인(천주교 파리외방 선교회)	천주교신부전기
1888	*The soul of the Far East*	Lowell, Percival	Boston	영어	중복	동아일반
1888	*The long white mountain or A journey in Manchuria*	James, Henry Evan Murchison	Lon/NY	영어	정치가(행정부)	한국여행
1888	*Life in Corea*	Carles, William Richard	Lon/NY	영어	외교관	한국일반
1889	*Enumeration of all the plants known from China proper, Formosa, Hainan, the Corea*	Forbes, Francis Blackwell	London	영어	학자(식물학)	동아식물
1889	*Korean tales*	Allen, Horace Newton	Lon/NY	영어	의사(선교사)	한국민담
1889	*Manuel de la langue Coréenne parlée*	Imbault-Huart, Camille	Paris	프랑스어	학자(언어학)	한국언어
1889	*Corea and the powers*	Duncan, Chesney	Shanghai	영어	세관원	한국정세
1889	*Korea in its relations with China*	Rockhill, William Woodville	New Haven, CT	영어	외교관	한중관계
1890	*Mgr Ridel, évêque de Philippolis, vicaire apostolique de Corée*	Piacentini, Arthur	Lyon	프랑스어	종교인(천주교)	천주교신부전기
1890	*An introduction to the Korean spoken language*	Underwood, Horace Grant	Yokohama	영어	종교인(개신교 북장로교)	한국언어
1890	*A concise dictionary of the Korean language*	Underwood, Horace Grant	Yokohama	영어	중복	한국정세
1892	*Butterflies from China, Japan, and Corea*	Leech, John Henry	London	영어	학자(동물학)	동아나비
1892	*Wanderings and wonderings*	Aubertin, John James	London	영어	학자(천문학)	동아여행
1892	*Asien*	Sievers, Wilhelm	Leipzig	독일어	학자(지리학)	동아일반
1891?	*Répertoire historique de l'administration coréenne*	Courant, Maurice	Paris	프랑스어	학자(동양학)	한국관직

연도	서명	저자	출판지	출판언어	저자 직업	주제
1892	Le Japon	Lamairesse, Pierre Eugène	Paris	프랑스어	기술자(광업)	일본일반
1892	Korea from its capital	Gilmore, George W.	Philadelphia	영어	종교인(개신교 북장로교)	한국일반
1892	Ocherki Korei	Podzhio, Mikhail Aleksandrovich	St.Petersburg	러시아어	외교관	한국일반
1892	A winter in North China	Morris, T. M.	London	영어	종교인(개신교 침례교)	중국여행
1893	China and her neighbours	Gundry, Richard Simpson	London	영어	언론인	동아정세
1893	Korea, märchen und legenden	Arnous, H. G.	Leipzig	독일어	세관원	한국민담
1893	L'empire chinois	Lamairesse, Pierre Eugène	Paris	프랑스어	중복	중국불교
1894	Problems of the Far East	Curzon, George Nathaniel	London	영어	정치가(행정부)	동아정세
1894	Bibliographie Coréenne	Courant, Maurice	Paris	프랑스어	중복	한국서지
1894	Korean grammatical forms	Gale, James Scarth	Seoul	영어	종교인(개신교 북장로교)	한국언어
1894	Korea and the sacred White Mountain	Cavendish, Alfred Edward John	London	영어	군인(육군)	한국여행
1894	La Corée ou Tchosen	Chaillé-Long, Charles	Paris	프랑스어	외교관	한국일반
1894	Corea of today	Gilmore, George W.	London	영어	중복	한국일반
1894	Story of China and Japan	Clark, James Hyde	Philadelphia	영어	학자(지리학)	청일전쟁
1894	The Japan-China war	Inouye, Jukichi (comp.)	Yokohama	영어	외교관	청일전쟁
1894	War in Korea	Morris, J.	Lon/NY	영어	언론인	청일전쟁
1894	The flowery kingdom and the land of the mikado or China, Japan, & Corea	Northrop, Henry Davenport	Philadelphia	영어	작가	청일전쟁
1894	Naval battles of the world	Shippen, Edward	Philadelphia	영어	군인 (해군군의관)	청일전쟁

연도	서명	저자	출판지	출판언어	저자 직업	주제
1895	The lands of the rising sun	Barber, William Theodore Aquila	London	영어	종교인(개신교)	동아일반
1895	A little history of China	Brebner, Alexander	London	영어	정치가(행정부)	동아일반
1895	The peoples and politics of the Far East	Norman, Henry	London	영어	언론인	동아정세
1895	Le bois sec refleuri : Roman coréen	Hong, Tjyong-Ou	Paris	프랑스어	정치가(유학생)	소설문학
1895	Les Missionnaires français en Corée	Launay, Adrien	Paris	프랑스어	종교인 (천주교 파리외 방선교회)	한국천주교선교
1895	La Corée	Societé de Saint-Augustin	Paris	프랑스어	종교단체(아우구스티노회)	한국천주교선교
1895	Korean games with notes on the corresponding games of China and Japan	Culin, Stewart	Philadelphia	영어	학자(민속학)	한국민속
1895	Les origines de la Corée, extrait du tong-kouo-thong-kienn	Sainson, Camille Auguste Jean	Peking	프랑스어	작가(번역가)	한국역사
1895	Corea	Gardner, C. T.	Brisbane	영어	외교관	한국일반
1895	Korea	Hesse-Wartegg, Ernst von	Dresden	독일어	언론인	한국일반
1895	Corea or Cho-sen, the land of the morning calm	Landor, Arnold Henry Savage	London	영어	작가	한국일반
1895	Quaint Korea	Miln, Louise Jordan	London	영어	작가	한국일반
1895	The war in the East	White, Trumbull	Philadelphia	영어	언론인	청일전쟁
1895	A concise history of the war between Japan and China	Inouye, Jukichi	Tokyo/Osaka	영어	중복	청일전쟁
1896	Portraits jaunes : Coréens, Japonais, Chinois	Vigneron, Lucien	Tours	프랑스어	종교인(천주교)	동아여행
1896	The Far Eastern question	Chirol, Valentine	London	영어	언론인	동아정세
1896	A traveller's notes	Veitch, James Herbert	Chelsea	영어	학자(식물학)	아시아식물

연도	서명	저자	출판지	출판언어	저자 직업	주제
1896	*Im Osten Asiens*	Ehlers, Otto Ehrenfried	Berlin	독일어	외교관	한국일반
1896	*A cycle of Cathay, or, China, south and north*	Martin, William Alexander Parsons	NY/ Edinburgh	영어	종교인 (개신교 장로교)	중국여행
1896	*Heroic Japan*	Eastlake, F. Warrington	Yokohama	영어	학자(언어학)	청일전쟁
1896	*The China-Japan war*	Volpicelli, Zenone	London	영어	외교관	청일전쟁
1897	*The Life of Rev. William James Hall*	Hall, Rosetta Sherwood	New York	영어	종교인 (개신교 감리교)	개신교목사전기
1897	*On Lepidoptera Heterocera from China, Japan, and Corea*	Leech, John Henry	London	영어	중복	동아나비
1897	*Ein Zug nach Osten*	Schanz, Moritz	Hamburg	독일어	사업가	동아여행
1897	*Ostasiatische Fragen*	Brandt, Max August Scipio Von	Berlin	독일어	외교관	동아정세
1897	*Empires of the Far East*	Lawton, Lancelot	London	영어	작가	동아정세
1897	*Korea and her neighbors*	Bird, Isabella Lucy	NY/Chicago	영어	학자(지리학)	한국일반
1897	*The Corean government*	Wilkinson, William Henry	Shanghai	영어	외교관	한국행정
1898	*Fifty helps for the beginner in the use of the Korean language*	Baird, Annie Laurie Adams	Yokohama	영어	종교인(개신교 북장로교)	개신교목사전기
1898	*An American cruiser in the East*	Ford, John Donaldson	New York	영어	군인(해군)	동아여행
1898	*Glimpses of the Orient*	White, Trumbull	Philadelphia	영어	중복	동아일반
1898	*The new Far East*	Diósy, Arthur	Lon/NY	영어	학자(동양학)	동아정세
1898	*Every-day life in Korea*	Gifford, Daniel Lyman	Chicago	영어	종교인(개신교 북장로교)	한국개신교선교
1898	*Korean sketches*	Gale, James Scarth	NY/Toronto	영어	중복	한국일반
1898	*La Corée : independante, russe, ou japonaise*	Laguérie	Paris	프랑스어	언론인	한국일반

연도	서명	저자	출판지	출판언어	저자 직업	주제
1898	*Inland communications in China*	Kingmill, Thomas Williams	Shanghai/ Lon	영어	학자(교통학)	중국교통
1898	*Under the dragon flag*	Allan, James	London	영어	선원	청일전쟁
1898	*Cérémonial de l'achèvement des travaux de Hoa Syeng, Corée, 1800*	Chevalier, H. Emile	Leiden	프랑스어	작가	화성성역
1899	*America in the East*	Griffis, William Elliot	New York	영어	중복	동아정세
1899	*Tatong, the little slave*	Barnes, Annie Maria	Richmond, VA	영어	종교인(개신교)	선교소설
1900	*The Far East : its history and its question*	Krausse, Alexis Sidney	Lon/NY	영어	언론인	동아일반
1900	*European settlements in the Far East*	Smith, D. Warres	London	영어	미상	동아일반
1900	*China and the present crisis with notes on a visit to Japan and Korea*	Walton, Joseph	London	영어	정치가(입법부)	동아일반
1900	*The problem of Asia and its effect upon international policies*	Mahan, Alfred Thayer	Boston	영어	군인(해군)	동아정세
1900	*China, the Orient and the yellow man*	Northrop, Henry Davenport	Philadelphia	영어	중복	동아정세
1900	*The story of China and her neighbors*	White, Trumbull	Philadelphia	영어	중복	동아정세
1900	*China, ancient and modern*	Miller, James Martin	Chicago	영어	언론인	의화단사건
1900	*Opisanie Korei*	Russia. Ministerstvo Finansov	St.Petersburg	러시아어	기관 (러시아재정부)	한국일반
1901	*Dreiunddreissig jahre in Ost-Asien*	Brandt, Max August Scipio Von	Leipzig	독일어	중복	동아정세
1901	*A year in China, 1899~1900*	Mersey, Charles Clive Bigham	London	영어	정치가(입법부)	의화단사건
1901	*La Corée et les missionnaires français*	Launay, Adrien	Tours	프랑스어	중복	한국천주교선교

연도	서명	저자	출판지	출판언어	저자 직업	주제
1901	Ma captivité dans les prisons de Séoul	Ridel, Félix-Clair	Paris	프랑스어	종교인 (천주교 파리외 방선교회)	한국천주교선교
1901	Petit dictionnaire français-coréen	Aléveque, Charles	Seoul	프랑스어	교사(프랑스어)	한국언어
1901	A chronological index	Allen, Horace Newton	Seoul	영어	중복	한국연대기
1901	China, her history, diplomacy, and commerce	Parker, Edward Harper	Lon/NY	영어	외교관	중국일반
1902	Catalogue des livres chinois, coréens, japonais, etc	Courant, Maurice	Paris	프랑스어	중복	동아서지
1902	L'Extrême-Orient en images : Sibérie, Chine, Corée, Japon	La Nézière, Joseph de.	Paris	프랑스어	화가	동아여행
1902	On the coasts of Cathay and Cipango forty years ago	Blakeney, William	London	영어	군인(해군)	동아항해
1902	Report of a visitation of the Korea mission of the Presbyterian Board of Foreign Missions	Brown, Arthur Judson	New York	영어	종교인(개신교 장로교)	한국개신교선교
1902	La Corée en 1902	Goossens, Franz	Brussel	프랑스어	작가	한국여행
1903	The path of empire	Lynch, George	London	영어	언론인	동아여행
1903	L'orient lointain : Chine, Corée, Mongolie, Japon	Matignon, Jean-Jacques	Lyon	프랑스어	학자 (의사/생태학)	동아여행
1903	The red miriok	Barnes, Annie Maria	Philadelphia	영어	중복	선교소설
1903	En extreme-Orient 1900~1901	Halkin, Joseph	Brussel	프랑스어	학자(지리학)	아시아여행
1903	A corn of wheat	McCully, Elizabeth A.	Toronto	영어	종교인(개신교 장로교)	한국개신교선교
1903	A catalogue of the romanized geographical names of Korea	Koto, Bunjiro	Tokyo	영어	학자(지리학)	한국지리

연도	서명	저자	출판지	출판언어	저자 직업	주제
1903	An orographic sketch of Korea	Koto, Bunjiro	Tokyo	영어	중복	한국지리
1904?	Arzt in Ostasien	Wunsch, Richard	Büsingen/Hochrhein	독일어	의사	한국일반
1904	In the uttermost East	Hawes, Charles Henry	Lon/NY	영어	학자(고고학)	동아여행
1904	Manchuria and Korea	Whigham, Henry James	Lon/NY	영어	작가	동아여행
1904	Europe and the Far East	Douglas, Robert Kennaway	Cambridge	영어	학자(동양학)	동아정세
1904	Far Eastern impressions : Japan-Korea-China	Hatch, Ernest Frederic George	London	영어	정치가(입법부)	동아정세
1904	The Russo-Japanese conflict, Its causes and issues	Asakawa, Kanichi	Boston	영어	학자(역사학)	러일전쟁
1904	Cassell's history of the Russo-Japanese war	Cassell & Co.	London/NY	영어	회사(출판사)	러일전쟁
1904	Les héros de Chémulpo	Leroux, Gaston	Paris	프랑스어	언론인	러일전쟁
1904	War between Japan and Russia	Linthicum, Richard	Chicago	영어	언론인	러일전쟁
1904	Russia and Japan, and a complete history of the war in the Far East	Unger, Frederic William	New York	영어	작가	러일전쟁
1904	The vanguard, a tale of Korea	Gale, James Scarth	New York	영어	중복	선교소설
1904	Korea : fact and fancy	Allen, Horace Newton	Seoul	영어	중복	한국민담
1904	Koreĭskie skazki	Garin-Mikhaĭlovskiĭ, Nikolaĭ Georgievich	St.Petersburg	러시아어	중복	한국민담
1904	Religion et Superstition en Corée	Bourdaret, Émile	Lyon	프랑스어	중복	한국민속
1904	Pauvre et douce Corée	Ducrocq, Georges	Paris	프랑스어	외교관	한국여행
1904	Po Koree Man'chzhurii I Liãodunskomu poluostrovu	Garin-Mikhaĭlovskiĭ, Nikolaĭ Georgievich	Moscow	러시아어	학자(지리학)	한국여행

연도	서명	저자	출판지	출판언어	저자 직업	주제
1904	*Chine du Nord et de l'Ouest : Corée, le transsibérien*	Madrolle, Claudius	Paris	프랑스어	작가	한국여행
1904	*En Corée*	Bourdaret, Emile	Paris	프랑스어	학자(고고학)	한국일반
1904	*En Corée*	Pange, Jean de	Paris	프랑스어	작가	한국일반
1904	*Corea e Coreani*	Rossetti, Carlo	Bergamo	이탈리아어	종교인(천주교)	한국일반
1904	*Koreans at home*	Tayler, Constance J. D.	London	영어	작가	한국일반
1904	*En Corée*	Vautier, Claire	Paris	프랑스어	외교관	한국일반
1904	*Fifteen years among the top-knots or Life in Korea*	Underwood, Lillias Horton	Boston	영어	종교인(개신교 북장로교)	한국일반
1904	*Korea*	Hamilton, Angus	London	영어	언론인	한국정세
1904	*Treaties and conventions with or concerning China and Korea, 1894~1904*	Rockhill, William Woodville	Washington D.C.	영어	중복	한중관계
1905	*The stamp designs of Eastern Asia*	Howes, Clifton Armstrong	New York	영어	우표수집가	동아우표
1905	*The re-shaping of the Far East*	Putnam Weale, Bertram Lenox	Lon/NY	영어	중복	동아정세
1905	*China's intercourse with Korea from the XVth century to 1895*	Rockhill, William Woodville	London	영어	중복	동아정세
1905	*The Far East*	Little, Archibald John	Oxford	영어	학자(지리학)	동아지리
1905	*The north Pacific : a story of the Russo-Japanese war*	Allen, Willis Boyd	New York	영어	법률가(변호사)	러일전쟁
1905	*International law as interpreted during the Russo-Japanese War*	Birkenhead, Frederick Edwin Smith	London	영어	정치가(입법부)	러일전쟁
1905	*With Russian, Japanese and Chunchuse*	Brindle, Ernest	London	영어	언론인	러일전쟁
1905	*An eye-witness in Manchuria*	Brooke, Leopold Guy Francis Maynard Greville	London	영어	언론인	러일전쟁

연도	서명	저자	출판지	출판언어	저자 직업	주제
1905	Empire of the East, or Japan and Russia at war, 1904~05	Burleigh, Bennet	London	영어	언론인	러일전쟁
1905	A modern campaign	Fraser, David	London	영어	언론인	러일전쟁
1905	A staff officer's scrap-book during the Russo-Japanese war	Hamilton, Ian Standish Montelth	London	영어	군인(육군)	러일전쟁
1905	Journal d'un correspondant de guerre en Extrême-Orient	Kann, Réginald	Paris	프랑스어	언론인	러일전쟁
1905	From Tokyo to Tiflis	McKenzie, Fred Arthur	London	영어	언론인	러일전쟁
1905	An American girl in Korea	Barnes, Annie Maria	Philadelphia	영어	중복	선교소설
1905	Our little Korean cousin	Pike, Henry Lee Mitchell	Boston	영어	작가	소설문학
1905	Ol-soni Kisań	Sieroszewski, Wacław	Warszawa	폴란드어	중복	소설문학
1905	A comparative grammar of the Korean language and the Dravidian languages of India	Hulbert, Homer Bezaleel	Seoul	영어	중복	한국언어
1905	Korea	Genthe, Siegfried	Berlin	독일어	언론인	한국여행
1905	The history of Korea	Hulbert, Homer Bezaleel	Seoul	영어	종교인(개신교 감리교)	한국역사
1905	Japan och Korea	Hesse-Wartegg, Ernst von	Stockholm	스웨덴어	중복	한국일반
1905	Korea : klucz dalekiego wschodu	Sieroszewski, Wacław	Warszawa	폴란드어	작가	한국일반
1905	With Tommy Tompkins in Korea	Underwood, Lillias Horton	New York	영어	중복	한국일반
1905	Synchronismes chinois	Tchang, Mathias	Changhai	프랑스어	종교인(천주교)	중국연대기
1906	Tagebuchblätter aus Siberien, Japan, Hinter-Indien, Australien, China, Korea	Huber, Max	Zurich	독일어	외교관	동아여행

연도	서명	저자	출판지	출판언어	저자 직업	주제
1906	*Empires and emperors of Russia, China, Korea, and Japan*	Vay de Vaya, Leonhard Ludislaus Vilmos	London	영어	외교관	동아일반
1906	*Ewa : a tale of Korea*	Noble, William Arthur	New York	영어	종교인(개신교)	선교소설
1906	*Chilgoopie the glad*	Perry, Jean	London	영어	중복	선교소설
1906	*The man in grey or more about Korea*	Perry, Jean	London	영어	중복	선교소설
1906	*Uncle Mac the missionary, or, More news from Korea*	Perry, Jean	London	영어	중복	선교소설
1906	*The Anglican Church in Corea*	Corfe, Charles John	London	영어	종교인(성공회)	한국성공회선교
1906	*En courant le monde : Canada, Etats-Unis, Corée, Japon, Mexique*	Périgny, Maurice de	Paris	프랑스어	작가(여행가)	한국여행
1906	*Meine hochzeitsreise durch Korea*	Zabel, Rudolf	Altenburg	독일어	언론인	한국여행
1906	*The passing of Korea*	Hulbert, Homer Bezaleel	Lon/NY	영어	중복	한국일반
1906	*Natsional'noe samosoznanie koreĭtsev*	Rossov, P	St.Petersburg	러시아어	외교관	한국일반
1906	*The colonial policy of Japan in Korea*	McKenzie, Fred Arthur	London	영어	중복	한국정세
1907	*The unveiled East*	McKenzie, Fred Arthur	New York	영어	중복	동아정세
1907	*The truce in the East and its aftermath*	Putnam Weale, Bertram Lenox	London	영어	중복	동아정세
1907	*To-morrow in the East*	Story, Douglas	London	영어	언론인	동아정세
1907	*Geology and mineral resource of Korea*	Inoue, Kinsuke	Tokyo	영어	학자(지리학)	한국광업
1907	*Korea : the land, people, and customs*	Jones, George Heber	New York	영어	중복	한국일반
1908	*The Far East revisited*	Angier, A. Gorton	London	영어	언론인	동아정세
1908	*In Korea with Marquis Ito*	Ladd, George Trumbull	New York	영어	학자 (철학/교육학)	동아정세

연도	서명	저자	출판지	출판언어	저자 직업	주제
1908	The coming struggle in eastern Asia	Putnam Weale, Bertram Lenox	London	영어	중복	동아정세
1908	International law applied to the Russo-Japanese war	Takahashi, Sakuyé	London	영어	학자(법학)	러일전쟁
1908	Seoul, Capital of Korea, Japan-the country, Japan-the cities	Holmes, Burton	Chicago	영어	작가(여행가)	한국여행
1908	Things Korean	Allen, Horace Newton	New York	영어	중복	한국일반
1908	The call of Korea	Underwood, Horace Grant	New York	영어	중복	한국일반
1908	The nearer and farther East	Zwemer, Samuel Marinus	New York	영어	종교인 (개신교 캘빈)	한국일반
1908	The tragedy of Korea	McKenzie, Fred Arthur	Lon/NY	영어	중복	한국정세
1909	Report on a second visit to China, Japan and Korea 1909	Brown, Arthur Judson	New York	영어	중복	동아개신교선교
1909	A scamper through the Far East	Austin, Herbert Henry	London	영어	군인(육군)	동아여행
1909	Travels in the Far East	Peck, Ellen Mary Hayes	New York	영어	미상	동아여행
1909	The Russo-Japanese War on land	Anderson, John H.	London	영어	학자(역사학)	러일전쟁
1909	The tragedy of Russia in Pacific Asia	McCormick, Frederick	New York	영어	언론인	러일전쟁
1909	Kim Su Bang and other stories of Korea	Wagner, Ellasue Canter	Nashville	영어	종교인(개신교)	선교소설
1909	Daybreak in Korea	Baird, Annie Laurie Adams	New York	영어	중복	한국개신교선교
1909	Flora Koreana	Nakai, Takenoshin	Tokyo	영어	학자(식물학)	한국식물
1909	Wie ich an den Koreanischen Kaiserhof kam	Kroebel, Emma	Berlin	독일어	요리사	한국왕조

연도	서명	저자	출판지	출판언어	저자 직업	주제
1909	*Korea in transition*	Gale, James Scarth	New York	영어	중복	한국일반
1909	*Journeys through Korea*	Koto, Bunjiro	Tokyo	영어	중복	한국지리
1910	*Hard paste porcelain*	Barber, Edwin Atlee	Philadelphia	영어	학자(고고학)	동아도자기
1910	*The face of Manchuria, Korea & Russian Turkestan*	Kemp, Emily Georgiana	Toronto	영어	작가	동아여행
1910	*Dix ans au Pays du Dragon (Chine, Japon, Corée).*	Matignon, Jean-Jacques	Paris	프랑스어	중복	동아여행
1910	*China and the Far East*	Blakeslee, George Hubbard	New York	영어	학자(역사학/정치학)	동아정세
1910	*The religions of eastern Asia*	Underwood, Horace Grant	New York	영어	중복	동아종교
1910	*The Korea pentecost*	Blair, William Newton	New York	영어	종교인(개신교 북장로교)	한국개신교선교
1910	*Korea for Christ*	George, T. B. Davis	London	영어	종교인(개신교)	한국개신교선교
1910	*The Korean revival*	Jones, George Heber	New York	영어	중복	한국개신교선교
1910	*The mineral resources of Japan in 1908*	Inoue, Kinsuke	Tokyo	영어	중복	한국광업
1910	*Oriental life*	Clough, Ethlyn T. (ed.)	Detroit	영어	미상	한국일반
1910	*Korea (Peeps at many lands series)*	Coulson, Constance J. D.	London	영어	작가	한국일반
1910	*Korea : its history, its people, and its commerce*	Hamilton, Angus	Boston	영어	중복	한국정세
1910	*The diseases of China*	Jefferys, William Hamilton	Philadelphia	영어	의사(선교사)	중국질병
1911	*Twenty years a Korea missionary*	Perry, Jean	London	영어	종교인(개신교 호주장로교)	개신교목사전기
1911	*Epochs of Chinese & Japanese art*	Fenollosa, Ernest Francisco	Lon/NY	영어	학자 (동양미술사학)	동아미술

연도	서명	저자	출판지	출판언어	저자 직업	주제
1911	The West in the East from an American point of view	Collier, Price	Lon/NY	영어	작가	동아여행
1911	The Far East : China, Korea & Japan	Elias, Frank	London	영어	작가	동아여행
1911	Chine du Nord et Vallée du Fleuve Bleu, Corée	Madrolle, Claudius	Paris	프랑스어	중복	동아여행
1911	Nord-Est de la Chine : Mandchourie, Mongolie, Vladivostok, Corée	Madrolle, Claudius	Paris	프랑스어	중복	동아여행
1911	Kumokie : a bride of old Korea	Wagner, Ellasue Canter	Nashville	영어	중복	선교소설
1911	Pokjumie : a story from the land of Morning Calm	Wagner, Ellasue Canter	Nashville	영어	중복	선교소설
1911	The church of Christ in Corea	Fenwick, Malcolm C.	New York	영어	종교인(개신교 침례교)	한국개신교선교
1911	The happiest girl in Korea	Guthapfel, Minerva L.	NY/Chicago	영어	종교인(개신교 북장로교)	한국개신교선교
1911	Farmers of forty centuries or Permanent agriculture in China, Korea, and Japan	King, Franklin Hiram	Madison	영어	학자 (농업경제학)	한국농업
1911	The unmannerly tiger, and other Korean tales	Griffis, William Elliot	Lon/NY	영어	중복	한국민담
1911	Fairy tales of old Korea	Griffis, William Elliot	London	영어	중복	한국민담
1911	Village life in Korea	Moose, J. Robert	Nashville	영어	종교인(개신교 감리교)	한국민속
1911	A Korean-English dictionary	Gale, James Scarth	Yokohama	영어	중복	한국언어
1911	The story of Korea	Longford, Joseph Henry	London	영어	외교관	한국일반
1912	The Korean conspiracy case	Brown, Arthur Judson	New York	영어	중복	105인사건
1912	A modern pioneer in Korea	Griffis, William Elliot	NY/Chicago	영어	중복	개신교목사전기
1912	Bibliotheca Japonica	Cordier, Henri	Paris	프랑스어	학자(동양학)	일본서지

연도	서명	저자	출판지	출판언어	저자 직업	주제
1912	I Korea	Grebst, William A:son	Göteborg	스웨덴어	언론인	한국여행
1912	Ocherk' Korei	Kiuner, N. V.	Vladivostok	러시아어	학자(동양학)	한국일반
1913	The new era in Asia	Eddy, Sherwood	New York	영어	종교인(개신교)	동아개신교선교
1913	De Java au Japon : Par l'Indo-Chine, la Chine et la Corée	Maufroid, A.	Paris	프랑스어	작가(여행가)	동아여행
1913	A catalogue of the fishes of Japan	Jordan, David Starr	Tokyo	영어	학자 (해양수산학)	일본어류
1913	Le christianisme en Korée	Delpech, Jacques	Paris	프랑스어	학자(신학)	한국천주교선교
1913	Korea und die Koreaner	Haegeholz, Wilhelm	Stuttgart	독일어	종교인(개신교 감리교)	한국개신교선교
1913	The lure of Korea	Willing, Jennie Fowler	Boston	영어	종교인(개신교 감리교)	한국개신교선교
1913	Korean folk tales	Gale, James Scarth	Lon/NY	영어	중복	한국민담
1913	A catalog of the fishes known from the waters of Korea	Jordan, David Starr	Pittsburgh	영어	중복	한국어류
1913	Aus den waldungen des Fernen Ostens	Hofmann, Amerigo	Wien/ Leipzig	독일어	학자(임학)	한국임업
1914	La hiérarchie catholique en Chine, en Corée et au Japon, 1370~1914	Moidrey, Joseph Tardif de	Changhai	프랑스어	종교인(천주교)	동아천주교선교
1914	Chinese, Corean and Japanese potteries	Hobson, Robert Lockhart (ed.)	New York	영어	박물관큐레이터 (동양미술)	동아도자기
1914	Au Japon par Java, la Chine, la Corée	Brieux, Eugène	Paris	프랑스어	작가	동아여행
1914	Terry's Japanese empire, including Korea and Formosa	Terry, Thomas Philip	Lon/Boston	영어	작가	동아여행
1914	A Sunday school tour of the Orient	Brown, Frank Llewellyn	Garden City, NY	영어	종교인(개신교 감리교)	한국개신교선교

연도	서명	저자	출판지	출판언어	저자 직업	주제
1914	Geological report on the Collbran contact within the Suan mining concession Korea	Higgins, Daniel Franklin	London	영어	학자(지리학)	한국광업
1915	The church in Corea	Trollope, Mark Napier	London	영어	종교인(성공회)	한국성공회선교
1915	Im Lande der Morgenstille	Weber, Norbert	München	독일어	종교인(천주교 베니틱트회)	한국여행
1916	Symbols of "The Way" : Far East and West	Gordon, Elizabeth Anna.	Tokyo	영어	학자(일본학)	동아불교
1916	A great light in a little land	Clerke, Frances L.	Melbourne	영어	종교인(개신교 호주장로교)	한국개신교선교
1916	The bible in Korea : or the transformation of a nation	Jones, George Heber	New York	영어	종교인(개신교 남감리교)	한국개신교선교
1917	Letters from the Far East : notes of a visit to China, Korea and Japan, 1915~1916	Walcott, Frederica A.	Woodstock, VT	영어	미상	동아여행
1917	The English church mission in Corea	Corfe, Charles John	London	영어	중복	한국성공회선교
1918	Underwood of Korea	Underwood, Lillias Horton	New York	영어	중복	개신교목사전기
1918	Digest of the Presbyterian Church of Korea (Chosen)	Clark, Charles Allen (ed.)	Seoul	영어	종교인(개신교 북장로교)	한국개신교선교
1918	Korea's need for Christian literature	Van Buskirk, James Dale	Seoul	영어	의사(선교사)	한국개신교선교
1918	Catalogue of the Le Blond collection of Corean pottery	Rackham, Bernard (ed.)	London	영어	박물관큐레이터 (동양미술)	한국도자기
1918	Korean Buddhism	Starr, Frederick	Boston	영어	학자(고고학)	한국불교
1918	My voyage in Korea	Eissler, M.	Shanghai	영어	기술자(광업)	한국일반
1918	A diplomat's helpmate	Lawrence, Mary Viola Tingley	San Francisco	영어	작가	한국정세

연도	서명	저자	출판지	출판언어	저자 직업	주제
1919	*The Korean situation*	Federal Council of the Churches of Christ in America	New York	영어	종교단체 (천주교선교회)	3.1운동
1919	*The truth about Korea*	Kendall, Carlton Waldo	San Francisco	영어	작가	3.1운동
1919	*Winning Buddha's smile*	Taylor, Charles Mundy	Boston	영어	작가	고전소설번역
1919	*Observations in the Orient*	Walsh, James Anthony	Ossining, NY	영어	종교인(천주교 메리놀선교회)	동아천주교선교
1919	*The mastery of the Far East*	Brown, Arthur Judson	Lon/NY	영어	중복	동아정세
1919	*The oriental policy of the United States*	Chung, Henry	NY/Chicago	영어	독립운동가	동아정세
1919	*The truth about China and Japan*	Putnam Weale, Bertram Lenox	New York	영어	언론인	동아정세
1919	*Day in and day out in Korea*	Nisbet, Anabel Major	Richmond	영어	종교인(개신교 남감리교)	한국개신교선교
1919	*Korean treaties*	Chung, Henry (com.)	New York	영어	중복	한국정세
1919	*Administrative reforms in Korea*	Seuru Puressusha	Seoul	영어	중복	한국정세
1919	*The Korean "independence" agitation*	Seuru Puressusha	Seoul	영어	기관(신문사)	한국정세
1920	*Peking : North China, South Manchuria and Korea*	Thomas Cook Ltd.	London	영어	회사(여행사)	동아여행
1920	*The renaissance of Korea*	Graves, Joseph Waddington	Philadelphia	영어	군인(육군)	동아정세
1920	*Soo Pokki and In Sunny*	Gurney, Wilfred Nicholas	London	영어	종교인(개신교)	한국개신교선교
1920	*The rebirth of Korea*	Cynn, Hugh Heung-wo	NY/ Cincinnati	영어	독립운동가	한국독립
1920	*Japanese stewardship of Korea*	Dolph, Fred A.	Washington D.C.	영어	법률가(변호사)	한국정세
1920	*Korea's fight for freedom*	McKenzie, Fred Arthur	Lon/NY	영어	중복	한국정세

연도	서명	저자	출판지	출판언어	저자 직업	주제
1921	*New York to Peking*	Ortman, Blanche Sellers	San Francisco	영어	작가	동아여행
1921	*Japan, Korea, China*	Jessen, Peter	Leipzig	독일어	미상	동아일반
1921	*China, Japan and Korea*	Bland, John Otway Percy	Lon/NY	영어	작가(언론인)	동아정세
1921	*First fruits in Korea*	Clark, Charles Allen	NY/Chicago	영어	중복	선교소설
1921	*The case of Korea*	Chung, Henry	Lon/NY	영어	중복	한국독립
1921	*La Corée contemporaine*	Smith, Frank Herron (ed.)	Paris	프랑스어	종교인(개신교 감리교)	한국일반
1922	*The cloud dream of the nine*	Gale, James Scarth	London	영어	중복	고전소설번역
1922	*Within the gateways of the Far East*	Erdman, Charles Rosenbury	New York	영어	종교인(개신교 장로교)	동아일반
1922	*Americans in eastern Asia*	Dennett, Tyler	New York	영어	학자(역사학)	동아정세
1922	*The rising temper of the East*	Hunt, Frazier	Indianapolis	영어	언론인	동아정세
1922	*Asia at the crossroads*	Powell, Edward Alexander	Lon/NY	영어	언론인	동아정세
1922	*Door Amerika, Japan en Korea naar China*	Rutgers, Herman Cornelis	Zeist	네덜란드어	종교인(개신교)	한국개신교선교
1922	*Korea's appeal to the conference on limitation of armament*	Korean Mission	Washington D.C.	영어	단체(독립운동)	한국독립
1922	*Korean fairy tales*	Griffis, William Elliot	New York	영어	중복	한국민담
1922	*Children of Korea*	Wagner, Ellasue Canter	Nashville	영어	중복	한국민속
1922	*An enumeration of plants hitherto known from Corea*	Mori, Tamezo	Seoul	영어	학자(동식물학)	한국식물
1922	*La Nouvelle Administration de La Corée*	Government-General of Chosen	Paris	프랑스어	기관 (조선총독부)	한국행정
1922	*Expenditures of the Sino-Japanese war*	Asada, Keiichi	New York	영어	정치가(행정부)	청일전쟁

연도	서명	저자	출판지	출판언어	저자 직업	주제
1923	*Fleur de Vendée*	Bouquet, J. M.	Lucon	프랑스어	종교인(천주교 파리외방 선교회)	천주교신부전기
1923	*Henry Loomis friend of the East*	Loomis, Clara Denison	Lon/NY	영어	종교인 (개신교 연합교)	개신교목사전기
1923	*Wandering in Northern China*	Franck, Harry Alverson	New York	영어	작가(여행가)	동아여행
1923	*The winning of the Far East*	Gulick, Sidney Lewis	New York	영어	종교인(개신교)	동아여행
1923	*Near hell in the Far East*	Morrill, Gulian Lansing	Minneapolis	영어	종교인(개신교)	동아여행
1923	*Japan and her colonies*	Bigelow, Poultney	London	영어	언론인	일본여행
1923	*Koreanische Konve rsations-grammatik*	Eckardt, Andre	Heidelberg	독일어	중복	한국언어
1923	*Schlüssel zur Koreanischen konversations-grammatik*	Eckardt, Andre	Heidelberg	독일어	종교인(천주교 베니틱트회)	한국언어
1923	*Glimpses of Korea*	Urquhart, E. J.	Mountain View, CA	영어	종교인(개신교 제7안식일)	한국일반
1924	*Japan, Korea and Formosa*	Tietjens, Eunice	Chicago	영어	작가	동아여행
1924	*Jane in the Orient*	Swinehart, Lois Hawks	NY/Chicago	영어	종교인(개신교)	선교소설
1924	*Le Catholicisme en Corée*	Missions Étrangè res de Paris	Hong Kong	프랑스어	중복	한국천주교선교
1924	*Documents relatifs aux Martyrs de Corée de 1839 et 1846*	Mutel, Gustav Charles Marie	Hong Kong	프랑스어	종교인(천주교 파리외방선교회)	한국천주교선교
1924	*Her mighty youth*	Napier, Anemone	London	영어	미상	한국민담
1924	*A history of the Korean people*	Gale, James Scarth	Seoul	영어	중복	한국역사
1924	*Korea (Peeps at many lands series)*	Herbert, Agnes	London	영어	작가	한국일반
1925	*Japan and Korea*	Carpenter, Frank George	Garden City, NY	영어	작가(여행가)	동아여행

연도	서명	저자	출판지	출판언어	저자 직업	주제
1925	*West of the Pacific*	Huntington, Ellsworth	Lon/NY	영어	학자(지리학)	동아여행
1925	*Martyrs Francais et Coréens 1838~1846*	Launay, Adrien	Paris	프랑스어	중복	한국천주교선교
1925	*Documents relatifs aux Martyrs de Corée de 1866*	Mutel, Gustav Charles Marie	Hong Kong	프랑스어	중복	한국천주교선교
1925	*Omjee the Wizard : Korean Folk Stories*	Hulbert, Homer Bezaleel	Springfield, MA	영어	중복	한국민담
1926	*Chinesisches Kunstgewerbe, Koreanische Keramik, Buddhistische Bildwerke*	Feddersen, Martin	Hamburg	독일어	박물관큐레이터 (동양미술)	동아미술
1926	*Round the world with B.J.*	Palmer, Bartlett Joshua	Davenport, Iowa	영어	척추지압가	동아여행
1926	*Sarangie, a child of Chosen*	Swinehart, Lois Hawks	New York	영어	중복	선교소설
1926	*Modern education in Korea*	Underwood, Horace Horton	New York	영어	중복	한국교육
1926	*The new Korea*	Ireland, Alleyne	New York	영어	학자(정치학)	한국정세
1926	*China and her political entity*	Xu, Shuxi	NY/London	영어	학자(정치학)	중국정세
1927	*Gornaîâ produktšiîâ i resursy Dal'nego Vostoka*	Torgasheff, Boris Pavlovich	Harbin	러시아어	학자(지리학)	동아광물
1927	*Neu-Japan*	Goldschmidt, Richard	Berlin	독일어	학자(유전학)	일본여행
1927	*Victorious lives of early Christians in Korea*	Noble, Mattie Wilcox (ed.)	Seoul	영어	종교인(개신교 감리교)	한국개신교선교
1927	*The history of Protestant missions in Korea, 1832~1910*	Paek, Nak-chun	P'yongyang	영어	학자(신학)	한국개신교선교
1927	*Décoration Coréenne*	Dupont, Maurice	Paris	프랑스어	박물관큐레이터 (동양미술)	한국문양
1927	*A girl's adventures in Korea*	Herbert, Agnes	London	영어	중복	한국민담

연도	서명	저자	출판지	출판언어	저자 직업	주제
1927	*In den diamantbergen Koreas*	Weber, Norbert	Upper Bavaria	독일어	중복	한국여행
1928	*Visions d'Extrême-Orient*	Chauvelot, Robert	Paris	프랑스어	법률가(변호사)	동아여행
1928	*Eastern windows*	Keith, Elizabeth	London	영어	화가	동아여행
1928	*Oriental and occidental culture*	Parmelee, Maurice	NY/London	영어	학자(사회학)	동아일반
1928	*Bibliography of the Japanese Empire 1906~1926*	Nachod, Oskar	Lon/Leizig	영어	학자(역사학/서지학)	일본서지
1928	*Democracy and mission education in Korea*	Fisher, James Earnest	New York	영어	종교인(개신교 감리교)	한국교육
1928	*Koreanische märchen und erzählungen : zwischen Halla- und Päktusan*	Eckardt, Andre	Upper Bavaria	독일어	중복	한국민담
1928	*When I was a boy in Korea*	New, Il Han	Boston	영어	사업가	한국민속
1928	*Travels through Japan, Korea and China*	Fischer, Emil Sigmund	Tianjin	영어	작가	한국여행
1929	*Les civilisations de l'Orient*	Grousset, René	Paris	영어	박물관큐레이터(동양미술)	동아일반
1929	*Korea calls!*	Swinehart, Lois Hawks	NY/Chicago	영어	중복	선교수필
1929	*Ends of the earth*	Andrews, Roy Chapman	Garden City, NY	영어	학자(고고학)	세계여행
1929	*Autour d'une vie Coréenne*	Seu, Ring Hai	Paris	프랑스어	독립운동가	소설문학
1929	*Geschichte der koreanischen Kunst*	Eckardt, Andre	Leipzig	독일어	중복	한국미술
1929	*Korea, a hajnalpir országa*	Baráthosi Balogh, Benedek	Budapast	헝가리어	학자(민속학)	한국일반
1930	*Through Oriental gates*	Childers, James Saxon	NY/London	영어	언론인	동아여행
1930	*Shagi Vostoka*	Ezerskii, Milii	Moscow	러시아어	작가	소설문학

연도	서명	저자	출판지	출판언어	저자 직업	주제
1930	Étapes asiatiques : Indochine, Chine, Mandchourie, Corée, Transsibérien	Angoulvant, Gabriel Louis	Paris	프랑스어	정치가(행정부)	아시아여행
1930	The Korean church and the Nevius methods	Clark, Charles Allen	NY/Chicago	영어	중복	한국개신교선교
1930	Evangelism in Korea	Cooper, Sara Kate	Nashville	영어	종교인(개신교 남감리교)	한국개신교선교
1930	Koreanische musik	Eckardt, Andre	Tokyo/Leipzig	독일어	중복	한국음악
1930	Korea of the Japanese	Drake, Henry Burgess	London	영어	작가	한국일반
1930	Undiplomatic memories	Sands, William Franklin	New York	영어	외교관	한미관계
1931	Funkelnder Ferner Osten	Katz, Richard	Berlin	영어	작가(여행가)	동아여행
1931	The challenge of the East	Eddy, Sherwood	New York	영어	중복	동아정세
1931	Wanpaoshan incident and the antu-Chinese riots in Korea	Wang, Whitewall (ed.)	Nanjing	영어	미상	만보산사건
1931	The grass roof	Kang, Young hill	NY/London	영어	작가	소설문학
1931	Les Filles de Saint-Paul en Corée	Vaudon, Jean	Chartes	프랑스어	종교인(천주교)	한국천주교선교
1931	Korea, land of the dawn	Van Buskirk, James Dale	New York	영어	중복	한국개신교선교
1931	Flowers and folk-lore from far Korea	Crane, Florence Hedleston	Tokyo	영어	종교인(개신교 남감리교)	한국식물
1931	Korea : the old and the new	Wagner, Ellasue Canter	NY/Chicago	영어	중복	한국일반
1932	Religions of old Korea	Clark, Charles Allen	New York	영어	중복	한국개신교선교
1932	Our share in Korea	McCully, Elizabeth A.	Toronto	영어	중복	한국개신교선교
1932	Korea : the hermit nationand its response to Christianity	Soltau, Theodore Stanley	London	영어	종교인(개신교 북장로교)	한국개신교선교

연도	서명	저자	출판지	출판언어	저자 직업	주제
1932	Tales told in Korea	Metzger, Berta	New York	영어	작가(동화)	한국민담
1932	Sailing directions for Siberia and Chosen	United States Hydrographic Office	Washingt on D.C.	영어	기관(미국해군 수로국)	한국항해
1933	The happy grove	Kang, Young hill	NY/London	영어	중복	소설문학
1933	Système de transcription de l'alphabet coréen	Haguenauer, Charles	Paris	프랑스어	학자(언어학)	한국언어
1934	History of the Korea mission	Rhodes, Harry Andrew (ed.)	Seoul	영어	종교인(개신교 북장로교)	한국개신교선교
1934	Children of Chosen	Rumbough, Constance	Nashville	영어	종교인(개신교 남감리교)	한국개신교선교
1934	Within the gate	Sauer, Charles A.	Seoul	영어	종교인(개신교 감리교)	한국개신교선교
1934	At the hermit's gate	Wagner, Ellasue Canter	Seoul	영어	중복	한국개신교선교
1934	Church growth in Korea	Wasson, Alfred Washington	New York	영어	종교인(개신교 남감리교)	한국개신교선교
1934	Miroir, cause de malheur	Seu, Ring Hai	Paris	프랑스어	중복	한국민담
1934	Die Koreanische musik	Keh, Chung Sik	Strasbourg	독일어	음악가	한국음악
1935	The Far East : a political and diplomatic history	Treat, Payson Jackson	NY/London	영어	학자(역사학)	동아정세
1935	Our Korean friends	Miller, Frederick Scheibler	New York	영어	종교인(개신교 북장로교)	한국개신교선교
1936	Perechen' vrednykh nasekomykh IAponii, Korei i o-va Formozy kotorye …	Pukhova, N. N.	Moscow	러시아어	학자(곤충학)	동아곤충
1936	A papermaking pilgrimage to Japan, Korea and China	Hunter, Dard	New York	영어	종이제작자	동아종이
1936	Korean young folks	Miller, Frederick Scheibler	New York	영어	중복	한국개신교선교
1936	Land utilization and rural economy in Korea	Lee, Hoon Koo	Chicago	영어	학자 (농업경제학)	한국경제

연도	서명	저자	출판지	출판언어	저자 직업	주제
1936	*Mark Napier Trollope, Bishop in Corea, 1911~1930*	Trollope, Constance Alexina Napier	London	영어	종교인(성공회)	한국성공회선교
1937	*Retreat of the West*	Park, No-yong	New York	영어	작가	동아일반
1937	*East goes West*	Kang, Young hill	New York	영어	중복	소설문학
1937	*Japanese expansion on the Asiatic continent*	Kuno, Yoshi Saburo (ed.)	Berkeley, CA	영어	학자(일본학)	일본정세
1937	*The Nevius plan for mission work*	Clark, Charles Allen	Seoul	영어	중복	한국개신교선교
1937	*Romanization of the Korean language*	McCune, George McAfee	Seoul	영어	학자(동양학)	한국언어
1937	*I morgonstillhetens land*	Bergman, Sten	Stockholm	스웨덴어	학자(동물학)	한국여행
1938	*Abandon ship!*	Campbell, Gordon	London	영어	군인(해군)	동아항해
1938	*Stewardship in Korea*	Blair, Herbert E.	Seoul	영어	종교인(개신교)	한국개신교선교
1938	*Vivid experiences in Korea*	Chisholm, William Hugh	Chicago	영어	종교인(개신교 북장로교)	한국개신교선교
1938	*Fifty years of light*	Methodist Episcopal Church	Seoul	영어	종교단체 (감리교)	한국개신교선교
1939	*Northeastern Asia, a selected bibliography*	Kerner, Robert Joseph	Berkeley, CA	영어	학자(역사학)	동아서지
1939	*The gospel in Korea*	Miller, Frederick Scheibler	New York	영어	중복	한국개신교선교
1939	*A Korean grammar*	Ramstedt, Gustaf John	Helsinki	영어	학자(언어학)	한국언어
1939	*Le Confucianisme en Corée*	Yun, Ul-su	Paris	프랑스어	종교인(천주교)	한국유교
1940	*Al di là della grande muraglia*	Appelius, Mario	Milano	이탈리아어	언론인	동아여행
1940	*Chinaman's chance*	Park, No-yong	Boston	영어	중복	수필문학
1940	*James Noble Mackenzie*	Mackenzie, James Noble	London	영어	종교인(개신교)	한국개신교선교

연도	서명	저자	출판지	출판언어	저자 직업	주제
1941	*They kept the faith*	McLaren, Charles Inglis	Melbourne	영어	의사(선교사)	한국개신교선교
1941	*Climate of Korea : climatic elements*	McCune, Shannon Boyd-Bailey	Chicago	영어	학자(지리학)	한국기후
1941	*Koreĭskie skazki*	Shkurkin, Pavel Vasil'evich	Shanghai	러시아어	작가	한국민담
1941	*Japan inside out*	Rhee, Syngman	New York	영어	독립운동가	한일관계
1942	*The art of Korea (Chosen) Manchuria (Manchukuo) Mongolia and Tibet*	Toledo Museum of Art	Toledo, OH	영어	기관(박물관)	동아미술
1943	*Why Japan was strong*	Patric, John	Garden City, NY	영어	작가	일본여행
1943	*Condensed reference : Korea and the Pacific war*	United Korean Committee	Los Angeles	영어	단체(독립운동)	한국일반
1944	*God, mammon and the Japanese*	Harrington, Fred Harvey	Madison	영어	학자(역사학)	동아정세
1944	*Korea : forgotten nation*	Oliver, Robert Tarbell	Washington D.C.	영어	작가	한국독립
1944	*Modern Korea : her economic and social development under the Japanese*	Grad, Andrew Jonah	New York	영어	학자(정치학)	한국일반
1945	*Spoken Korean*	Lukoff, Fred	New York	영어	중복	한국언어
1945	*Oral Korean for beginners*	Park, K. D.	Honolulu	영어	학자(언어학)	한국언어
1945	*Korea : eine Landeskunde auf Grund eigener Reisen und der Literatur*	Lautensach, Hermann	Leipzig	독일어	학자(지리학)	한국여행
1945	*The culture of Korea*	Kim, Changsoon (ed.)	Honolulu	영어	독립운동가	한국일반

참고문헌

1. 한국어 문헌

강세영, 〈헐버트의 교육 관련 활동 연구 : 그의 서신 중심으로〉, 한국교원대학교 석
    사학위논문, 2013.

경희대학교 혜정박물관 편, 《Antique maps & Korea》, 경희대학교 출판국, 2008.

고영일·박창윤 편, 《한국 관련 서양 고서 해제집》, 한국문학번역원, 2006.

고예선, 〈19세기 서양인의 한국어 교재 연구〉, 부산대학교 박사학위논문, 2013.

고춘섭 편, 《연동교회 100년사》, 연동교회, 1995.

국립민속박물관 편, 《코리아 스케치》, 국립민속박물관, 2002.

권순긍, 〈한국 고전소설의 외국어 번역 양상과 의미〉, 《코기토》 77, 부산대학교 인
    문학연구소, 2015, 193~220쪽.

권태경, 〈한중 문화 접맥의 관점에서 본 존 로스〉, 《한중인문학회 제27회 한중인문
    학회 국제학술대회》 1, 한중인문학회, 2011, 17~25쪽.

권태경·허은철, 〈스코틀랜드 선교사 존 로스(John Ross)의 역사 이해 : 그의 저서 《한
    국사》를 중심으로〉, 《신학지남》 323, 신학지남사, 2015, 267~289쪽.

규장각 한국학연구원 편, 《한국학, 밖에서 본 한국》, 서울대학교 규장각 한국학연구
    원, 2013.

김동진, 《파란눈의 한국혼 헐버트》, 참좋은친구, 2010.

김봉희, 〈게일(James Scarth Gale, 奇一)의 한국학 저술 활동에 관한 연구〉, 《서지학
    연구》 3, 한국서지학회 1988, 137~163쪽.

김상민, 〈개화, 일제기 한국 관련 서양 문헌에 나타난 한국 인식 양태 연구〉, 명지
    대학교 박사학위논문, 2007.

_____, 〈서양문헌에 나타난 한국 : 정형화된 이미지와 사실의 간극〉, 《동국사학》
    49, 동국역사문화연구소, 2010, 177~212쪽.

김수태, 〈윌리엄 그리피스의 한국 근대사 인식〉, 《진단학보》 110, 진단학회, 2010, 125~156쪽.

＿＿＿, 〈윌리엄 엘리엇 그리피스의 한일 관계사 이해〉, 《한국민족운동사연구》 73, 한국민족운동사학회, 2012, 51~94쪽.

김승우, 〈한국시가(詩歌)에 대한 구한말 서양인들의 고찰과 인식- James Scarth Gale 을 중심으로〉, 《어문논집》 64, 민족어문학회, 2011, 5~41쪽.

김은영, 〈청년 계정식의 근대적 욕망과 조선음악 연구 : 계정식의 《한국음악》을 중심으로〉, 《음악과 민족》 52, 민족음악학회, 2016, 43~71쪽.

김재승, 〈조선 왕국을 찾아 온 서양선들의 탐사 항해기〉, 《동서사학》 3 : 1, 한국동서사학회, 1997, 23~55쪽.

김정현, 《羅約翰, 한국의 첫 선교사》, 계명대학교 출판부, 1982.

김태성, 《중국사 뒷 이야기》, 실천문학사, 1998.

김학준, 〈서양인들이 관찰한 조선의 모습들(제1회) : 개항 이전의 시기〉, 《한국정치연구》 18 : 1, 서울대학교 한국정치연구소, 2009, 259~320쪽.

＿＿＿, 〈서양인들이 관찰한 조선의 모습들(제2회) : 개항으로부터 청일전쟁 발발 직전까지〉, 《한국정치연구》 18 : 2, 서울대학교 한국정치연구소, 2009, 247~314쪽.

＿＿＿, 〈서양인들이 관찰한 조선의 모습들(제3회) : 청일전쟁발발 직전으로부터 조선의 망국까지의 시기〉, 《한국정치연구》 18 : 3, 서울대학교 한국정치연구소, 2009, 227~294쪽.

＿＿＿, 《서양인들이 관찰한 후기 조선》, 서강대학교 출판부, 2010.

노시훈, 〈프랑스 문헌에 나타난 한국(1600~1999)〉, 《한국프랑스학논집》 27, 한국프랑스학회, 1999, 545~558쪽.

류강 저, 이재훈 역, 《고지도의 비밀》, 글항아리, 2010.

류황태, 〈그리피스를 통해 본 한일관계〉, 《미국학논집》 42 : 3, 한국아메리카학회, 2010, 107~131쪽.

마크 바잉턴(Mark E. Byington), 〈영어권의 고구려사 연구〉, 《선사와고대》 28, 한국고대학회, 2008, 53~71쪽.

민경배, 〈게일의 선교와 신학 : 그의 한국정신사에의 합류〉, 《현대와신학》 24, 연세대학교 연합신학대학원, 1999, 149~172쪽.

＿＿＿, 〈게일-한국을 사랑하고 한국 문화를 아낀 선교사〉, 《한국사시민강좌》 34, 일조각, 2004, 69~80쪽.

박노자, 〈러시아 한국학 연구의 과거와 현황〉, 《정신문화연구》 22 : 3, 한국학중앙연구원, 1999, 29~51쪽.

박대헌, 《서양인이 본 조선 : 조선 관련 서양 서지》 1-2, 호산방, 1996.

_____, 〈개화기 조선어 사전의 출판 구조에 관한 연구〉, 동국대학교 석사학위논문, 1997.

박천홍, 《악령이 출몰하던 조선의 바다》, 현실문화연구, 2008.

박 철, 《세스뻬데스 : 한국 방문 최초 서구인》, 서강대학교 출판부, 1987.

_____, 〈일본 및 한국과 관련된 예수회 자료의 성격〉, 《부산교회사보》 12, 부산교회사연구소, 2002, 29~55쪽.

_____, 《16세기 서구인이 본 꼬라이》, 한국외국어대학교 출판부, 2011. (박철(1987)의 증보판).

백주희, 〈J. S. Gale의 《노가재연행일기》 영역본 일고〉, Journal of Korean Culture 27, 한국어문학국제학술포럼, 2014, 283~313쪽.

서양어자료편찬위원회 편, 《근세 동아세아 서양어 자료총서》 1-200, 경인문화사, 2000~2004.

소요한, 〈헐버트(Homer Bezaleel Hulbert) 선교사의 한국사 연구 : 새로 발굴된 《동사강목(東史綱要)》를 중심으로〉, 《대학과 선교》 30, 한국대학선교학회, 2016, 103~124쪽.

손정숙, 〈구한말 헐버트(Homer B. Hulbert)의 대한 인식과 그 활동〉, 《이화사학연구》 22, 이화여자대학교 사학연구소, 1995, 127~147쪽.

송태현, 〈《춘향전》의 프랑스 역본 《향기로운 봄》의 문화적 의의〉, 《세계문학비교연구》 64, 세계문학비교학회, 2018, 5~30쪽.

신이레, 〈구한말 선교사 헐버트(Homer B. Hulbert)의 활동 연구〉, 협성대학교 석사학위논문, 2008.

신형식, 〈일제 초기 미국 선교사의 한국관 : Griffis의 《Corea, the hermit Nation》을 중심으로〉, 《주제연구》 14, 이화여자대학교 한국문화연구원, 1987, 25~38쪽.

심태식, 〈뒤 알드의 《중화제국과 중국 타타르의 지리, 역사, 연대기, 정치, 자연(물리)에 대한 서술》 (소고)小考〉, 《중국학 논총》 30, 고려대학교 중국학연구소, 2010, 265~283쪽.

안교성, 〈게일 목사의 신학사상의 특성과 그 유산〉, 《한국교회사학회지》 34, 한국교회사학회, 2013, 219~251쪽.

안동림·황문수, 〈韓國關聯 重要歐美著書 : 17세기 이후 1945년까지〉, 《한국의 명
　　저》, 현암사, 1970, 1287~1305쪽.

안종철, 〈윌리엄 그리피스(William E. Griffis)의 일본과 한국인식 (1876~1910)〉, 《일
　　본연구》 15, 고려대학교 일본연구센터, 2011, 439~461쪽.

여호규, 〈서양학계의 한국 고대사 인식 체계의 변화〉, 《한국사연구》 148, 한국사연
　　구회, 2010, 1~47쪽.

오상미, 〈헐버트(H. B. Hulbert)의 문명국지도론과 조선〉, 연세대학교 석사학위논문,
　　2009.

＿＿＿, 〈헐버트(H. B. Hulbert)의 조선문명화론〉, 《학림》 32, 연세사학연구회, 2011,
　　1~49쪽. (오상미(2009)와 동일).

오유진, 〈계정식의 생애와 음악활동〉, 《음악과 민족》 45, 민족음악학회, 2013,
　　145~174쪽.

오윤선, 〈단군신화(檀君神話) 영역자(英譯者)의 시각 일고찰〉, 《국제어문》 48, 국
　　제어문학회, 2010, 67~100쪽.

＿＿＿, 〈한국 설화 영역본의 현황과 특징 일고찰〉, 《동화와번역》 21, 건국대학교
　　동화와번역연구소, 2011, 207~239쪽.

＿＿＿, 〈19세기말 20세기초 영문(英文) 한국 설화의 자료적 가치 연구〉, 《우리문
　　학연구》 41, 우리문학회, 2014, 145~179쪽.

오인동, 《꼬레아, 코리아》, 책과 함께, 2008.

원정식, 〈17세기 지역과 세계의 만남 : 천주교의 복건과 전래〉, 《역사문화연구》 35,
　　역사문화연구소, 2010, 229~258쪽.

유석호, 〈홍종우의 《춘향전》 불역의 문제점〉, 《문학과번역》 1 : 1, 연세대학교 번역
　　문학연구소, 1996, 74~95쪽.

유영식, 《착한 목자》 1-2, 도서출판 진흥, 2013.

유영익, 〈게일(James Scarth Gale)의 생애와 그의 선교사업에 대한 연구〉, 《캐나다연
　　구》 2, 연세대학교 동서문제연구원 캐나다연구센터, 1990, 135~142쪽.

윤경로, 〈Homer B. Hulbert 연구 : 한국에서의 활동과 한국관을 중심으로〉, 고려대
　　학교 석사학위논문, 1977.

＿＿＿, 〈Homer B. Hulbert 의 한국관 연구 : 한국민족과 역사이해를 중심으로〉, 《한
　　국사상》 18, 한국사상연구회, 1981a, 124~146쪽.

_____, 〈Homer B. Hulbert 연구 : 그의 한국에서의 활동을 중심으로〉,《역사교육》 29, 역사교육연구회, 1981b, 129~160쪽.

_____, 〈헐버트의 한국에서의 활동과 한국관〉,《한국근대사의 기독교사적 이해》, 역민사, 1992, 205~250쪽.

윤나영, 〈헐버트(H. B. Hulbert)의 한국연구와 역사인식〉, 인하대학교 석사학위논문, 2012.

윤병조, 〈개화기 한국 기독교 출판 문화 사업이 일반 사회에 미친 영향에 관한 연구〉, 연세대학교 석사학위논문, 1998.

이경분, 〈베를린의 한국 음악 유학생 연구〉,《음악논단》 39, 한양대학교 음악연구소 2018, 41~77쪽.

이광린, 〈헐버트의 한국관〉,《한국근현대사연구》 9, 한국근현대사학회, 1998, 5~21쪽.

이남윤, 〈개화기 서양인에 의한 한국어 연구 검토〉,《한국어문교육》 16, 한국언어문학교육학회, 2006, 37~60쪽.

이만열, 〈로스역 성경 간행과 한국 초대교회〉,《존 로스 선교사 한글 성경 출간 130 주년 기념 강연집》, 한국기독교역사연구소, 2012, 1~16쪽.

이병근, 〈서양인 편찬의 개화기 한국어 대역 사전과 근대화 : 한국 근대 사회와 문화의 형성 과정에 관련하여〉,《한국문화》 28, 서울대학교 한국문화연구소, 2001, 1~31쪽.

이병도, 〈讀書偶感〉,《학지광》 15, 학지광, 1918, 38~44쪽.

이상현, 〈제임스 게일(James Scarth Gale)의 한국학 연구와 고전서사의 번역〉, 성균관대학교 박사학위논문, 2009.

_____, 〈《춘향전》 소설어의 재편 과정과 번역 : 게일(James Scarth Gale) 〈춘향전〉 영역본(1917) 출현과 그 의미〉,《고소설연구》 30, 한국고소설학회, 2010, 375~417쪽.

_____, 〈문화의 맥락을 번역하기 : 게일의 한국 고소설 번역과 그 통국가적 맥락-〈게일 유고〉(Gale, James Scarth Papers) 소재 고소설 관련 자료의 존재 양상과 그 의미에 관하여〉,《비교한국학》 22 : 1, 국제비교한국학회, 2014, 11~53쪽.

이석재, 〈인도의 고아 교구 창설(1533년) 이후의 아시아 복음화 초기 역사 소고〉, 《가톨릭신학》 4, 한국가톨릭신학학회, 2004, 225~268쪽.

이영미, 〈조-미 수교 이전 서양인들의 한국 역사 서술〉,《한국사연구》 148, 한국사

연구회, 2010a, 169~197쪽.

_____, 〈19세기 후반 조선을 바라 본 서양인의 두 시선〉, 《동아시아 한국학 국제학술회의》, 인하대학교 BK21 동아시아한국학사업단, 2010b, 358~372쪽.

_____, 〈일본의 한국 지배에 대한 그리피스의 태도〉, 《한국사연구》 166, 한국사연구회, 2014, 271~297쪽.

_____, 〈그리피스(1843~1928)의 한국 인식과 동아시아〉, 인하대학교 박사학위논문, 2015.

이영희, 〈게일(Gale)의 《한영자뎐》 분석적 연구〉, 《국어사연구》 5, 국어사학회, 2005, 49~76쪽.

이용민, 〈게일과 헐버트의 한국사 이해- 서로의 상반된 사관을 중심으로〉, 《교회사학》 6, 한국기독교회사학회 2007, 161~203쪽.

이은숙, 〈구한말에 나타난 한국관련 프랑스 문헌과 오리엔탈리즘〉, 《한국프랑스학논집》 45, 한국프랑스학회, 2004, 357~376쪽.

이은정, 〈독일 한국학의 현황과 전망에 관한 연구〉, 경상대학교 석사학위논문, 2008.

이태진, 〈근대 한국은 과연 《은둔국》이었던가?〉, 《한국사론》 41-42, 서울대학교 인문대학 국사학과, 1999, 717~749쪽.

임문철, 〈J. S. 게일의 한국사 인식 연구 : A history of Korean people을 중심으로〉, 연세대학교 석사학위논문, 2003.

임정지, 〈고전서사 초기 영역본에 나타난 조선의 이미지 : Korean tales와 Korean folk tales의 경우〉, 《돈암어문학》 25, 돈암어문학회, 2012, 7~36쪽.

장재용 편, 《근세 동아세아 서양어 자료 총서》 201-250, 경인문화사, 2015.

장정아, 〈'민족지'로서의 고소설 번역본과 시선의 문제 : 홍종우의 불역본 《심청전 Le Bois sec Refleuri》를 중심으로〉, 《불어불문학연구》 109, 한국불어불문학회, 2017, 167~193쪽.

장호종, 〈러시아 한국학의 전개 및 발전 양상 : 인문학 분야의 연구사를 중심으로〉, 《한중인문학연구》 17, 한중인문학회, 2006, 337~392쪽.

전상옥, 〈프랑스판 춘향전 Printemps parfumé의 개작양상과 후대적 변모〉, 《열상고전연구》 32, 열상고전연구회, 2010, 307~336쪽.

전성희, 〈러시아에서의 한국 설화 번역 현황〉, 《비교한국학》 16 : 2, 국제비교한국학회, 2008, 471~500쪽.

정성화, 〈17세기 예수회 역사가 로드리게스의 《일본교회사》에 나타난 한국 인식〉, 《인문과학연구논총》 19, 명지대학교 인문과학연구소, 1999a, 273~290쪽.

_____, 〈16세기 유럽 고서에 나타난 한국 : 이미지의 태동〉, 《역사학보》 162, 역사학회, 1999b, 161~189쪽.

_____, 〈W. 그리피스 《은자의 나라 한국》 : 그리피스의 한국관을 중심으로〉, 《해외한국학평론》 창간호, 연세대학교 현대한국학연구소, 2000a, 11~42쪽.

_____, 〈16세기 유럽의 한국〉, 《명지사론》 11 : 1, 명지사학회, 2000b, 541~596쪽.

_____, 〈16세기 포르투갈 자료에 나타난 한국의 이미지〉, 《경희사학》 23, 경희사학회, 2001, 199~220쪽.

_____, 《한국 관련 서양고서》, 명지대학교 출판부, 2005a.

_____, 《서양의 한국 : 이미지의 탄생과 변화》, 명지대학교 출판부, 2005b.

_____, 《서양인이 쓴 민속 문헌 해제집》, 국립문화재연구소, 2007.

_____, 〈한국 관련 지식의 유럽적 기반과 내용 : 17세기 전반기 예수회 중국 선교사들의 기록을 중심으로〉, 《대구사학》 97, 대구사학회, 2009, 109~142쪽.

정인철, 〈프랑스 왕실 과학원이 18세기 유럽의 중국지도제작에 미친 영향〉, 《대한지리학회지》 49 : 4, 대한지리학회, 2014, 585~600쪽.

정은진, 〈18세기 프랑스 기행 문학에 형성화된 동아시아와 조선〉, 《문화 교류의 역사적 현실 : 2006 세계한국학대회 논문집》 3, 한국학중앙연구원, 2006, 345~359쪽.

정진석, 《한국 잡지 역사》, 커뮤니케이션 북스, 2014.

정철웅, 〈장-밥티스트 뒤 알드(Jean-Baptiste du Halde)의 《서술》과 18세기 프랑스 중국학〉, 《동양학》 64, 단국대학교 동양학연구원, 2016, 123~149쪽.

제임스 그레이슨(James H. Grayson), 〈영국 해군 장교 바질 홀의 1816년 동아시아 항해기〉, 《대동문화연구》 56, 성균관대학교 대동문화연구원, 2006, 109~132쪽.

조정경, 〈J. S. Gale의 한국 인식과 재한 활동에 관한 일 연구〉, 이화여자대학교 석사학위논문, 1985.

_____, 〈J. S. Gale의 한국 인식과 재한 활동에 관한 일 연구〉, 《한성사학》 3, 한성사학회, 1985, 61~115쪽. (조정경(1985)와 동일)

주경철, 《문명과 바다》, 산처럼, 2009.

주홍근, 〈선교사 기일의 생애와 한국 기독교에 끼친 공헌〉, 피어선신학교 신학연구
　　원, 인디아나 크리스천대학 공동학위과정, 석사학위논문, 1985.
지명숙·B.C.A. 왈라벤 공저, 《보물섬은 어디에 : 네덜란드 공문서를 통해 본 한국과
　　의 교류사》, 연세대학교 출판부, 2003.
진상범, 〈독일 속의 한국 문화 수용 : 독일어로 한국 민담 번역, 이미륵과 윤이상의
　　창작 작품, 에카르트의 한국 문학사 저술과 관련하여〉, 《세계문학비교학회
　　학술대회》 5, 세계문학비교학회, 2012, 80~97쪽.
최덕수, 〈개항기 서양이 바라본 한국인, 한국 역사〉, 《민족문화연구》 30, 고려대학
　　교 민족문화연구소, 1997, 127~142쪽.
최상린, 〈존 로스(John Ross) 목사의 선교 활동과 로스역이 한국 역사에 미친 영향〉,
　　장로회신학대학 석사학위논문, 1985.
최성일, 〈로스역본이 한국 교회에 끼친 영향〉, 《장로교회와신학》 10, 한국장로교 신
　　학회, 2013, 92~112쪽.
최창희, 〈소련의 《韓國學硏究 文獻目錄(Bibliografiia Korei, 1917~1970)》〉, 《아시아
　　문화》 6, 한림대학교 아시아문화연구소, 1990, 239~310쪽.
최혜주, 〈한말 일제하 재조일본인의 조선 고서 간행 사업〉, 《대동문화연구》 66, 성
　　균관대학교 대동문화연구원, 2009, 417~448쪽.
피에르 엠마뉘엘 후(Pierre Emmanuel Roux), 〈조선 가교의 재발견 : 16~19세기 천주
　　교 선교사의 조선 진출 전략에 대한 기초 연구〉, 《연민학지》 16, 연민학회,
　　2011, 189~233쪽.
한경수, 〈개화기 서구인의 조선 여행〉, 《관광학연구》 26 : 3, 한국관광학회, 2002,
　　233~253쪽.
한국고등신학연구원 편, 《한국의 마테오 리치, 제임스 게일》, 한국고등신학연구원.
　　2012.
한국관계고서찾기운동본부 편, 《코레아 견문록 : 명지대-LG연암문고 10주년 기념
　　특별전》, 한국관계고서찾기운동본부, 2006.
한국기독교사연구회 편, 《The Korea Mission Field》 1(1905.11~1906)~36(1941.11), 한
　　국교회사문헌연구원, 1986. (영인본)
한국기독교역사박물관 편, 《푸른 눈에 비친 백의 민족》, 한국기독교역사박물관,
　　2008.
한규무, 〈게일(James S. Gale)의 한국 인식과 한국 교회에 끼친 영향〉, 《한국기독교

와역사》 4, 한국기독교역사연구소, 1995, 161~176쪽.

홍승표, 〈일제하 한국 기독교 출판 동향 연구〉, 연세대학교 박사학위논문, 2015.

황우선·김성해, 〈한국 근대저널리즘 개척자로서 H. 헐버트 연구〉, 《커뮤니케이션학연구》 25 : 1, 한국커뮤니케이션학회, 2017, 239~263쪽.

2. 중국어 문헌

程龍, 〈《中華帝國全志》 所附中國地圖的編繪〉, 《中國文化硏究》 2, 2014, 111~121쪽.

陸應陽 纂, 《廣輿記》, 學海出版社, 民國 58 (1969).

寶成關, 〈18世紀淸政府禁教政策的确立与實施〉, 《河北學刊》 3, 1997, 89~95쪽.

吳莉葦, 〈18世紀歐人眼里的淸朝國家性質 : 從 《中華帝國全志》 對西南少數民族的描述談起〉, 《淸史硏究》 2, 2007, 28~38쪽.

王鐘翰 編, 《四庫禁燬書叢刊》 史部 21, 北京出版社, 2000.

張明明, 〈《中華帝國全志》成書歷程試探〉, 《國際漢學》 3, 2015, 92~98쪽.

張明明, 〈試論《中華帝國全志》在傳播中國地理方面的意義〉, 《北京行政學院學報》 3, 2016, 124~128쪽.

張明明, 《《中華帝國全志》 硏究》, 學苑出版社, 2017.

3. 서양어 문헌

Beauchamp, Edward R., Griffis in Japan : The Fukui Interlude, 1871, *Monumenta Nipponica* 30 : 4, Sophia University, 1975, p. 423~452.

Boulesteix, Frédéric, D'un orient autrement extreme images francaises de la coree (xiiie-xxe siecle), Université Paris 1 Panthéon-Sorbonne dissertation, 1999. (발췌 한역) 이향·김정연 공역, 《착한 미개인 동양의 현자》, 청년사, 2001.

Brindle, Ernest, *With Russian, Japanese and Chunchuse : the Experiences of an Englishman during the Russo-Japanese War*, J. Murray, 1905.

Broughton, William Robert, *A Voyage of Discovery to the North Pacific Ocean*, T. Cadell and W. Davies, 1804.

Burleigh, Bennet, *Empire of the East, or Japan and Russia at war, 1904~5*, Chapman & Hall, 1905.

Cheong, Sung-hwa·Ganse, Alexander, *Bibliography of western language publications on Korea, 1588~1950 : the Myong Ji-LG Korean Studies Library*, Myongji University Press, 2008.

Choi, Sung Il, John Ross and the Korean protestant church : the first Korean Bible and its relation to the protestant origins in Korea, University of Edinburgh dissertation, 1992.

Clark, James Hyde, *Story of China and Japan*, Oriental Pub. Co., 1894.

Dallet, Charles, *Histoire de l'Eglise de Corée*, V. Palmé, 1874.

    (발췌 한역) 이능식·윤지선 공역, 《朝鮮教會史 : 序說》, 대성출판사, 1947.

    (발췌 한역) 정기수 역, 《朝鮮教會史 序說》, 탐구당, 1966.

    (한역) 안응렬·최석우 공역, 《韓國天主教會史》 1-3, 분도출판사, 1979~1981.

    (한역) 안응렬·최석우 공역, 《韓國天主教會史》 1-3, 한국교회사연구소, 2000.

Du Halde, Jean-Baptiste, *Description géographique, historique, chronologique, politique, et physique de l'empire de la Chine* 1-4, LeMercier, 1735.

    (영역 왓츠본) Richard Brooks trans., *The general history of China : containing a geographical, historical, chronological, political, and physical description of the empire of China, Chinese-Tartary, Corea, and Thibet* 1-4, Printed by and for John Watts and sold by B. Dod, 1736~1741.

    (영역 케이브본) 번역자 미상, *A description of the Empire of China and Chinese-Tartary : together with the kingdoms of Korea, and Tibet : containing the geography and history (natural as well as civil) of those countries* 1-2, Printed by T. Gardner for Edward Cave, 1738~1741.

    (발췌 한역) 신복룡 역, 《조선전》, 집문당, 1999.

    (발췌 한역) 최두환 역, 《조선 통사 : 프랑스 신부가 쓴 중국 대륙의 조선 왕국》, 경남, 2007.

(발췌 한역) Ashley Kim 역, 《18세기 프랑스 지식인이 본 조선 왕조》, 아이네아스, 2016.

(발췌 한역) 유정희·정은우 해제, 《18세기 프랑스 지식인이 쓴 고조선, 고구려의 역사》, 아이네아스, 2018.

Du Halde, Jean-Baptiste ed., *Lettres édifiantes et curieuses*, 1-34, 출판지 미상, 1702~1776.

(발췌 중역) 鄭德弟·呂一民·沈堅 共譯, 《穌會士中國書簡集 : 中國回憶錄》 1-6, 大象出版社, 2001~2005.

Gale, James Scarth, *History of the Korean People,* Christian Literature Society of Korea, 1924~1927.

Griffis, William Elliot, Corea, the Hermit Nation, *Proceedings of the Royal Geographical Society and Monthly Record of Geography*, 13, The Royal Geographical Society, 1881, pp. 125~132.

_____, *Corea, the Hermit Nation*, C. Scribner's Sons, 1882.

(한역) 신복룡 역, 《隱者의 나라 韓國》, 평민사, 1985.

(한역) 신복룡 역, 《은자의 나라 한국》, 집문당, 1999. (신복룡(1985) 증보판)

_____, *The Unmannerly Tiger and Other Korean Tales*, Thomas Y. Crowell Co., 1911.

_____, *Fairy Tales of Old Korea*, G.G. Harrap & Co., 1911.

_____, *A Modern Pioneer in Korea : The Life Story of Henry G. Appenzeller*, Fleming H. Revell Co., 1912.

(한역) 이만열 역, 《아펜젤러 : 한국에 온 첫 선교사》, 연세대학교 출판부, 1985.

(한역) 이만열 역, 《아펜젤러 : 조선에 온 첫번째 선교사와 한국 개신교의 시작 이야기》, 한국기독교학생회출판부, 2015. (이만열(1985) 증보판)

_____, *Korean Fairy Tales,* Thomas Y. Crowell Co., 1922.

Gützlaff, Karl Friedrich August, *The Journal of Two Voyages along the Coast of China, in 1831, & 1832*, J.P. Haven, 1833.

(한역) 오현기 역, 《굿 모닝, 귀츨라프》, 북코리아, 2014.

Guzman, Luis de, *Historia de las missiones qve han hecho los religiosos de la Compania de Iesvs* 1-2, Biuda de I. Gracian, 1601.

(일역) 新井卜シ 譯,《グスマン東方傳道史》 1-2, 天理時報社, 昭和 19~20 (1944~1945).

Fróis, Luîs, História de Japão, 필사본, 1593~1597?.

(독역) Schurhammer, Georg trans., Die Geschichte Japans (1549~1578), Verlag der Asia major, 1926.

(발췌 한역) 강병구·왕선애 공역,《포르투갈 신부가 본 임진왜란 초기의 한국 :《일본사》내 16세기 한국에 관한 최초의 세부적인 기술》, 까몽이스 재단·주한 포르투갈문화원, 1999.

(발췌 한역) 오만·장원철 공역,《프로이스의 "일본사"를 통해 다시 보는 임진왜란과 도요토미 히데요시》, 부키, 2005.

(발췌 한역) 정성화·양윤석 공역,《임진난의 기록 : 루이스 프로이스가 본 임진왜란》, 살림출판사, 2008.

(일역) 柳谷武夫.譯,《日本史》 1-5, 平凡社, 1970~1978.

(일역)《フロイス 日本史》 1-12, 中央公論社, 昭和 56-57 (1981~1982).

Hall, Basil, Account of a voyage of discovery to the west coast of Corea, and the great Loo-Choo island, John Murray, 1817.

(발췌 한역) 김양선 역, 〈빠실-홀의 한국 항해기〉,《불기둥》 19, 신앙동지회, 1959.

(발췌 한역) 신복룡·정성자 공역,《조선서해 탐사기》, 집문당, 1999.

(발췌 한역) 김석중 역,《10일간 의 조선 항해기》, 삶과 꿈, 2003.

Huddart, Joseph, The original navigator : or new directions for sailing to and from the East Indies, Robert Laurie & James Whittle, 1794.

Hulbert, Homer B. ed.,《Korea Review》, Methodist Pub. House, 1901~1906.

Hulbert, Homer B., The history of Korea 1-2, Methodist Pub. House, 1905.

(한역) 마도경·문희경 공역,《한국사, 드라마가 되다》 1-2, 리베르, 2009.

Inouye, Jukichi, The Japan-China war 1-3, Kelly and Walsh, 1895?.

Jennes, Joseph, History of the Catholic Church in Japan, Oriens Institute for Religious Research, 1973.

(한역) 홍성언 역,《일본의 천주교 수용사》, 경희대학교 출판문화원, 2013.

Klaproth, Julius von trans., San kokf tsou ran to sets, ou, Aperçu général des trois royaumes, P. Renouard, 1832.

Launay, Adrien, *Martyrs, français et coréens 1838~1846*, P. Téqui, 1925.

    (한역) 안응렬 역, 《조선 순교 복자전》, 을유문화사, 1946.

    (한역) 안응렬 역, 《한국 순교자 103위전》, 가톨릭출판사, 1995. (안응렬 (1946) 증보판)

La Pérouse, Jean-François de Galaup, *Voyage de la Pérouse autour du monde*, De l'Imprimerie de la République, 1797.

    (한역) 김성준 역, 《라페루즈의 세계 일주 항해기》 1-2, 국립해양박물관, 2016.

Landry-Deron, Isabelle, *La preuve par la Chine : la "Description", de J.-B. Du Halde, Jésuite, 1735*, Editions de l'Ecole des hautes études en sciences sociales, 2002.

Leroux, Gaston, *Les héros de Chémulpo*, F. Juven, 1904?.

    (한역) 이주영 역, 《러일전쟁, 제물포의 영웅들》, 작가들, 2006.

Lindsay, Hugh Hamilton, *Report of Proceedings on a Voyage to the Northern Ports of China, in the Ship Lord Amherst*, B. Fellowes, 1834.

Linthicum, Richard, *War between Japan and Russia*, 출판지 미상, 1904?.

Martini, Martino, *De bello Tartarico historia,* Apud Iohannem Ianssonium juniorem, 1654.

    (영역) 번역자 미상, *Bellum Tartaricum, or The conquest of the great and most renowned empire of China, by the invasion of the Tartars*, E. Tyler for Iohn Crook, 1655.

    (중역) 何高濟 譯, 《韃靼戰紀》, 中華書局, 2008.

McCormick, Frederick, *The Tragedy of Russia in Pacific Asia*, The Outing Pub. Co., 1907.

McLeod, John, *Narrative of a Voyage, in His Majesty's late ship Alceste to the Yellow Sea, along with the Coast of Corea*, John Murray, 1817.

    (발췌 한역) 김석중 역, 《10일간의 조선 항해기》, 삶과 꿈, 2003.

Meade, L. T., *Under the Dragon Flag War*, Gardner, Darton & Co., 1897?.

Mendoza, Juan de Palafox y, *Historia de la conquista de la China por el Tartaro,* Acosta de Antonio Bertier, 1670.

    (영역) 번역자 미상, *The History of the Conquest of China by the Tartars,* Printed by W. Godbid, 1671.

(중역) 何高濟 譯,《韃靼征服中國史》, 中華書局, 2008.

Nakai, Takenoshin, *Flora Koreana* 1-2, Imperial University of Tokyo, 1909~1911.

Oppert, Ernst, *Ein Verschlossenes Land, Reisen nach Korea* , Brockhaus, 1880.

(한역) 한우근 역,《조선 기행》, 문교부, 1956.

Phi Beta Kappa, *The Phi Beta Kappa Key* 7 : 2, Unionist-Gazette Association, 1929.

Regis, Jean Baptiste trans., *Y-King, antiquissimus Sinarum liber quem ex latina interpretation*, Sumptibus J.G. Cottae, 1834~1839.

Ricci, Matteo & Trigault, Nicolas, *De Christiana expeditione apud Sinas suscepta ab Societate Iesu*, Apud Christoph Mangium, 1615.

(발췌 영역) Gallagher, Louis J. trans., *The China that was : China as discovered by the Jesuits at the close of the sixteenth century*, The Bruce Publishing Company, 1942.

(영역) Gallagher, Louis J. trans., *China in the sixteenth century : the journals of Matthew Ricci, 1583~1610*, Random House, 1953.

(중역) 王玉川合 譯,《利瑪竇中國傳教史》, 輔仁大學出版社, 民國 75 (1986).

(중역) 何高濟·王遵仲·李申 共譯,《利瑪竇中國札記》, 廣西師範大學出版社, 2001.

(한역) 신진호·전미경 공역,《마테오 리치의 중국 선교사》1-2, 지식을 만드는 지식, 2013.

Rodrigues, João, *História da Igreja do Japão*, 필사본, 1620?.

(일역) 高市慶雄 譯,《日本史》, 日本評論社, 1932.

(포르투갈 역) *História da Igreja do Japão*, Noticias de Macau, 1954~1955.

(영역) Cooper, Michael trans., *This island of Japon*, Kodansha International, 1973.

Ross, John, *History of Corea, ancient and modern : with description of manners and customs, language and geography*, J. and R. Parlane, 1879?.

(한역) 홍경숙 역,《존 로스의 한국사 : 서양 언어로 기록된 최초의 한국 역사》, 살림 출판사, 2010.

Rutt, Richard ed., *James Scarth Gale and his History of the Korean people*, Royal Asiatic Society Korea Branch, 1972.

Sainson, Camille Auguste Jean trans., *Les origines de la Corée,* Typographie du Pé-t'ang, 1895.

Samuel, Dunn, *The Navigator's Guide to the Oriental or Indian Seas*, Dunne Samuel, 1775.

Fernand, Scherzer trans., *Journal D'une mission en Corée*, E. Leroux, 1877.

_____, *Tchao-sien-tche : Mémoire sur la Corée,* E. Leroux, 1886.

Semedo, Alvaro, *Relação da propagação da fe no reyno da China e outros adjacentes,* 필사본, 1641.

(영역) 번역자 미상, *The History of the Great and Renowned Monarchy of China*, E. Tyler for John Crook, 1655.

(중역) 何高濟 譯, 《大中國志》, 上海古籍出版社, 1998.

The China Mail ed. *Who's Who in the Far East*, The China Mail, 1906.

The Royal Geographical Society, *Proceedings of the Royal Geographical Society and Monthly Record of Geography*, 2 : 2, The Royal Geographical Society, 1880.

Timperley, Charles Henry, *A Dictionary of Printers and Printing : with the Progress of Literature; Ancient and Modern*, H. Johnson, 1839.

Underwood, Horace Grant, 韓英字典, *A Concise Dictionary of the Korean Language*, Kelly & Walsh L'd., 1890.

Weems, Clarence Norwood Jr., The Korean Reform and Independence Movement 1881~1898, Columbia University dissertation, 1954.

Weems, Clarence Norwood Jr. ed., *Hulbert's History of Korea* 1-2, Hillary House, 1962.

White, Trumbull, *The War in the East*, P.W. Ziegler & Co., 1895.

Wylie, Alexander, The Subjugation of Chaou-seen, *Atti del IV Congresso internazionale degli orientalisti*, Le Monnier, 1880~1881, 2, pp. 309~315.

_____, History of the Eastern Barbarians : translated from the How Han Shoo, Book CXV, *Revue de l'Extrême-Orient* 1, E. Leroux, 1881, pp. 56~83.

Yoo, Young-sik, "James Scarth Gale-missionary, scholar and writer," the impact of Canadian missionaries in Korea : a historical survey of early Canadian mission work, 1888~1898, University of Toronto dissertation, 1996.

Yun, Ŭl-su, *Le confucianisme en Corée*, P. Téqui, 1939.

(한역) 이순희 역, 《한국 유교사론》, 인보성체수도회, 2002.

4. 인터넷 자료

http://authorities.loc.gov(미의회 도서관, 2018년 10월 11일 접속)

http://catalog.hathitrust.org/Record/011257596(하티트러스트, 2018년 10월 21일 접속)

http://www.clsk.org/history.php?bo_table=intro(대한기독교서회, 2018년 10월 30일 접속)

http://www.e-coreana.or.kr(명지대학교 도서관, 2018년 10월 8일 접속)

https://www.libraries.rutgers.edu/rul/libs/scua/griffis/griff.shtml(럿거스대학교 도서관, 2018
　　년 10월 21일 접속)

http://www.loc.gov/catdir/cpso/roman.html(미의회 도서관, 2018년 10월 11일 접속)

https://rbsc.princeton.edu/collections/william-elliot-griffis-collection(프린스턴대학교 도서
　　관, 2018년 10월 22일 접속)

https://www.worldcat.org(월드 캣. 2018년 10월 8일 접속)

J.Y. CHANG(장재용)

Born in Chŏnju, South Korea
Head of Korean Collection
C.V.Starr East Asian Library
University of California, Berkeley

이방인의 한국사 인식과 서술

2019년 3월 11일 초판 인쇄
2019년 3월 22일 초판 발행

지 은 이   장재용
발 행 인   한정희
발 행 처   경인문화사
총 괄 이 사   김환기
편 집 부   한명진 김지선 박수진 유지혜
마 케 팅   전병관 하재일 유인순
출 판 신 고   제406-1973-000003호
주   소   파주시 회동길 445-1 경인빌딩 B동 4층
대 표 전 화   031-955-9300   팩 스   031-955-9310
홈 페 이 지   http://www.kyunginp.co.kr
이 메 일   kyungin@kyunginp.co.kr

ISBN 978-89-499-4795-2   93910
값 25,000원